신자유주의 세계화와 민주주의

정치제도의 대응

이 책은 2006년 정부재원(교육인적자원부 학술연구조성사업비)으로
학술진흥재단의 지원을 받아 연구·출간되었음(KRF-2006-321-B00010)

신자유주의 세계화와 민주주의
정치제도의 대응

남궁영 외 지음

Neo-Liberal Globalization and Democracy
How Political Institutions Work

Young Namkoong et al.

ORUEM Publishing House
Seoul, Korea
2009

책을 내며

　과학의 주된 임무는 현상을 '설명'하고 '예측'하는 일일 것이다. 하지만 사회과학자에게 특히 후자의 '예측'하는 일은 연구 대상의 특성상 상당히 어려운 일이다. 때문에 많은 정치학자를 포함한 사회과학자들이 미래에 대한 예측보다는 과거와 현재에 대한 설명에 많은 노력을 쏟고 있다. 과거와 현재에 대한 설명이 충분히 된다면 미래를 이해하고 예견하는 것도 어쩌면 가능하리라는 전제조건을 갖고 말이다.

　그래서 미래에 대한 예측은 사뭇 비과학적이라고 여기는 '미래학'의 분야나 저널리즘의 주관적인 예단(豫斷)에 미뤄놓기도 한다. 그것은 섣부른 비과학적 지식이나 덜 익은 이론을 내어놓기를 주저하는 우리들 사회과학자들의 말 못할 고민이기도 하다. 그런 고민들은 때로는 언론 매체 등에 전문가로서의 의견을 내어 놓는 기회 등을 통해 다소 해소될 뿐, 전문적인 지식 생산체계 내에서는 쉽사리 해결될 수 있는 것이 아니다. 당신이 19세기의 진보적 사회철학자들이 아니라면 말이다.

　이런 근본적인 사회과학자의 두려움은 현재의 변화가 어지러울 정도로 빠른 경우에 더욱 강화된다. 통제하거나 예측 불가능한 수많은 변수들의 존재는 사회과학에 있어 서로 다른 이론들의 공존을 허용하고 있다. 때문에 하나 하나의 사건과 세계사적 시간의 흐름은 이들 이론에 매우 민감한 영향력을 미친다. 정치경제학과 국제정치경제학은 특히나 그런 변화에 민감한 부분이다.

이 책은 간략히 말해 국제정치경제의 변화와 국내정치 간의 상관관계에 대한 분석을 다루고 있다. 세계경제체제 내에서 국가의 전략과 선택은 다양한 변주를 거듭해 왔으며 그런 국가마다의 차이점은 정치경제학의 전통적인 주제들 중의 하나였다. 하지만 이 책이 만들어지는 지난 1년 동안 목도한 세계적인 경제 위기는 숨 가쁜 것이었다. 더 어지러웠던 것은 그런 변화를 진단하는 목소리들이었다. 불과 한 달여의 차이에 위기와 안정의 목소리가 뒤바뀌며 튀어나왔고, 긍정적 전망과 비관적 낙망이 뒤섞이는 모습들을 목도했으며 이 글을 쓰고 있는 2009년의 봄 현재도 그러하다.

이 책에 대한 프로젝트가 구상되고 추진되던 2006년과 2007년에는 고백컨대 우리들 누구도 현재와 같은 변화를 예측하지 못했다. 물론 이 책이 그런 세계사적 변화와, 아직도 성급한 표현임이 분명한 신자유주의의 흥망에 대해 분석하기 위해 만들어진 것은 아니다. 이 책의 주제는 신자유주의적 세계화라는 커다란 흐름에 개별 국가가 어떻게 대처하는가를, 특히 그들의 제도적 특징과 관련하여 살펴보고자 하는 것이다. 따라서 우리의 연구결과가 현재의 경제적 위기 때문에 크게 수정되거나 그 설명력을 잃는 것은 아니다. 다만 우리의 연구 또한 거대한 현실 속의 다양한 현상에 대해 부분적인 설명과 지식만을 제공한다는 점을 고백하고자 한다.

2008년부터 경제위기가 심화되며 각국의 대응은 대개 국가의 강화라는 측면으로 나타났다. 우리의 연구 변인 중에 제외되었던 '위기'라는 특수 상황이 마치 경제정책에 대한 합의적 정치지형을 강화하는 것처럼 보였고, 또한 세계는 동일한 문제를 해결하기 위해 동일한 처방을 동원하는 것처럼 보였다. 하지만 미시적 관점에서 각국이 취한 입장은 각기 달랐으며 신자유주의의 물결은 큰 방향을 수정한 것처럼 보이지는 않는다. 오히려 각 국가의 대응과 그들의 정치적 선택은 신제도주의의 맥락에서 강조하듯이 제도적 차이와 그 차이에 기반을 둔 정치적 지형의 차이에 따라 다르다는 사실을 목도할 수 있다. 경제위기가 어떤 식으로 진행되든, 현재 처방하고 있는 정책의 결과는 예측할 수 있는 범주에만 머무르지는 않을 것이다.

현재 대세가 되고 있는 국가의 간섭과 대규모 구제금융이 기존의 정치경제적 메커니즘과 이를 뒷받침하는 정책결정 과정에 어떤 식으로 영향을 미칠지는 상당한 학문적 관심의 대상이 될 것이다. 분명한 것은 현재의 문제해결 방법이 성공하든 실패하든 그에 대한 각 국가와 경제체제의 대응 양상은 분명 일정한 다양성을 지닐 것이며, 그 차이는 분명 제도적 형태의 차이와 밀접한 영향을 갖는다는 사실이다. 이런 측면에서 우리의 연구가 갖는 의미는 앞으로도 오래 지속되리라 본다.

이 책에는 이론적 연구 한 편과 비교연구 두 편 그리고 사례연구 세 편이 실려 있다. 공동의 프로젝트이며 연구기간 동안의 조율이 있었다고는 하지만 각각의 연구자들이 갖는 지향점과 주장이 모두 일치하는 것은 아니다. 따라서 각 장의 연구 결과에 대한 책임은 각각의 연구자들에게 있다.

이 책에 실린 연구들은 공동 프로젝트에서 출발하여 지난 2년 동안 정치학계의 주요 학술지에 게재되며 여러 검증을 거쳤다. 그런 결과물을 다시금

다듬어 하나의 완성된 책으로 내게 되었다. 이 책 저자들의 전공분야는 다양하지만 각자의 전문성에 맞는 주제로 연구에 참여하였다. 모두 같은 학교와 기관에 소속되어 있지 않아 연구의 공동 수행에 어려움이 없었던 것은 아니다. 하지만 학계의 여러 인연을 바탕으로 하나의 프로젝트에 참여할 수 있는 기회를 갖게 된 것은 우리 모두에게 큰 기쁨이었다. 어려운 환경에서도 훌륭한 연구결과를 만들어주신 참여 연구자 모두에게 다시 한번 감사의 마음을 전한다. 1년에 걸친 연구과정과 또 그후 1년 반에 이르는 성과 배출 과정에서 특히 김형철 박사와 홍재우 박사가 여러 행정적 일처리를 깔끔히 해주고 다른 연구자의 연구수행에 큰 뒷받침을 해 주었다.

이 책은 여섯 명의 연구자들뿐 아니라 다른 여러 분들의 도움으로 세상의 빛을 볼 수 있게 되었다. 무엇보다 이 프로젝트에 참여한 연구원들을 한 자리에 묶어주신 한국외국어대학교 김웅진 교수님께 감사드린다. 기획 단계에서의 김웅진 교수님의 여러 조언과 팀워크에 대한 적절한 지도가 없이는 이 프로젝트가 제대로 진행되기 어려웠을 것이다. 그리고 사회과학 서적이 고전을 면치 못하고 있는 현실에서 이 책의 출판을 맡아주신 [도서출판 오름]의 부성옥 대표께도 감사드린다. 또한 자료수집과 여러 업무에 도움을 준 「비교민주주의연구센터」의 강원식, 김혜린, 윤지혜, 신선, 정상호 조교에게도 이 자리를 빌어 고마움을 전한다.

2009년 6월 이문동에서
남궁영

차 례

Contents

서장

세계화와 정치경제:
이론과 연구과제*

남궁영 | 한국외국어대학교

I. 서론

신자유주의로 무장한 세계화의 물결은 그 누구도 거부할 수 없는 역사적 흐름이었다. 이 글을 시작하는 시기만 해도 우리의 관심은 신자유주의의 확장과 그에 대한 국내정치의 대응이었지 세계화 그 자체에 대한 거부나 몰락에 대한 예지적 주술 따위는 아니었다. 2008년 후반부 세계는 1929년 대공황 이후 최대의 경제적 위기를 경험했으며 그 영향력과 파장 그리고 그에 대한 인간의 대처의 내용들은 진행형 시제이다. 그렇다면 신자유주의적 세계화는 이제 조종(弔鐘)을 울리는 것일까? 이제 신자유주의적 세계화가 몰고 온 위기와 그 이념의 몰락이 섣불리 예견되지만 세계화는 이미 시위를 떠난

* 본 1장은 『민주주의와 인권』 제8권 3호(2008)에 게재된 남궁영·홍재우의 "세계화, 국가, 민주주의 그리고 정치제도: 이론의 검토와 새로운 연구과제"의 일부를 수정·보완한 것이다.

화살이다. 오늘의 위기는 사실 세계화의 영향력이 얼마나 큰 것인지를 보여줄 뿐이다. 이제 문제는 단지 그것을 어떻게 적절히 통제하고 다룰 수 있는가에 달렸을 뿐이다. 다만 달라진 것은 통제받지 않은 자유로운 단일한 시장의 존재는 인간의 오만이며 아직 인간에게 주어지지 않은 상황이라는 점일 것이다. 오늘의 경제위기가 보여주듯이 세계화는 지구촌 곳곳의 개인, 집단, 사회의 정치, 경제, 문화에 막강한 영향을 끼쳤다. 세계화는 국제정치라 칭하는 그저 나라와 나라 간의 문제가 아니라 세계와 국가 그리고 나아가 세계와 개인 간의 문제를 의미한다. 세계화는 매우 복합적인 현상이며, 그것은 기존의 정치·경제적 질서를 대체, 약화, 혹은 강화시키는 매우 복잡한 영향력을 갖고 있다(Scholte 2001).

세계화에 대한 광범위한 연구 주제와 범주가 존재하지만 우리는 국외적 변화라 할 수 있는 신자유주의적 세계화를, 기존의 국경 내의 범주에서만 분석되어 온 정치과정에 연결시키려는 데 관심을 갖고 있다. 제1장의 내용은 이런 관심에 대한 서론적 연구라 할 수 있다. 이 장에서는 세계화와 국내 정치를 다룬 기존 연구들을 이론적으로 검토하고 비판적으로 해석하며 이를 토대로 이후 연구를 위한 전략을 제시할 것이다. 세계화는 국내 정치와의 관계 속에서 국가의 역할 변화를 추구하고 정책결정의 규칙인 민주주의적 경쟁 과정에도 일정한 영향을 미친다. 그러나 그 영향력은 매우 다양하며 각 국가별로 또 사안별로 차이를 만들어낸다. 본 연구는 이런 차이점을 제도적 메커니즘의 차이에서 분석하는 신제도주의적 시각을 채택하여 제도 정치 역할의 복합적 양상을 그려내고자 한다.

II. 세계화의 영향력

세계화(globalization) 혹은 지구화란 자본, 노동, 상품과 용역, 나아가 아이디어가 교환되는 과정을 가로막은 국가 간의 장벽이 감소하거나 무의미하게 되어 국가 간, 사회 간 상호 의존성이 확대되고 심화되는 과정을 의미한다. 이 과정은 길게는 자본주의의 역사와 함께 한다고 볼 수 있으나 짧게는 지난 한 세기 동안 지속되었고, 지난 한 세대 동안 그 영향력은 매우 분명해졌다. 나아가 최근 10년간 영향력과 속도는 놀라울 정도로 빨라졌다. 우리가 살고 있는 이 세대의 세계화는 시장의 효율성을 강조하며 민영화, 탈규제화, 복지축소 그리고 노동시장 유연화 등과 같은 신자유주의적 경제개혁을 전 지구적으로 확산시켜 왔다. 오늘날 신자유주의적 경제개혁을 동반한 세계화의 영향으로부터 지구상의 어떤 국가도 자유롭지 못하다. 대공황 이후 최악이라는 2008년 말의 경제위기는 세계화의 문제점을 부각시켰지만 하지만 역으로 그 동시성과 파장에 있어서 신자유주의적 세계화의 영향력이 얼마나 강력해졌는가를 적절히 보여주기도 하였다.

세계화는 분명 한 국가의 정치경제에 큰 영향을 미친다. 무엇보다 세계화는 기존의 정치적 경쟁의 문맥 위에 새로운 경제적 이익의 질서, 생소한 정치적 경쟁자와 게임의 규칙, 예기치 못한 환경의 변화, 그리고 존재하지 않았던 정책대안에 대한 아이디어를 쏟아내고 있다. 따라서 세계화에 대한 정치학적 접근은 국가 간의 국제정치경제적 맥락과 더불어 국가 내부의 정치적 맥락의 변화라는 측면에서 바라보아야 할 것이다. 특히 이런 측면에서 세계화가 그동안 정치학의 주요한 연구 대상이었던 국가와 민주주의에 미치는 영향력은 정치과정의 전반을 설명하던 그간의 이론적·경험적 지식들의 유효성을 수정해야할 만큼 광범위한 것이다. 따라서 이 같은 국가 내외적 변화의 상호 작용에 대한 연구가 갖는 실질적인 함의는 부인할 수 없을 정도로 크다. 우선 세계화와 국내정치 간의 관계(즉 세계화와 국가 그리고 민주주의를 둘러싼 정치 현상)에 대한 이해를 보다 분명히 하기 위해서는 선행연구들의 성과와 문제점을 검토할 필요가 있다.

본 연구는 세계화와 국내정치 간의 관계에 대한 그간의 논의들을 비판적으로 검토하는 데서 시작할 것이다. 지금껏 세계화가 한 국가의 정치경제 그리고 실제 정치과정에 미치는 영향에 대한 연구는 크게 두 가지로 나뉘어져 왔는데 주요한 논점은 세계화와 국가, 그리고 세계화와 민주주의 간의 관계였다. 그리고 그 연구의 결과는 역시 크게 세 가지로 요약된다. 하나는 긍정적 평가로서 세계화가 시장경제의 효율성을 통해 최적의 자원배분을 가능하게 하며, 정치권력의 분산과 정치개혁 등을 통해 민주주의의 발전을 가져온다는 것이다. 다른 하나는 세계화가 전통적으로 자원배분을 담당하는 국가주권 나아가 정치의 역할을 약화시킴에 따라 시장 패배자를 포용하지 못하며 다양한 사회경제적 시민권의 퇴행과 사회적 불평등과 양극화로 인한 분열과 갈등을 심화시킨다는 비판이다. 사회경제적 양극화의 심화는 궁극적으로 자원분배를 둘러싼 분열과 갈등을 심화시킴으로써 민주주의를 위협한다는 것이다. 세 번째는 이 두 가지 긍정과 부정의 주장들 속에서 세계화가 국가 내부의 정치과정과 만나는 다양한 양상을 찾아내고 그 원인들을 모색하는 것이다.

이하에서는 세계화와 국내정치 간의 관계에 대해 크게 네 분야로 나누어 살펴볼 것이다. 첫 번째는 세계화와 국가 자율성에 관한 논쟁들을 요약할 것이다. 두 번째는 세계화와 민주주의에 관한 논의로 종속변수로서의 민주주의와 독립변수로서의 민주주의가 세계화와 어떤 연관을 맺고 있는가를 검토할 것이다. 세 번째는 구체적으로 정치제도와 국가의 정치적 균열 구조가 어떻게 대외적 개방과 세계화의 물결에 대응할 수 있는가를 이론적으로 살필 것이다. 마지막으로 이 책에 담겨 있는 교차국가연구와 사례연구를 소개하며 어떤 경험적 연구들과 연구전략이 필요한지를 제시할 것이다.

III. 세계화와 국가

지난 세기 말과 금세기 초에 이르기까지 세계화의 영향력에 대한 연구의 초점은 세계화가 한 국가 내부의 정치경제적 질서에 미치는 힘에 관한 것이었고, 특히 국가가 한 사회의 정치경제의 중요한 설계자이자 행위자로 작동하는 하나의 모델인 복지국가의 유지 여부였다(Ake 1997; Crepaz 2001; Cox

1998; Esping-Anderson 1996; Gahi 1996; Garrett 1998b; Hall and Soskice 2001; Hellwig and Sameuls 2007; Li and Reuveny 2003; Martin and Shuman 1997; Rodrik 1997, 1998; Rudra 2002, 2005; Schmidt 1995; Swank 2002). 일반적인 민족국가 (nation-state)의 개념은 세계화가 그리고 있는 이상적 세계상과는 거리가 멀다. 사실 서구에서 민족국가의 개념은 지도상의 선과 면으로 구분되는 명확한 국경 개념의 형성과 동반해 왔다. 국경 내에서의 정치, 경제에 걸친 강력한 주권을 가진 권위적 정치체로서의 국가는 세계화가 의미하는 전 세계적이고 자유로운 교환이 가능한 시장, 다시 말해 비시장적 참여자의 간섭이 없는 시장이라는 개념과 우호적이지 않았다. 이는 역사적으로 서구나 비서구, 선진자본주의 국가나 아시아의 후발 개발산업화 국가들에서 공통적으로 발견되는 현상이다. 장하준이 적절하게 지적하고 있듯이 후발 개도국들이 올라올 "사다리를 차 버리기" 전, 즉 신자유주의적 세계화의 이념으로 갈아타기 전의 서구 국가들은 국경 내에서 강력한 정치, 경제적 통제권을 갖고 무역장벽을 통해 국가 산업을 보호·육성해 왔다(Chang 2002, 2007).

또한 2차 대전 이후 서구 복지국가의 형성은 국경 내의 계급동맹과 계급타협을 조정하고 보호하는 국가의 강력한 영향력을 통해 유지되었다는 것이 통설이다. 즉 코포라티즘적 계급타협의 양상에는 타협의 과정과 그 결과를 강력하게 유지하고 관철시키기 위해 국가의 역할이 컸다. 예를 들면, 노-사-정 3자 외에 국가가 영향력을 발휘할 수 없는 대외적 행위자의 영향력을 효율적으로 통제할 필요가 있었다. 국내 행위자들이 합의한 규칙으로부터 자유로운 존재는 복지체제의 형성과 유지를 위한 고정변수가 아니었기 때문에 국경의 존재와 국가 주권의 독립성은 복지국가의 필요조건이었다. 이들뿐 아니라 서구보다 늦은 산업화를 경험한 일본과 20세기의 후반부에 급격히 발전한 한국과 대만 등의 경제발전 과정에서 국가의 역할을 거부할 학자는 아무도 없다(Evans 1995). 한국과 대만은 상당한 수준의 무역장벽과 강압적 노동정책, 보조금 정책을 통해 세계시장에서 비교우위를 보일 수 있는 산업의 성장을 보호하고 육성하였다.

이처럼 국가의 개념과 행동의 역사는 세계화와 발맞추어 온 것은 아니다.

하지만 세계화의 진전과 함께, 국가는 새로운 시험대 위에 서게 되었다. 선행 연구들은 이에 대해 서로 다른 네 가지의 가설을 만들어 왔다.[1]

첫째, 하향적 수렴가설(downward convergence hypothesis)은 세계화와 국가 간의 관계를 설명하는 가장 보편적인 주장이다. 이 논의는 기존 국가의 역할은 더 이상 유효하지 않다는 데 초점을 두고 있다. 위에서 언급했듯이 서구 선진국가 즉 미국을 제외한 서구, 특히 북유럽의 복지체제는 계급동맹과 계급타협으로 유지되었는데 그 내용은 복지정책을 유지하는 국가의 소득재분배 정책과 이를 통한 사회적 단결의 유지였다. 그러나 이제 이런 정책을 유지하기 위해 국가가 사용할 수 있는 전략적 선택의 폭은 매우 제한적이다. 국가에 비해 비교적 자유로운, 즉 이윤 추구 이외에는 아무런 목적이 없는 투기성 금융자본과 그들이 지배하며 어떠한 민주적 통제도 없는 국제금융시장은 국가 능력을 무장해제 시킨다는 것이다. 자본의 급속한 이동과 비민주적인 국제금융시장의 지배는 정부의 주요 목적을 단순히 자본의 유치로 전환시킨다. 이를 위해 정부는 세금을 낮추고, 세출을 줄이며, 재정적자의 축소를 지향하게 되며 그 정책적인 실현과정에서 사회복지비용이 감소하게 되고, 근로기준이 완화되며, 임금은 낮아진다(Swank 2002). 즉 국가는 시장의 요구를 최대한 수용하는 하나의 도구로 전락하게 된다는 것이다. 기존 복지국가의 생산과 재분배 정책에 대한 능력이 크게 약화되며 국가의 경제정책은 서로 비슷하게 수렴된다(Ghahi 1996; Martin and Schuman 1997). 따라서 적절한 수준의 고용을 유지하며, 동시에 평등과 연대의 원칙을 견지하는 복지국가를 방어하는 것은 이제 거의 불가능해졌다는 주장이다.

하지만 국가무력화의 가설은 현실적인 설명력에서 한계를 갖는다.

한 가지는 국가 간에 나타나는 다양한 차이들을 설명하기 어렵다는 점이다. 세계화의 영향력이 공통적으로 존재한다는 가정하에 국가 간에 나타나는 재분배와 관련된 복지정책, 대외 경제정책 등의 차이를 설명하기가 어려

---

1) 이 네 가지는 3장의 저자인 홍재우(2008)의 다른 연구에 잘 요약되어 있으나 본문에서는 비판적 검토를 추가하였다.

워진다. 예를 들면 1970년대 말 이후 동일한 경제위기하에 영국은 왜 복지국가 해체의 길을, 스웨덴은 왜 복지국가 방어의 길을(김영순 1996) 채택했고 현재까지 그 기조를 유지하고 있는지 설명하기 어렵다.

다음으로 2008년 말 세계경제 위기에 맞선 주도 세력들은 다름 아닌 국가이다. 가장 신자유주의적이었던 영국과 미국을 필두로 해서 새로운 브레튼우즈 체제를 논의하는 주체는 국가이다. 국가는 위기에 처한 자본을 '보증'하고 '구매'함으로써 그 위상을 새롭게 하고 있다. 현 위기 속에 국가의 역할의 한계와 제한에 대한 목소리가 존재하지만 분명한 것은 국가의 위상이 아직 하향적 수렴가설에서 가정하는 것처럼 무력화된 것은 아니라는 점이다.

둘째, 세계화와 국가의 역할에 대한 두 번째 주장들은 크게 묶어 "세계화의 부적절성 가설"이라 명할 수 있다. 여기에 속하는 연구들은 국가의 자율성에 대한 세계화의 영향력이 매우 과장되었다는 입장이다(Berger and Dore 1996). 상식적 비판과는 달리 국제자본은 국가의 정치과정에 직접 참여할 수단을 갖지 못했고 따라서 국가가 자본에 대해 갖는 세금정책에 실질적 영향력을 발휘하기 어려우며(Swank 1997), 또 반대로 아래서 다룰 세계화에 대한 국가역할 확대의 주장과는 달리 복지국가의 확장은 세계화에 대응하는 국가의 간섭 때문이 아니라 탈산업화의 결과일 뿐이라는 주장(Iversen and Cusack 2000)도 있다. 즉 완전히 순수한 초국가 자본은 매우 드물며, 생산의 국제화는 점증하고 있지만 아직도 대다수의 생산은 국적을 지닌 생산자에 의해 국경 안에서 이루어진다는 것이다(Hirst and Thompson 1996).

이런 주장은 국가의 영향력이 존속한다는 점에서 얼마간 적절한 지적이기도 하지만 세계화 속에서 국가의 역할이 살아남았거나 사라진다는 의미가 아니라 세계화 그 자체의 영향력이 과장되었다고 주장한다는 측면에서 볼 때 이 가설은 설득력이 떨어진다. 오히려 금융 부분에 있어서는 성장뿐만 아니라 위기의 측면에서 세계화의 영향력에 대한 증거가 여실히 드러나는 상황이다. 이런 측면에서 이 부적절성의 가설은 부적절하다. 또한 국제자본의 영향력이 국가의 자본에 대한 세금정책에 영향력이 없다는 것과는 달리 수많은 과세 도피처(tax haven)의 존재와 이중과세금지의 조세조항을 악용한 헤지펀드들의 행태는 국가의 과세권을 유린하는 대표적인 사례이다. 또한 금융시장의 개방과 환율시장의 연계성은 경제위기 시 국가의 적정 환율 조정 능력을 비웃는 국제환투기 세력들을 양성한다. 뿐만 아니라 국가가 조세권을 행사하려면 이들은 국제 언론들을 통해 외국인투자에 대한 저해정책이라는 간접적 압력을 가한다. 세계화와 신자유주의 물결 앞에서 국가는 분명 외부의 영향력에서 완전히 자유로울 수는 없다.

　세 번째는 국가역할에 대해 매우 긍정적인 "상향적 수렴 가설(upward convergence hypothesis)"이다. 이 시각은 세계화와 강한 국가, 복지국가 간의 긍정적인 관계에 대한 것이다. 우선 세계화는 정부나 국가의 영향력을 축소시키지 않으며 오히려 국가의 강한 개입을 필요로 한다. 이것은 1980년대부터 주장되어오던 매우 전통적인 입장으로 카젠스타인에 의하면 유럽의 작은 복지국가들과 다른 국가들을 구별하는 것은 그 국가들이 추진한 대외적인 개방정책과 국내 보상정책의 병행전략이다(Katzenstein 1985). 또 로드릭에 의하면 무역개방의 정도와 정부의 지출 규모 사이에는 비례관계가 있다(Rodrik 1998). 정부의 대규모 지출이 대외개방에 대한 국내시장의 위험도를 낮추고 있으며 시장이 개방될수록 외부 위험에 대한 노출 정도가 커지기 때문에 정부는 공공부분에 대한 대규모 지출을 통해 이를 만회해야 한다는 것이다. 자유주의적 정책이 작은 국가의 경제적 규모와 능력 때문에 피할 수 없는 것이지만 강한 국가의 힘이 이런 자유주의가 산출하는 위험을 방지하기 위해서는 필수적이라는 것이다. 한 마디로 개입주의적 국가와 국제적 대외개방은 선순환(virtuous circle)의 관계에 있다는 것이다(Garrett 1998a).

　이 가설은 국가의 자율성이 보존된다는 점을 강조하고 있으며 동시에 국가의 방어적 대내정책이 대외개방과 공존한다는 점을 지적하고 있다. 하지만 국가가 '언제까지' 그런 방어 정책을 취할 수 있을지에 대한 적절한 분석이 결여되어 있다. 동시에 국가의 대내적 보상정책 자체가 대외적 개방의 흐름에 방해되는 성격일 가능성이 크기 때문에 단기적인 국가 지출의 확대가 개입주의적 국가와 대외개방 사이의 선순환으로 치환하기에는 무리가 따른다. 국가의 강한 역할에 대해서 한 가지 주목할 점은 최근 세계적 경제위기에 대한 국가의 역할이다. 국가의 영향력을 최대한 억제하고 제거하고자 했던 신자유주의자들의 희망과는 달리 경제위기의 상황에서 국가는 마지막 도피처인 것처럼 보인다.

네 번째 가설은 위의 가설들이 확장되면서 종합화된 "다양화 가설(diver-gence hypothesis)"이다. 즉 세계화 속에서 국가의 정책과 능력은 한 가지 모델로 수렴되는 것이 아니라 다양하게 나타난다는 것이다. 많은 학자들은 정부가 아직도 믿을 만한 정책의 범주와 도구들을 갖고 있다고 분석하며 이런 주장은 날로 폭넓은 지지를 얻고 있다. 이들은 주로 국가의 서로 다른 대응 양상에 주목하며 세계화의 영향력뿐 아니라 국내의 여러 구조적, 제도적, 역사적 차이점들에 대해 분석하며 어떤 요인이 국가마다 차이가 나는 정책들을 유지하는 데 영향력이 있는가에 초점을 두고 있다. 많은 학자들은 주로 국내의 다양한 제도와 복지동맹을 유지하는 정권의 차이점들이 세계화의 경제적 영향력에 차이를 만들어낸다고 보며(Franzese 2002; Hall and Soskice 2001; Iversen 2005; Swank 2002), 이와 연관된 정당정치의 영향력이 각각의 특별한 정책들을 산출한다고 분석한다(Garrett 1998b; Huber and Stephens 2001). 다시 말해 세계화와 국내정치 혹은 국가의 능력 간의 관계는 언제나 상호배타적이지도 혹은 상호보완적이지도 않으며 국가의 여러 차이들에 달렸다는 것이다.

IV. 세계화와 민주주의

1. 종속변인으로서의 민주주의

세계화가 국가의 정치경제적 행위에 영향을 미친다면, '결정'이 내려지는 과정인 국가의 정치과정과 원칙에 대해서도 영향을 미칠 것이다. 다시 말해 민주주의 국가의 경우에는 민주주의라는 정치적 결정 과정의 원칙과 내용에 대해 세계화가 영향을 미칠 수 있다는 뜻이다. 현재의 논의는 국가와 시장, 그 가운데서도 민주주의와 시장의 전통적인 보완·긴장관계에서 힘의 축이 시장으로 넘어가며 민주주의가 쇠퇴할지도 모른다는 우려에서 비롯되었다. 시장에 대한 민주적 통제는 시장이 국가의 국경 내에서 작동하는 기제이기 때문에 가능하다. 이는 단순하지만 매우 기본적인 전제이다. 전통적으로는 정책결정의 주체(정책결정자)와 피주체(시장참여자)가 모두 국가의 정당한 권력 행사에 종속되거나 영향을 받았다. 많은 학자들과 정책결정자들은 세계화가 이런 전제에 제동을 걸었다고 보았다.

이런 우려 속에서 비롯된 경험적 연구들은 그럼에도 불구하고 매우 다른 결론에 도달하고 있다. 기존의 연구 결과들은 대개 세 가지로 수렴된다. 즉 세계화가 민주주의에 오히려 공헌했다는 견해, 세계화가 복지국가의 해체에서 보듯이 국가의 힘을 약화시키고 민주주의를 퇴보시켰다는 견해, 그리고 세계화와 민주주의는 다양한 관계 속에 놓여 있다는 주장이 있다(Li and Reuveny 2003).

이런 주장들을 간략히 요약해 보자. 우선 세계화가 민주주의에 긍정적인 영향을 준다는 주장들은 세계화가 정치참여자와 대중의 행동 유인의 구조를 바꾼다는 점과 이들이 새로운 정보와 접촉하게 됨에 따라 민주주의에 대한 열망과 인식을 바꾸게 된다는 두 가지 논리로 요약된다. 시장이 개방되고 시장 참여자가 다양화되면서 국제적인 참여자들의 요구가 사유재산의 보장을 위한 시장과 법의 안정성, 결정의 효율성과 투명성을 요구하게 되고, 이에 따라 국내 참여자들의 권리도 향상된다(Schmidt 1995; Oneal and Russett 1997, 1999). 결국 시장이 강력해짐에 따라 강압적으로 지대(rent)를 추구하던 정권의 힘은 자연히 약화되고 소득이 높아지며 기대 수준이 달라진 시장 참여자들의 정치적 요구가 높아지는 것이다. 뿐만 아니라 그들은 자유무역협정을 통해 정부의 경제정책을 구속하고 이를 통해 유권자의 정부에 대한 감시를 더욱 원활하게 만들 수도 있다(Mansfeild, Milner and Resendorff 2002). 하지만 이런 논리들은 가장 소극적인 기준으로도 민주주의 이행을 앞둔 나라들 정도에서나 적용 가능할 것이다. 이미 발전된 민주주의 국가에서는,

다시 말해 정책결정과 정치과정이 나름대로 제도화되어 있고 그 규칙에 의해 장기간 정치적 게임이 이루어진 나라에서는, 세계화가 상정하는 폭넓고 예외 없는 대외적 개방은 시민의 권리와 의무에 대한 복잡한 논란을 일으킬 것이다. 따라서 최소한 이론적인 측면에서도 민주주의가 자리 잡은 나라에서 시장개방이 민주주의를 더욱 촉진하는 효과를 만들어 낼 수 있는지는 이론적으로도 의문 사항이다.

다음으로 세계화가 민주주의에 부정적인 영향을 준다는 주장이다. 세계화란 본질적으로 "민주주의가 결핍된 질서(Stiglitz, 2006)"라 볼 수 있으며 이런 성격은 국내정치에 대한 영향력에서도 나타난다. 이 논리는 크게 두 가지 현상에 대한 논리로 설명할 수 있다.

첫째는, 승자와 패자가 대규모로 양산되며 동시에 이들 간의 격차가 점차 커진다는 점이다(Cox 1996; Rodrik 1997). 이런 차이는 사회적 갈등과 정치적 불안정으로 연결되어 민주주의를 훼손하게 된다(Robertson 1992). 또한 개인 간의 빈부차이만이 아니라 과거 종속이론이 언급했던 중심부 국가와 주변부 국가의 격차를 악화시켜 주변부 국가의 정치적 상황을 악화시킬 수도 있다는 것이다(Przeworksi 1990; Gill 1995; Cox 1998; 남궁영 2000).

두 번째는, 위에서 이미 살펴보았듯이 이런 승자와 패자가 대량 산출되는 결과를 보완할 국가의 힘이 약해졌거나 국가의 의도가 바뀌었다는 점이다. 국가의 정책은 시장의 유지와 자본유치를 위해 점차 해외자본이 만족하는 정책들을 만들어내게 되고 시장 실패를 통제할 정책 자율성을 잃게 되었다(Schmidt 1995; Cox 1998). 하지만 아직까지 이런 주장들은 정치(精緻)한 논리와 경험적 입증을 제공하지 못하고 있다. 최소한 후자의 주장은 국가의 약화와 민주주의의 약화가 병행한다는 점에서 시기와 조건에 대한 검토가 더욱 면밀히 더해져야 할 것이다. 또한 민주주의 국가들 사이에서 나타나는 차이도 외부적인 요인의 결과로 보아 국내적 요인의 능동성을 간과하는 문제점이 있다. 다시 말해 다양한 사례를 검토하여 민주주의의 일방적 약화라는 보편적 이론이 도출되기에는 아직 이른 편이다.

그리고 마지막으로 세계화의 강도와 국가별 차이에 대한 것이다. 우선 세계화의 영향력이 과장되었다(Hirst and Thompson 1996; Hisrt 1997; Wade 1996)
는 연구가 있는가 하면, 아직도 국가가 효과적인 정책수행 능력이 있다
(Garrett 1998b)는 주장도 있다. 특히 후자는 결국 세계화의 민주주의에 대한
영향력은 국가마다 다르게 나타난다는 주장이다(Haggard and Kaufman 1995;
Longworth 1998). 그 차이는 위에서 살펴보았듯이 세계화가 국가의 정치경제
적 능력에 서로 다른 영향을 끼치는 것과 논리적으로 유사하며 또한 연관된
현상일 것이다. 즉 개별국가의 민주주의는 그 국경 내의 정치적 참여자의
이익과 그것의 균형 상태에 의해서 정책결정을 내리게 되는데, 세계화는 그
균형점에 새로운 영향을 미치게 된다. 기존의 민주주의적 결정은 민주적 절
차, 수 대결에서의 승부라는 간단한 원칙과 그 내용을 심화시키는 수많은
합의 과정을 통해 정당성을 만들어냈는 데 비해, 새로운 정책 결정에서는
그런 과정이 생략되고 불분명한 요소들이 정당성의 여부에 강한 영향력을
끼치게 된다는 점이다. 따라서 이런 과정, 예를 들면 복지정책과 그를 뒷받
침하는 복지동맹의 해체, 신자유주의적 이데올로기 공세에 힘입어 헤게모니
를 장악한 새로운 게임이 나타난다면 민주주의는 약화될 것이며, 반대로 현
상유지(status quo)에 머무는 게임을 지탱할 수 있다면 민주주의는 최소한 약
화의 국면은 벗어날 것이다. 이 논리는 세계화와 국가의 자율성 약화관계에
대한 논리와 매우 유사한 측면에 있다.

2. 독립변인으로서의 민주주의

세계화가 민주주의를 촉진한다는 질문 이외에 매우 흥미롭게도 민주주의
국가들이 더 개방적 무역정책을 취한다거나, 더는 자유무역협정(FTA) 체결
과 같은 신자유주의 정책을 취한다는 주장도 존재한다. 즉, 세계화와 연관되
어 민주주의를 각 국가에서 대외개방 등 세계화에 상응하는 정책을 추진하
는 필요조건 혹은 독립변인으로 보는 시각이다. 이런 시각은 세계화와 국내
정치경제의 상호작용이란 점에서 검토해볼 가치가 있다.

이 주장들은 대개 무역자유화에 관한 것으로 국내의 계급갈등적 이익집단 간의 대립이 민주주의의 영향으로 무역자유화를 촉구한다는 것이다. 저발전 국가의 경우 대외개방은 국제경쟁력이 떨어지는 국내 자본보다는 상대적인 경쟁성이 있는 노동에게(고용을 늘린다는 점에서) 혜택을 주게 되는데(Hiscox 2001) 노동자 계층의 확장된 참정권 때문에 유권자의 지지를 얻기 위해 정치권력은 보다 자유로운 무역정책과 대외개방을 선호하게 된다. 즉 더 많은 정치참여가 더 높은 무역자유화를 요구한다는 것이다(Milner and Kubota 2005). 이는 대부분의 저발전 국가들에서 민주화가 무역자유화를 선행했다는 사실에 기인하고 있다. 하지만 이 논리는 대외개방으로 촉진될 국내의 이익 간의 갈등이 산업 간 갈등이 아니라 계급갈등이어야 함을 전제로 하고 있고(김석우 2006), 대외개방이 다수의 노동자에게 장기간에 걸친 이익을 반드시 보장하고 국가가 자국의 자본 발달에 아무런 관심을 갖지 않는다는 비현실적 가설에 기반하고 있다

또 민주주의와의 긍정적 관계를 밝히는 주장에 의하면 경제가 성장하고 민주적 참정권을 강화한 유권자들은 소비자로서의 선택권의 확장을 추구한다. 더 많은 종류의 제품과 서비스를 더 좋고 값싼 가격에 소비한다는 점에서 시민들은 무역자유화를 선호할 것이고 이들의 주장이 정책에 반영될 것이라는 논리이다(Baker 2003). 그러나 소비자적 주체성을 갖는 시민과 생산자적 주체성을 갖는 시민 간의 개념적 갈등을 어떻게 해결해야 하는가의 문제에 직면하게 되고 왜 소비자적 주체성을 갖는 시민이 다수가 되는지 어떻게 소비자적 주체성을 갖는 시민을 양상하는 산업구조가 형성되는지에 대한 논의가 부족하다.

전체적으로 이런 독립변수로서의 민주주의 역할은 포괄적으로 넓어진 시민권과 참정권이 그들의 이익구조를 정책결정에 적극적으로 반영시키려고 하고 대의제 민주주의의 권력은 권력을 유지하기 위해 이들의 정책 선호를 충족시키는 방향으로 혹은 그것을 선도하는 방향으로 정책을 추진한다는 가정 위에 서 있다. 하지만 근본적으로 시민들의 선호 구조가 왜 자유무역을 구조적으로 요구하는지에 대해서는 명확한 답변을 하고 있지 못하다. 노동

에 의한 대외개방의 선택을 주장하는 이론과는 다르게 대부분의 대외개방의 노선을 걷는 민주주의 국가 중에 노동에 비해 자본의 영향력이 약세인 국가는 매우 드물다. 이 사실은 현실적인 인과관계의 선후에 대한 의심을 일으키는 부분이다. 이와 함께 '소비자'로서의 시민 개념 역시 단순한 무역자유화의 문제뿐 아니라 다양한 양상을 띠고 있는 세계화와 노동유연화, 복지축소 등 신자유주의 정책에 초점을 맞추었을 때, 시민의 이익구조를 너무 단순하게 가정한다는 문제점을 노정하고 있다.

V. 정치제도의 역할

위의 논의를 배경으로 하여 세계화의 영향력을 분석해 들어가면 세계화의 영향력 차이를 만들어내는 각 국가의 차이에 주목하게 된다. 왜 어떤 국가는 상대적 자율성을 상실하고, 다른 국가는 강력한 국가의 개입을 유지하는가? 왜 어떤 민주주의는 세계화에 의해 촉진되고, 왜 다른 민주주의는 약화되는가? 이런 질문들에 대해서는 지정학적 특징, 자원 및 산업상의 특성, 국제정치상의 위상 등을 따져 다양한 답변의 목록을 만들 수 있을 것이다. 하지만 주목해야 할 점은 각 국가의 정치적 결정 즉, 정책이 결정되는 맥락 (context)의 차이다. 그 맥락은 최종적인 정치결정이라는 승부가 날 때까지의 과정과 그 과정에 연계된 참여자들의 양태를 종합한 것을 의미한다. 이 정치적 맥락에 영향을 미치는 사항 역시 많은 변수들을 상정할 수 있으나 최근 학계의 관심은 신제도주의(neo-institutionalism) 관점에서 정치적 행위에 영향을 미치는 제도의 영향력에 주목하고 있다. 정책결정과 그 성과물의 차이점에 대한 원인 분석에서 제도의 위상이 높아지고 있다는 의미다. 따라서 세계화의 영향력에 서로 다른 내용을 채워나가는 국가 간의 차이 역시 제도를 통해서 많은 부분을 관찰하고 설명할 수 있을 것이라 기대된다.

다음의 <그림 1>을 보자. 이 그림의 중앙부가 상정하는 상황은 정책결정

〈그림 1〉 세계화의 영향력과 국내정치

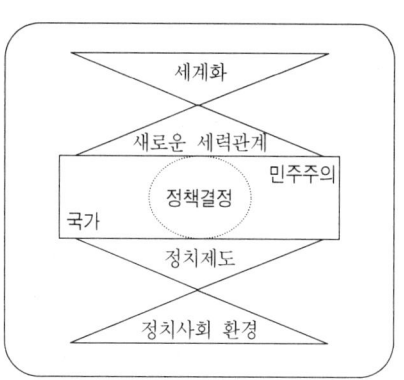

을 만들어내는 게임의 원칙이 민주주의이며 국가는 그 과정에서 중요한 행위자 중 하나이다. 여기서 민주주의라는 원칙과 국가의 역할은 신제도주의 이론들이 주장했듯이 다양한 정치사회 환경과 서로 다른 게임의 룰로서의 정치제도의 영향을 받는다. 여기까지는 매우 고전적인 정치적 결정의 메커니즘이라 할 수 있다. 하지만 세계화는 여기에 외부적 영향력으로 나타난다. 세계화의 영향력은 다양한 양상으로 국내의 정치적 세력관계에 영향을 미치게 한다. 체르니(P. Cerny) 등이 언급했듯이 세계화가 국내정치에 영향을 미치기 위해서는 세계화가 요구하는 변화와 자신들의 이익이 일치하도록 노선을 수정하는 정치적 집단(국가기구, 지식집단, 자본가, 정치인, 투표자)들이 존재해야 한다(Cerny et al. 2005). 다시 말해 세계화의 이념으로서 신자유주의를 추구하는 국가 내 연합세력이 등장해야 함을 의미한다. 이 연합은 WTO나 FTA등의 국제적 협약이라는 외부적 동조자의 힘을 얻어 국가의 정책변화를 일으키며, 때로는 민주주의적 게임의 규칙을 적절히 이용하거나 또는 왜곡시키기도 한다. 이렇듯 외부적 압력은 분명 기존의 정치적 문맥의 변화를 요구하는데 이 요구에 대해 각국이 보여주는 차이점은 분명 정치제도와 그 정치제도가 만들어내는 권력게임의 양상을 통해 변주될 수 있다.

 따라서 정치제도는 세계화의 영향에 대해 국가 내에서 수혜를 받는 집단과 피해를 받는 집단의 차이점을 조정하는 역할로 이해될 수도 있다. 하지만 세계화에 대응하는 국내정치 특히 정치제도의 영향력은 쉽게 이론화하기 어렵다. 그 이유는 정치제도의 영향력에 대한 분석에 있어 제도의 어떤 측면을 강조할 것인지 나아가 제도가 영향력을 미치는 정책결정의 내용과 성격이 무엇인지에 따라서 큰 차이가 나기 때문이다(홍재우 2006, 2008).

　기존의 연구들은 세계화에 대한 국가별 차이를 코포라티즘으로 표현되는 국내 이익집약구조에서 찾고 있다. 예를 들면 변화되는 대외 정치경제 환경 속에서 1970년대 말 이후 영국과 스웨덴은 복지국가와 복지동맹 유지에 대한 완벽히 다른 입장을 담지했다. 대처리즘(Thatcherism)으로 나타난 영국의 급격한 신자유주의적 변화는 양국의 경제와 시민들의 삶의 질에서 많은 차이를 나타냈다(김영순 1996). 주지하다시피 양국은 이익집약과 정치적 게임의 양상에서 많은 차이를 보이고 있다. 사실 1970년대 오일쇼크 이후 코포라티즘적 기제가 강한 국가의 경우 사회의 집약적 협상구조는 국가 경제를 보다 빠르고 효율적으로 대외적 변화에 적응하게 만들었다. 정책결정에 있어 국가, 자본, 노동을 포함하는 중앙화된 협약구조는 고용보장과 사회적 소득의 대가로 임금유연성을 채택한 사회협약의 채택을 보다 손쉽게 했다. 기존의 작동되는 정치적 메커니즘을 그대로 살린 것이다(Namkoong 2008).

　하지만 코포라티즘적 기제가 자동적으로 반드시 세계화의 압력 속에서 비교우위적인 사회경제적 결과물의 생산을 의미하는 것은 아니다. 최근의 논의는 코포라티즘적 기제의 유지보다는 코포라티즘적 기제가 갖는 장점들, 즉 합의가 이루어진 이후의 정책적 책임성과 유연성이 중요하다는 입장이다. 특히 이익집약의 코포라티즘을 정치제도적으로 확장한 레이파트(A. Lijphart)의 합의제적 민주주의(consensus democracy) 개념을 수용한 연구들은 합의제적 제도가 산출하는 정책들로 인해 세계화의 부정적인 영향력 즉 약자를 배출하거나 그들을 희생하고, 사회적 긴장을 만들어내는 결과들을 약화시킬 수도 있다고 본다.

　크레파즈와 버츠필드에 의하면 이런 결과는 다음 세 가지의 가설로 설명이 가능하다 (1) 합의제적 민주주의는 정부로 하여금 세계화의 승자뿐 아니라 패자에게도 관심을 갖게끔 할 제도적인 유인을 제공한다. 즉 정권의 유지에는 약자와 소수파의 지지도 필요하다 (2) 포괄성(inclusion)의 원칙하에 성립된 합의제적 정부는 보다 높은 정당성(legitimacy)을 유지한다. 이것은 정책의 일관성 및 정당성과 연관된다. (3) 따라서 이런 논리에 의해 합의제적 정부는 생산성과 경제성장에 긍정적이고 직접적인 영향을 주는 인적, 물적 토대에 대한 보다 공적 투자를 한다(Crepaz and Birchfield 2000). 이 세 가지 사안의 핵심은 합의제 민주주의가 만들어내는 "포괄성의 정치(politics of inclusiveness)"라 할 수 있다. 포괄성의 정치의 핵심은 정책에 동의하고 결정하는 다수를 가능한 한 최대화(maximization of majority) 시킬 때보다 책임성 있고 민주적인 정책이 산출된다는 것이다(Lijphart 1999). 이때 합의제 민주주의를 실현시키는 가장 중요한 변수는 제도다. 제도의 특성에 따라 정부와 개별국가의 민주주의의 성격이 좌우되며 당연이 세계화에 대한 대응도 달라진다. 코포라티즘에 대한 연구가 권력의 결정의 현상에 초점을 두었다면 제도에 대한 연구는 권력을 작동하는 유인(誘因)과 행위자의 선택옵션에 관심을 두는 것이다. 따라서 후자를 통해 보다 포괄적인 이론의 가능성이 열린다 하겠다.

하지만 흔히 학자들에 의해 합의제적으로 정의되는 제도들이 항상 세계화의 추세를 역행하거나 신자유주의적 정책을 지연시키는 역할만 하는 것이 아니다. 무역자유화에 대해서도 대표적인 합의제 정치제도인 비례대표 선거제도를 대상으로 로고스키(Rogoski 1987)는 매우 다른 결론을 내리고 있다. 그는 대선거구제, 강한 규율의 정당의 존재, 그리고 비례대표제가 지역적 혹은 특수 산업의 보호주의적 압력으로부터 자유로운 정책안정성을 도모시킬 것으로 보았다. 따라서 정부의 정책결정 과정이 지역적 혹은 특수 이익으로부터 자유롭고 다양한 사회적 이익에 보다 반응적이며 정책결정에 다양한 이익이 대표되는 제도를 갖고 있다면 지대추구적인 보호무역정책보다는 자유무역정책을 선호하게 될 것이라고 주장했다.

이외에도 정부정책에 행위자가 많을수록 권력의 분산 정도가 커지기 때문에 합의제 민주주의에 있어서 핵심적인 연립정권이 더 자유무역에 친화적이라고 보는 시각도 있다(Frey and Masnfiled 2003). 하지만 이와 달리 권력분산이 권력에 대한 보다 많은 접근점(access point)을 제공하기 때문에 집합행동의 문제를 쉽게 해결할 수 있는 보호주의자들이 이를 이용하기가 쉽다는 주장도 있다. 즉 이익집단이 접근할 수 있는 통로를 많이 마련해주는 정치제도일수록 반세계화적인 보호무역주의를 유지할 수 있다는 것이다.

하지만 이런 논의는 첫째 "보호무역"이 "자유무역"에 비해서 현상유지적(status quo)이어야 한다는 전제조건이 따르며 둘째, 자유무역을 전 사회적 혜택을 주는 공공재로서 간주한다는 문제점이 있다. 이미 언급한 바와 같이 자유무역은 개별 산업의 특성, 노동과 자본의 조건과 이동성에 따라 수혜집단에 대한 차별성을 분명히 낳는다는 점에서 이들의 논의는 한계가 있다. 따라서 세계화와 국내정치제도가 만들어내는 정치적 동학에 대한 연구는 보다 세밀한 이론과 경험분석을 요구한다.

VI. 새로운 연구과제와 방법

1. 거부권자와 제도 성격의 세밀한 이해

정치제도의 등장은 세계화의 동학을 보다 명확히 하는 데 큰 도움을 줄 것이다. 하지만 위에서 언급한 제도의 영향력에 대한 서로 다른 결과물들에서 보듯이 이 분야는 상당한 연구 기간에도 불구하고 아직 개척단계에 있다. 그렇다면 세계화와 정치제도 연구는 과연 어떤 연구 방법과 전략을 취해야 할 것인가? 우리는 이 연구에서 다음 세 가지의 전략을 제시한다. (1) 분석대상이 되는 정책의 성격과 그것에 대한 개별 정치제도의 효과를 개별적으로 분석한다. (2) 정치제도가 만들어내는 거부권자와 거부권자의 성격에 초점을 맞춘다. (3) 다수 사례(large N)를 포괄하는 교차사례분석과 구체적 양상을 추적할 수 있는 사례연구를 병행한다. 우선 앞의 두 전략을 검토해보자.

중요한 것은 어떤 정치제도를 대상으로 삼을 것인가의 문제이다. 레이파트(Lijphart 1999)의 연구 이후 정치제도의 특성을 통합한 합의제·다수제 민주주의의 특성이 분석단위로 등장했지만 실질적인 제도의 역할은 종류에 따라 매우 다르다. 비례제와 다수제 등 다양한 선거제도의 특성과 의회중심제와 대통령제 등 정부형태(executive system)라는 제도는 차원이 다른 제도이며 행위자의 행동에 전혀 다른 맥락의 인센티브를 제공하게 된다. 다음으로 분석 대상의 정책이 무엇인가, 자유무역정책인가 아니면 복지 등의 재분배정책인가, 혹은 다른 성격과 분야의 정책인가에 따라 다른 행동의 논리와 제도의 동학을 제시해야 한다. 왜냐하면 같은 세계화에 대한 분석이라 할지라도 경제정책 상의 자유무역과 재분배 정책은 서로 다른 계급 간, 이익 간 동맹 관계를 형성한다. 이때 제도의 다양한 구성 속에서 서로 다른 종류의 거부권자가 만들어질 수 있다. 예를 들면, 앞 절에서 살펴본 자유무역 논의와는 다르게 크레파즈는 특정 제도 요인과 그것이 만들어내는 거부권자가 세계화라는 조건 속에서 국가의 재분배 능력을 강화한다고 보았다(Crepaz 2002). 그는 거부권자를 구조적인 차이를 갖는 집합적 거부권자(collective veto player)와 경쟁적 거부권자(competitive veto player)로 구분하고 집합적 거부권자가 국가의 재분배 정책의 능력에 긍정적인 영향을 경쟁적 거부권자가 부정적인 영향을 미친다는 것을 증명했다.

또한 쯔벨리스(Tsebelis 1995, 2002)도 경제정책의 변화에 있어 "정책변화에 필요한 동의권을 지닌 개인이나 집단"으로서의 거부권자의 개념을 제시하고 거부권자를 대개 헌법에 의해 규정된 대통령, 의회 등의 "제도적 거부권자"와 선거결과에 따라 유동적인 "정당 거부권자"로 나누었다. 전자가 정책에 대한 공식적인 거부권을 지니며 정책 변화를 유도하는 모든 제안을 통과시키거나 저지할 수 있는 집단적 성격이 있다면, 후자는 기존의 제도와의 관계 그리고 정당 내의 응집력 여부에 따라 다양한 성격을 지닐 수 있다고 보았다. 전자의 입장에서 보면 양원제가 단원제보다 정책 안정성이 높고, 후자에서 보면, 단일정당의 정권보다는 연립정권이 정책변화를 가져오기가 어렵다고 할 수 있다. 하지만 제도적 거부권자들은 응집력이 높고 정책선호가 단일한 정당에 의해 통제가 된다면 현상유지나 변화를 모두 쉽게 모색할 수 있다.

이런 논의를 통상정책에 관련하자면 우선 제도적 거부권자가 많을수록 현재의 통상정책을 자유화하거나 반대로 보호주의를 시도하려는 변화가 어렵고 결국은 현상유지에 머물기가 쉽다. 하지만 정당거부권자들에 대한 논의를 더하자면 강한 정당규율이나 정책적 일관성은 유효 거부권자의 수를 줄여주는 역할을 한다(Cox and McCubbins 2001). 특히 선거제도는 이런 두가지 거부권자의 역할을 관측하는 데 중요한 제도적 특징을 보여준다. 우선 소선거구제와 비례대표제는 유권자의 이익 혹은 이익표출에 대해서 서로 다른 모습을 보여준다. 특히 양원제의 경우에 있어 대표의 선거구가 서로 다른 차원이라면 양원의 제도적 대립은 거부권자의 증가를 가져온다고 하겠다. 게다가 지역 소선거구의 경우에도 선거구의 지리적 특징(지역의 산업적 특징과 이익구조)으로 인한 갈등 양상이 정당 및 정당 내 거부권자의 유형으로 나타날 수 있다.

결론적으로 세계화와 정치제도의 역할에 대한 전략적 분석은 다음과 같은 사항들을 유념해야 한다. 첫째, 정치제도에 따라 각기 제공하는 행동의 유인들을 명확히 밝힌다. 선거제도, 정부형태, 연방제·단방제 등의 제도는 단순히 합의제-다수제라는 양차원에서 영향을 미치기보다는 제도의 종류와 성격에 따라 다른 영향력을 만들어낸다. 둘째, 분석대상이 되는 구체적 정책들(종속변인)의 특징을 규명해야 한다. 세계화에 대한 정책들 중 자유·보호무역정책과 재분배정책은 서로 다른 맥락에서 결정된다. 일관된 친세계화 정책이나 일관된 반세계화 정책의 구분은 비현실적이다. 셋째, 정책의 현상유지 혹은 변화의 향방은 서로 다른 거부권자의 선호체계와 상호작용을 통해 나타난다. 따라서 어떤 종류와 성격의 거부권자인지를 명확히 해야 한다.

2. 교차국가연구와 사례연구의 필요성

세계화, 국가자율성, 민주주의, 정치제도, 신자유주의, 무역자유화 등 이미 살펴본 주제에 대한 이론적 연구는 다양하지만 실제로 이들을 묶어 내는 종합적인 비교연구는 그리 많지 않다. 지난 10년간 비교적 소수의 연구들이 세계화의 영향력에 대한 국가 내부의 정치문제에 대해서 특히 재분배 정책에 대해서 제도적 관점에 기초하여 분석해왔다(Birchfield and Crepaz 1998; Crepaz and Birchfield 2000; Crepaz 1996, 2001, 2002; Crepaz and Moser 2004; Garret and Way 1999; Humber and Stephens 1998; Kenworthy 2002; Mahler 2004; Lijphart 1994, 1999). 이들 중 일부는 레이파트의 합의제 민주주의 개념을 빌어 논의를 전개했으며, 대개는 합의제 민주주의가 만들어내는 "포괄성의 정치(politics of inclusiveness)"에 따라 세계화에 대한 대응전략이 달라진다는 점에서 일치하고 있다. 하지만 이들 대부분의 논의들은 몇 가지 문제점들을 안고 있다. 우선 사례수가 너무 적고 지역적으로 서구나 경제적으로 발전된 OECD국가들에 한정되어 있으며, 고정적 제도와 변동적인 정치균형을 분리하지 않는 채 일관적으로 제도변수로 처리하는 문제점들이 있다. 따라서 이런 부분들을 고려한 새로운 보다 많은 대상국가를 포함하는 교차국가연구가 필요하다. 가장 큰 난관은 적절한 데이터의 입수이다. 제도의 특징에 대한 자료는 최근의 세계은행(The World Bank)의 <Database of Political Institutions>의 광범위한 수집에도 불구하고 아직 매우 부족하거나 부정확한 편이다. 이 문제를 해결하기 위해서는 사례연구들을 통한 구체적 사실의 축적이 뒤따라야 할 것이다.

교차국가분석으로 이루어진 선행 연구들은 대개 국가를 단위로 거시적으로 정의된 정치제도의 일반적 효과를 분석하는 편의를 제공하지만, 왜 특정 정치제도를 채택하고 있는 국가가 세계화 혹은 자유무역과 친화적인지 혹은 그렇지 않은지에 대한 구체적인 맥락을 면밀하게 보여주지는 못한다. 즉, 위의 연구들과 같이 특정 국가가 세계화와 이에 동반한 신자유주의 경제정책, 예를 들면 자유무역협정(FTA)과 같은 정책을 추진할 때, 각 정치제도와 정치세력들, 그리고 사회적 이익집단의 요소들이 어떻게 구체적으로 관계를 맺고 있는지를 설명해주지 못한다. 이런 측면에서 개별 국가사례에 대한 연구는 교차사례연구가 놓친 실제 서로 다른 민주주의의 동학을 보여주며 새로운 해석을 제공해주는 역할을 한다. 또한 특정한 정치제도 예를 들면, 비례대표제나 연립정부와 같은 높은 권력분산형태, 반대로 당내 기율이 강한 정당체제, 단점정부 등의 권력분산이 낮은 상태 등의 정치제도가 개별 사례에 있어 정책신뢰성 혹은 정책결단성의 강조 여부에 따라 상이한 결과를 낳는다는 연구(김미경 2006) 등은 일반화된 이론 틀을 기반으로 구체적인 사례연구의 필요성을 더욱 높여주고 있다.

VII. 교차국가연구

이 책은 두 개의 교차국가연구를 포함하고 있다. 하나는 김형철의 "세계화, 정치제도, 그리고 사회경제적 수행력: 20개 민주주의 국가에 대한 경험적 비교분석"이며 다른 하나는 홍재우의 "민주적 거버넌스에 대한 세계화와 정치제도의 영향력"이다. 김형철의 연구는 제목 그대로 세계화와 정치제도가 사회경제적 수행력에 어떤 영향력을 미치는가를 분석한 것이다.

여기서 김형철의 질문은 매우 직접적이며 도발적이다. 그는 세계화의 영향력이 부정적이라는 측에 서 있다. "세계화의 부정적 영향에도 불구하고 많은 국가들은 세계화 즉, 신자유주의적 경제개혁이라는 덫에 더욱더 깊숙이 빠져들고 있다. 그 이유는 많은 정책결정자들이 세계화가 자신들의 결정을 정당화해 줄 수 있는 사회경제적 수행력의 향상에 영향을 줄 것이라고 믿고 있기 때문이다. 과연 국민총생산 성장률, 인플레이션, 실업률, 소득불평등 그리고 인간개발지수 등과 같은 사회경제적 수행력은 세계화라는 외부적 요인에 의해 영향을 받는가? 아니면 국내정치적 요인에 의해 영향을 받는가?" 사회경제적 수행력은 체제 능력을 평가하는 데 매우 중요한 요소이며 이 같은 질문에 대한 대답을 제공할 것이다. 이는 정치체제 능력의 안정성과 지속성을 위한 조정기능, 유지기능, 그리고 화합기능에 의해 평가받는데, 정치적 차원에서의 능력 등 전반적인 것은 다음의 홍재우의 논문에서 검토되며 김형철의 연구는 그 중 사회경제적인 차원에 초점을 두고 있다. 사회경제적 차원의 체제 능력은 주로 경제적 성장, 인플레이션, 실업률과 같은 거시경제관리, 분배 상태와 계층 간 갈등 관리, 그리고 정권에 대한 지지 등에 의해 평가된다. 사회경제적인 수행력은 세계화의 압력에 대한 각 국가의 대응방식과 그 결과의 차이를 설명하는데 있어 중요한 피설명항으로 제시될 수 있다.

김형철의 연구는 9개의 독립변인과 4개의 사회경제적 수행력을 측정하는 종속변인으로 구축되었다. 9개의 독립변인들은 세계화의 영향을 측정하는 ① 외국인직접투자의 정도(X_1) ② 무역자유화 정도(X_2) ③ 국내기업의 시장자본화 정도(X_3). 국내정치적 요인으로 ④ 민주주의 수준(X_4) ⑤ 정부구성 유형(X_5) ⑥ 선거제도(X_6) ⑦ 정당체계(X_7) ⑧ 정부의 지배이념(X_8) 등이다. 그리고 종속변인으로는 ① 경제성장률, ② 실업률, ③ 삶의 질을 포함하였다.

이 연구는 20개 민주주의 국가를 대상으로 삼았으며, 신생민주주의 국가에 대해서는 따로 검증을 하였다. 경험 분석 결과, 민주주의 국가의 사회경제적 수행력에 있어 외부적 요인의 영향은 검증된 모형의 대부분에서 통계적으로 유의미한 영향을 주지 않는 반면, 국내정치적 요인은 개별국가의 사회경제적 수행력에 일정한 영향을 미치고 있는 것으로 나타났다. 특히 세계화의 압력에 광범위하게 노출된 신생민주주의 국가의 경우, 사회경제적 수행력에 대한 외부적 요인의 영향이 낮거나 유의미하지 않으며, 국내정치적 요인이 깊은 상관성을 갖고 있다는 점을 발견할 수 있었다. 이러한 신생민주주의 국가의 분석결과는 민주주의와 경제발전을 동시에 추진해야 하는 개혁과제 속에서 신자유주의적 경제구조 개혁보다는 민주주의의 질적 향상, 정치제도의 제도화, 정치행위자들 사이의 타협과 합의의 관계를 구축하는 데 더 많은 노력이 필요하다는 점을 의미한다고 할 수 있다. 즉, 신생민주주의는 경제위기 또는 경제 불안정을 극복하기 위한 처방으로서 신자유주의적 경제개혁을 추진할 때 발생되는 사회경제적 비용을 둘러싼 갈등을 조정 관리할 수 있는 민주적 제도의 구축이 선행되어야 함을 보여주는 것이다.

홍재우의 연구는 종속변수의 선정에 있어 보다 체제 수행 능력에 대해 정치적 능력을 포함하여 보다 포괄적이고 동시에 구체적이며 사례수가 비교적 크다. 종속변수를 세계은행이 제공하는 국가의 통치능력을 나타내는 정치적 참여, 정치적 안정, 정부효율성, 정부규제의 질, 법의 지배, 부패통제, 등 6개의 거버넌스 지수(governance indicators)를 사용했으며 집행부제도, 선거제도, 지방분권 정도의 제도변수와 정치권력의 상황적 거부권 변수를 나누어서 분석하였다. 후버-화이트 표준오차(Huber-White Standard Error)를 포함한 GLM 테스트를 통해 사례수를 250여 개로 확장할 수 있었다.

다양한 통계 분석의 결과는 다음과 같이 요약할 수 있다.

첫째, 제도변인들은 세계화 변인들이 통제된 가운데서 대체로 거버넌스와 유의미한 상관관계를 나타냈다. 합의제 제도 특성은 거의 모든 경우에 있어 거버넌스 전 분야에 걸쳐 긍정적인 영향력을 갖는 것으로 나타났다. 합의제 민주주의 성격을 갖는, 즉 권력 공유를 가능케 하는 제도들은 거버넌스 향상에 도움이 되는 것으로 파악하고 있다.

둘째, 정치 환경 변인들의 상관관계는 별 영향력이 없었다. 분점정부와 단점정부의 상황을 제외하면, 권력의 분할을 나타내는 지수들이 거버넌스와 통계적인 상관관계를 보여주지 못했다는 것이다. 이것은 기존의 합의제 민주주의 연구들이 보여주는 제도적 결과물로서의 '거부권자(veto player)'의 존재에 방점을 두는 주장을 재검토할 필요가 있음을 보여준다. 그 원인은 제도 변인의 영향력이 상대적으로 큰 까닭에 정치 환경의 변인이 통계적으로 축소되어서 나타나거나 아니면 이론적인 측면에서 정치권력의 분할과 정치권력의 공유가 다른 차원의 문제라는 점을 의미할 수도 있다. 이 부분은 이후의 사례연구에서 조금 더 면밀하게 다루어지고 있다.

셋째, 세계화의 변인들은 생각만큼 크게 국가의 거버넌스 능력에 영향을 미치지 못했다. 세계화의 측면을 측정한 지수들의 한계도 있었을 것이나 정치제도 변인들을 통제한 가운데 그 영향력은 매우 부분적인 것으로 나타났다. 흥미로운 사실은 세계화와 개방의 여러 측면들이 국가의 거버넌스에 모두 공통되거나 일관된 영향력을 미치는 것은 아니라는 사실이다. 거버넌스의 성격에 따라서 세계화 변인들은 서로 다른 방향의 영향력을 보여줬다.

통계적 유의미성의 여부를 떠나 예를 들어, 간접투자와 경제개방의 정도는 대개 거버넌스에 부정적인 영향을 미치는 것으로 나타나 기존의 세계화 논의 중 국가약화론에 부합하는 경향을 보였다. 반면에 직접 투자의 경우에는 국가의 성격을 보다 합리적이고 효율적으로 변모시키는 현상과 관계가 있으며, 세계화가 오히려 국가의 능력을 향상시킨다.

결론적으로 홍재우의 연구는 각각의 거버넌스 분야에 대한 제도와 외부 변인들의 영향력은 의미 있는 차이가 나타남을 보여주고 있다. 합의제 민주주의 제도는 긍정적인 영향력을 보인 데 비해 세계화 변인들은 예상보다는 큰 의미를 갖지 못했다. 다만 몇몇 거버넌스 분야에서 세계화의 측정 지표마다 다른 방향의 영향력을 확인하는 흥미로운 결과를 확인하였다. 또 제도 이외의 권력 분립과 견제라는 정치 환경 변수들도 통계적으로 의미 있는 관계를 보여주지 못했다. 이상의 결과에 근거한 연구자의 잠정적인 결론은 정치제도의 종류에 따라서 국가의 통치능력은 다른 결과물을 만들어내며, 세계화의 영향력은 분야별로 다양하게 나타난다는 것이다.

이상과 같은 두 개 비교사례 연구는 두 개의 공통된 결론에 도달하고 있다. 하나는 세계화 및 외부효과의 영향력이 아직까지는 국가의 통치력과 그것이 초래하는 성과에 통계적으로 의미 있는 변수로 나타나지 않는다는 것이며, 다른 하나는 기존의 이론과 완전히 일치되지는 않지만 다양한 영향력 가운데서도 정치제도들이 세계화의 영향력을 일정부분 통제하는 힘을 갖고 있다는 것이다. 특히 공통된 가설들이 주장하는 바와 같이 합의제적 성격의 정치제도들은 거버넌스 및 기타 사회경제적 수행력에 있어서 보다 긍정적인 영향력을 갖는다는 점이다. 이 같은 두 연구자의 서로 다른 대상과 방법에 의한 공통된 결론에도 불구하고 세계화의 영향력에 대한 분석은 아직 시작 단계에 불과하다. 특히 그것이 정치제도와 만나 어떤 상호 관계를 맺는가에 대해서는 보다 많은 연구가 필요하다. 특히 비교사례 연구가 갖는 단점인, 개별국가의 특별한 정치사회적 맥락에 대한 고려의 부재, 그리고 사용한 제도변수의 비교적 단순한 성격과 그 측정을 미루어 볼 때는 개별국가 사례에 대한 연구가 보강되어야 함을 알 수 있다. 따라서 본 프로젝트는 복수의 사례연구를 포함하고 있다. 다음 절은 이들 연구에 대한 이론적 고려 및 연구 결과에 대한 평가들이다.

VIII. 사례연구: 세계화의 관철과 합의제 민주주의 제도

교차국가분석으로 이루어진 선행 연구들은 대개 국가를 단위로 거시적으로 정의된 정치제도의 일반적 효과를 분석하는 편의를 제공하지만, 왜 특정 정치제도를 채택하고 있는 국가가 세계화 혹은 자유무역과 친화적인지 혹은 그렇지 않은지에 대한 구체적인 맥락을 면밀하게 보여주지는 못한다. 즉, 위의 연구들과 같이 특정 국가가 세계화와 이에 동반한 신자유주의 경제정책, 예를 들면 자유무역협정(FTA)과 같은 정책을 추진할 때, 각 정치제도와 정치세력들, 그리고 사회적 이익집단의 요소들이 어떻게 구체적으로 관계를 맺고 있는지를 설명해주지 못한다. 이런 측면에서 개별 국가사례에 대한 연구는 교차사례연구가 놓친 실제 서로 다른 민주주의의 동학을 보여주며 새로운 해석을 제공해주는 역할을 한다. 또한 특정한 정치제도 예를 들면 비례대표제나 연립정부와 같은 높은 권력분산형태, 반대로 당내 기율이 강한 정당체제, 단점정부 등의 권력분산이 낮은 상태 등의 정치제도가 개별 사례에 있어 정책신뢰성 혹은 정책결단성의 강조 여부에 따라 상이한 결과를 낳는다는 연구(김미경 2006) 등에서 알 수 있듯이 일반화된 이론 틀을 기반으로 구체적인 사례연구의 필요성을 더욱 높여주고 있다. 본 프로젝트는 이런 필요하에 세 편의 사례연구를 포함하고 있다.

이들 사례연구는 크게 독일과 한국에 관한 연구들로 구성되어 있는데, 김면회의 연구는 합의제적 성격이 강한 독일모델의 변천을 통시적인 시각에서 분석하며, 신자유주의와 세계화를 추진하는 현재의 모습이 기존의 합의제적 모델을 이끌던 정치세력 특히 좌파 세력의 변화로부터 기인하며, 따라서 합의제적 성격의 독일모델이 붕괴해 가고 있음을 보여주고 있다. 다음으로 조

성대의 연구는 한국의 민주주의에 대한 보다 미시적이고 이론적인 분석인데
한미 FTA라는 매우 구체적인 사례를 합의제 민주주의에 대한 합리적 선택
론적 해석인 거부권자(veto player) 개념을 이용하여 설명하고 있다. 마지막으
로 안승국의 연구는 정책지향적 연구로서 세계화에 대한 한국의 정치경제적
대응을 보다 거시적으로 신자유주의와 국가주의라는 틀 속에서 살펴보고
있다.

우선 김면회의 독일 사례연구와 조성대의 한국 사례연구를 보자. 조성대
가 정치적 행위자와 정치제도의 측면에서 제도가 행위에 미치는 영향력, 특
히 한국의 경우에 있어 거부권자의 부재를 낳는 제도적 특징이 만들어내는
결과에 대해 관심을 기울인 데 비해 김면회의 연구는 합의제적 성격을 갖는
제도적 틀 내에서의 행위자들의 정책과 이념성향의 변모에 대해 초점을 두
고 있다. 앞의 연구가 보다 신제도주의적 측면에 기인한 것이라 한다면 후자
는 직접적으로 합의적인 정치경제 특징이 일국 내에서 변화하고 있는 양상
을 추적하고 있다. 하지만 이런 차이에도 불구하고, 양자 모두는 앞에서 다
룬 두 개의 대규모 사례를 통한 비교연구가 감지해내지 못하는 보다 세밀하
고 구체적인 개별 국가의 내정 동학을 분석했다는 점에서 큰 의의가 있다고
하겠다.

김면회의 "신자유주의와 합의제 민주주의의 위기: 독일 적·녹연정과 대
연정 시기를 중심으로"는 다른 이론적 논거들이나 비교연구가 지지하고 있
는 합의제적 제도와 합의제 민주주의가 갖는 노동과 복지 방어적 성격의
우월성에 대해 개별 국가의 상황은 이에 조응하지 않는다는 답변을 내놓고
있다. 즉 합의제 민주주의의 성격이 세계화 속에서 다수제 민주주의보다 객관
적으로 우월하거나 혹은 열등하다는 점을 주장하기보다는 외부적 압력 속에
서 이미 합의제적 정치체제가 무장해제되어 가고 있다는 사실을 환기시킨다.

우선 소위 독일모델에 대해서 알아봐야 할 필요가 있다. 독일모델의 목적
은 코포라티즘적 의사결정과 상대적으로 균질한 분배구조를 지향한다는 것
이다. 특히 주목할 만한 것은 '사회적 시장경제(Soziale Marktwirtschaft)'체제
와 원리이다. 이것은 '매우 독일적'인 것인데 자유주의 시장경제의 원리에

'사회주의적' 요소가 최소한 포함된 것이다. 프라이부르크(Freiburg)대 경제학과의 질서자유주의(Ordo-liberalism) 이론에 근거하여 자유경쟁 시장체제를 보장하면서도 '균등한' 삶의 질을 도모하기 위해 정부가 시장에 직간접으로 개입한다는 특징을 갖는다. 이는 1950년대부터 노동·복지 등에 대한 일련의 개혁들을 낳는 성과를 거두었다. 이 사회적 시장경제체제하에 독일의 노사정 관계가 근간을 이루어왔으며 합의제적 전통을 구축해 왔다. 하지만 1970년대부터 유럽적 경제체제는 전반적인 도전에 직면하였고 독일도 예외는 아니었다.

1982년 이래 16년간 장기 집권한 콜(Kohl) 정부는 대량실업 등의 당면한 경제문제에 대해 탈규제와 노동시장 유연화라는 전형적인 신자유주의 정책을 시행하였다. 이는 사실상 연구할 만한 가치가 있는 사례라 여겨진다. 독일의 노선은 영국의 대처 정부와 비슷한 것으로 합의제적 전통을 가진 다른 유럽 국가, 예를 들면 스웨덴 등이 복지동맹을 최대한 방어하는 전략을 편 것과는 달리 전형적인 다수제 모델인 영국의 예를 합의제적 전통의 성격이 강한 독일이 취했다는 데서 매우 관심을 끄는 연구 대상이다.

하지만 1990년대 중반 이 콜 정부의 신자유주의적 정책은 한계에 달했으며 합의제적 전통이 반격하는 듯이 보였다. 노조의 요구로 시작된 1995년의 제1차 동맹은 1977년 이후 단절된 합의제적 전통의 부활이었다. 하지만 이는 기민/기사-자민당 연합의 배신과 노동 내부의 불협화음 등으로 실패로 끝났으며 이런 상황은 1998년 사민당의 재집권으로 연결되었다. 전통적으로 합의제적 모델의 구축에는 좌파정당의 영향력이 결정적이었으며 이는 독일도 예외는 아니었다. 하지만 사민당 집권 이후 녹적 연립 속에서 나타난 합의제적 모델은 "제2차 노동을 위한 동맹"으로 나타나지만 그 결과는 좋지 못했다. 독일식 전통에 따른 이런 노사정 간의 합의제적 모델이 시도되었음에도 불구하고 계속되는 실패로 끝났으며 실제로는 노동 친화적이었던 정부도 합의제적 모델을 준수하지 않고 반노동적 혹은 비노동적, 궁극적으로 신자유주의적 노선으로부터 자유로울 수 없었다.

이런 상황 속에서 김면회의 연구는 독일모델의 합의제적 전통은 외부로부터의 변화 즉 세계화를 통한 경제사회적 차원에서의 도전과 더불어 그 결과로 나타나는 정치영역에서의 구조적 변화로 인해 위기에 봉착해 있다고 진단한다. 특히 합의제적 전통의 균열을 기존의 합의에 의해 유지되던 노동-자본의 현상유지에 새로운 균열이 심화되며 이것이 노동에게 불리한 방향으로 가고 있다고 본다. 사회적 시장경제라는 논리로 견지되던 독일 전통의 합의제 모델은 세계화와 함께한 신자유주의적 대응 정책과 구조 조정에 의거 노동을 배제하는 형태로 나타나고 있다. 가장 흥미로운 점은 시장 논리에 근거한 정치적 우파들에 의해서만 변화가 추동되는 것이 아니라 상대적으로 친노동적이던 사민당이나 심지어 녹색당 같은 정치 세력들에게서도 유사한 변화의 모습이 감지된다는 것이다. 이런 주장은 본 연구의 대상인 1990년대 독일 적녹동맹 과정을 통해 면밀하게 분석되고 있다. 특히 연금개혁과 관련된 <아젠다 2010> 및 노동시장에 대한 근본적인 변화를 추구하는 <하르츠 법안들>을 둘러싼 노사정 간의 불협화음과 충돌은 합의제로부터의 일탈을 여실히 보여준다. 1980년대부터 추진되어온 신자유주의정책은 1990년대 적녹연정과 현재의 대연정까지 유지되어오고 있다는 것이다. 이에 대해 사민당의 우경화 노선에 반대하는 새로운 좌파당의 등장은 타협과 대화가 아니라 현재까지는 대결의 국면으로서 이해되고 있다.

조성대의 "거부권자 없는 정치: 한미 FTA와 국내정치제도"는 세 가지 특징이 있다. 첫째 김면회의 독일연구와는 달리 특정한 정책 사항의 결정 과정에 나타난 정치제도와 정치세력들 간의 관계와 대외적 환경변화가 어떻게 영향을 맺는가를 분석했다는 점이다. 둘째, 한국을 대상으로 한 사례연구이지만 한국과 미국이 관련되었다는 연구주제의 성격상 동일한 사안에 대한 양국의 제도적 차이를 비교해 볼 수 있는 기회를 제공하고 있다는 것이다. 셋째, 쯔벨리스(G. Tsebelis)의 거부권자(veto player)의 개념에 주목하여 통상정책에 있어서의 제도적 거부권자의 유무가 어떻게 정책결정에 영향을 미치는가를 이론적으로 다루고 있다는 점이다.

쯔벨리스(Tsebelis 1995, 2002)는 경제정책의 변화에 있어 "정책변화에 필요한 동의권을 지닌 개인이나 집단"으로서의 거부권자의 개념을 제시하고 그 중요성을 환기시켰다. 그의 거분권자는 대개 헌법에 의해 규정된 대통령, 의회 등의 제도적 거부권자와 선거결과에 따라 유동적인 정당 거부권자 (party veto player)로 나뉜다. 전자가 정책에 대한 공식적인 거부권을 지니며 정책 변화를 유도하는 모든 제안을 통과시키거나 저지할 수 있는 집단적 성격이 있다면 후자는 기존의 제도와의 관계 그리고 정당 내의 응집력 여부에 따라 다양한 성격을 지닐 수 있다. 전자의 입장에서 보면 양원제가 단원제보다 정책 안정성이 높고, 후자에서 보면, 단일정당의 정권보다는 연립정권이 정책변화를 가져오기가 어렵다고 할 수 있다.

하지만 제도적 거부권자들은 응집력이 높고 정책선호가 단일한 정당에 의해 통제가 된다면 현상유지나 변화를 모두 쉽게 모색할 수 있다. 이런 논의를 통상 정책에 관련하자면 우선 제도적 거부권자가 많을수록 현재의 통상정책을 자유화하거나 반대로 보호주의를 시도하려는 변화가 어렵고 결국은 현상유지에 머물기가 쉽다. 하지만 정당거부권자들에 대한 논의를 더하자면 강한 정당규율이나 정책적 일관성은 유효 거부권자의 수를 줄여주는 역할을 한다(Cox and McCubbins 2001). 특히 선거제도는 이런 두 가지 거부권자의 역할을 관측하는데 중요한 제도적 특징을 보여준다. 우선 소선거구제와 비례대표제는 유권자의 이익 혹은 이익표출에 대해서 서로 다른 모습을 보여준다. 특히 양원제의 경우에 있어 대표의 선거구(constituency)가 서로 다른 차원이라면 양원의 제도적 대립은 거부권자의 증가를 가져온다고 하겠다. 게다가 지역 소선거구의 경우에도 선거구의 지리적 특징(지역의 산업적 특징과 이익구조)로 인한 갈등 양상이 정당 및 정당 내 거부권자의 유형으로 나타날 수 있다. 따라서 통상정책에 있어 현상유지 혹은 변화의 향방은 제도적 거부권자와 정당 거부권자의 선호체계와 상호작용을 각 국가들이 처한 저마다의 정치제도의 맥락에서 파악해야 할 것이다.

이런 이론적 배경을 바탕으로 조성대의 연구는 한국의 정치제도적 특징과 정당정치의 맥락이 거부권자 이론을 바탕으로 어떻게 한미 FTA의 정책 결정 과정에 투시되는가를 관측하고 있다. 그에 의하면 한국의 경우에는 대통령제를 채택하여 의회와 행정부가 서로 다른 선거구를 바탕으로 제도적으로 거부권자의 위치에 있으며 의회의 경우에는 비례제와 단순다수제의 서로 다른 선거구를 통해 구성되는 — 후자가 훨씬 큰 부분을 차지하지만 — 특징을 갖고 있다. 따라서 통상정책의 향방은 결국 대통령과 의회 사이의 집합행동과 정책조정자로서의 정당 기능에 달려 있다고 본다.

직접 사례연구에 들어가서 한미 FTA에 관련해서 한국의 제도적 거부권자의 경우 대통령과 행정부의 의회에 대한 정책 선점권이 매우 두드러졌다. 미국과 비교하면 한국 국회는 비준 동의권이라는 사후 동의권 이외에는 대통령과 행정부의 정책 선점권을 제한할 수 있는 권한을 전혀 갖고 있지 못했다. 즉 의회는 실질적인 거부권자로서의 기능을 전혀 하지 못했다고 볼 수 있다는 것이다. 다음으로 정당 거부권자의 측면에서 한국의 정당체계는 사회적 이익의 집약과 대변 기능뿐 아니라 제도적 거부권자 사이의 정책조정 기능 또한 상실했음을 보여주고 있다. FTA와 관련해서 한국 정당들은 대게 판단을 유보하거나 의원들 개개인에게 맡기는 등 매우 느슨하게 접근하는 형태를 보였다. 이런 문제 때문에 한미 FTA가 만들어내는 이익구조의 변화와 이에 따른 사회적 갈등은 정당체계와 의회를 우회하여 표출할 수밖에 없었다.

조성대의 연구는 합의제 민주주의가 존속하지 못하는 상황에서 정책결정이 사회적 갈등을 내재하거나 혹은 이를 외면한 채 결정될 수밖에 없으며 따라서 상당한 비용을 치러야 함을 암시하고 있다. 특히 제도적 거부권자의 존재가 실제 법적 차원의 문제 때문에 유야무야될 수 있으며 동시에 비제도적 거부권자의 존재 또한 제도적 거부권자가 작동하기 위해서 매우 중요함을 보여준다. 이는 앞의 비교연구에서 도출한 거부권자의 역할이 변수로서의 유효성에 대한 의문과 배치되는 것으로 앞으로 제도변수와의 관계에 있어 이론적으로 고민해야 될 부분이라고 생각된다. 더하여 한미 FTA 사례연구는 합의제 민주주의 연구가 노정해온 비서구 사회에 대한 매우 유용한 이론적·경험적 연구를 보강해준다는 점에서 매우 가치 있는 것이라 할 수 있다.

안승국의 연구 "세계화에 대한 한국의 정치경제적 대응: 신자유주의인가 국가주의인가?"는 위의 분석적 논문과는 성격을 달리 한다. 이 논문은 과거 한국의 산업화 과정에 있어서 국가의 역할과 발전전략의 한계를 논의하며, 세계화에 대응한 새로운 정치경제적 대응을 모색하는 매우 정책 지향적 연구이다. 특히 지난 1997년의 경제위기의 구조와 원인을 숙고하며, 세계화에 대한 기업, 노동, 금융의 부문별 대응전략을 제시하고 있다. 안승국의 결론은 세계화에 직면하여 한국은 경제체제를 전환해야 하며, 지금까지의 개도국형 체제에서 선진국형 체제로의 전환이 요청된다는 것이다. 하지만 과거와 같은 개입주의의 탈피도 불가피하지만 신자유주의로의 급속한 전환 또한 바람직하지 않은 것으로 파악하며, 개입주의도 신자유주의도 아닌 '제3의 길'이 모색될 필요가 있음을 주장한다.

즉, 경제개혁의 관건이 과도한 국가개입의 방지와 적절한 국가개입의 가능성에 놓여 있다고 본다. 구체적으로 보면 금융기관의 안정성을 위해 통제금융에서 감독금융으로의 변화, 외채에 대한 감독기구의 설립이 요구되며, 기업 측면에서는 과잉 중복투자 방지와 핵심사업 중심으로의 전환을 위해서 정부개입 없이 재벌을 몇 개의 독립 기업들로 분할해야 하며, 노동 측면에서는 임노동관계의 경직성을 탈피하여 숙련공의 참여와 임금계약의 안정화와 유연화를 동시에 추구해야 함을 지적한다. 다만 노동시장의 유연화가 노동통제를 위한 전략이라면 성과를 얻지 못할 것임을 경고하고 있다. 이 같은 안승국의 논문은 세계화의 파고 속에서 한국의 정치제도와 정책결정 과정의 구도가 어떤 실제적 과제를 안고 나가야 하는지에 대한 방향타를 제시하는 것이라 하겠다. 따라서 이 논문은 세계화와 국내정치에 관한 결어적 성격의 최종적 연구가 아니라 새로운 연구과제를 여는 끝이자 시작이라 할 수 있겠다.

IX. 결론

본 연구의 이론적 검토와 위에서 살펴본 다섯 편의 연구논문들은 이론과 경험연구의 발전 이외에도 매우 현실적인 연구의의를 갖는다. 그 의의는 현재 우리가 직면한 이전에는 경험할 수 없었던 정치·경제·사회적 환경의 변화로부터 오는 공동체의 '생존'과 '번영'의 문제들을 어떻게 해결할 것인가와 밀접한 관계가 있다. 세계화의 맥락 속에서 국가의 역할과 능력에 대한 의문이 지속되는 가운데서도 세계화가 몰고 오는 영향력은 국가와 시민사회로 연결된 국가공동체 구성원의 삶에 지대한 영향을 미친다는 점을 간과할 수는 없을 것이다. 따라서 의미 있는 정치적 지식의 생산은 대개 한 사회가 직면한 현실 정치의 필요성에 근거하고 있다.

그러므로 본 연구의 관심도 한국 정치가 필요로 하는 지식의 산출이라는 목표로부터 자유롭지 않다. 한국 사회의 폭발적으로 증가하는 이해집단 간의 갈등, 비타협적 정치문화는 새로운 규칙을 통한 해결책을 요구하고 있다. 뿐만 아니라 갈등의 해결은 이제 국내적인 문제에 머물지 않는다. 최근 쌀개방과 한미 FTA를 둘러싼 논란에서 볼 수 있듯이 세계화와 신자유주의의 물결 앞에서, 국내정치·사회 집단 간의 갈등해결이라는 고전적인 민주주의 정치의 맥락은 더 이상 유효하지 않아 보인다.

민주주의 체제는 갈등의 외연화와 그 해결에서 동력을 얻는다. 민주주의 국가에서 사회적 갈등의 해결은 사실상 공존과 상생의 문제이다. 공존과 타협이 가능한 하나의 방안은 권력의 공유(power sharing)에 있다. 권력 공유의 아이디어는 결정과정에 참여하는 행위자의 수를 증가시킴으로써 결정의 정당성과 책임성을 강화하고 그 결정을 내리는 권력의 지위를 안정시키는 데 있다. 한국정치 과정에서 도출된 연립정부, 공동정부, 분할정부 등의 발상과 그 정치적 형태는 모두 이런 아이디어에 근거한 것이다. 그러나 단순히 권력을 공유한다는 사실이 반드시 의도한 정치적 결과를 가져오는 것은 아니며 더욱이 참여자가 많을수록 자동적으로 더 효율적이고 궁극적으로 '좋은' 정책이 산출되는 것은 아니다. 따라서 권력의 공유는 그것을 어떤 방식으로 성취할 것인가 하는 제도적 연구와 더불어 권력 공유의 형태와 그것이 낳는 결과에 대한 다각적인 연구가 뒤따라야 한다.

한편 사회적 갈등의 해결은 집합행동의 문제(collective action problem)이기도 하다(Olson 1968). 정치적 안정, 사회보장, 경제발전을 공공재라 할 때, 공공재의 공급은 두 가지 방법에 의지하게 된다. 하나는 정치권력의 힘으로 특정 집단으로 하여금 지속적으로 비용을 지불하게 하는 것이고, 또 다른 하나는(제3자의 조정에 의한) 집단 간에 비용과 책임을 공유시키는 방식이다. 발전국가 모델이 전자의 방법을 택했다면 서구 코포라티즘의 모델은 후자의 방식을 취한 것이라 할 수 있다.

최근 정치계와 학계는 갈등해결 구조로서의 사회적 협약이나 사회적 연대에 대한 관심이 높아지면서 네덜란드, 아일랜드나 스웨덴 등의 사례가 관심의 대상이 되고 있다. 더욱이 외환위기 이후에 국가는 이전 상황과 비교하자면 대외적으로 무장해제에 가까운 상황에 놓였다. 단기적으로는 외환위기, 보다 장기적으로는 신자유주의의에 기반한 세계화 속에 한국은 서구 사회가 했듯이 코포라티즘적 전략을 사용하기 어렵게 되었다. 이론적으로 세계화는 코포라티즘의 존립 근거를 제거해 나간다. 개별 국가 단위의 교섭과 협약은 이제 상품, 자본 시장의 자유화, 노동 유연화, 복지동맹의 붕괴, 지역 블록의 등장 등으로 더 이상의 유지가 어렵게 되었으며, 외부적 압력으로 해체 일로에 있다. 한 국가의 정치권력의 통제에서 벗어나 있는 외국자본의 존재, 자유무역협정을 매개로 한 국내 정책에 대한 외국의 간섭 등을 고려하면 부의 재분배, 갈등의 해소 등을 위한 각 사회세력의 양보와 타협이 갖는 효과는 시작부터 제한적이라 할 수 있다.

더욱이 우리 사회는 사회적 협약의 조건이 되는 사회세력의 정치세력화가 아직 제도화 초기에 머물고 있고 협약에 강제성을 부여할 제도적 준비도 미약한 상황이다. 따라서 갈등의 해결이라는 민주주의의 정치적 목적과 방법, 그리고 우리의 정치적 상황은 세련된 정치공학적 지식을 필요로 한다. 문제 해결사로서의 제도라는 신제도주의의 문맥을 따르는 정치공학은 제도와 그것을 둘러싼 비제도적 환경, 구조, 행위자의 의지, 이념 등의 상호 작용과 그로 인한 정치·경제·사회적 결과물들을 종합적으로 분석해야 한다. 본 연구의 현실적 필요성은 이런 맥락에서 도출된다.

위에서 검토한 본 프로젝트의 개별 연구들은 이런 정치공학적 지식의 필요성에 대해 사뭇 상반되어 보이는 답변을 제출하고 있다. 대규모 사례들을 동원한 교차국가연구의 경험적이고 통계적인 분석들은 세계화의 영향력이 자국 내의 정치적 제도와 정치적 맥락의 변모 속에서 상당히 다양하게 나타나며, 심지어는 그리 큰 영향력을 발휘하지 못하고 있는 것으로 보인다. 이 것은 거시적인 측면에서 합의제적 성격의 정치제도와 문화가 세계화의 위세 속에서 국가 내의 복지동맹을 방어하며 최대한 그 피해를 줄여나가고 있음을 보여주고 있다. 한편 개별 국가에 대한 사례연구들은, 거시적인 측면에서의 정치제도의 영향력에도 불구하고, 개별 국가의 정치적 맥락에 따라 독일과 같이 합의제적 전통이 공고했던 국가에서도 그 위세가 쇠퇴기로에 서 있으며 한국과 같은 나라는 제도적 미비와 정당정치의 부재로 정책결정에 있어서의 거부권자의 부재로 나타나 합의제적 결정이 발생하는 토양 자체가 부족한 것으로 보인다.

이 두 가지 결론은 일면 상반된 듯이 보이지만 거대한 현상의 다양한 측면이라고 보는 것이 더 정확하다. 즉 합의제적 제도와 정치문화의 존재가 국가의 역할과 국경의 존재 의의가 약해지는 세계화 속에서 낙오되는 집단을 보호하고, 동시에 장기적으로 보다 나은 민주주의를 유지시킬 수 있는 경향은 남아 있는 가운데, 개별 국가들은 그들이 처한 상황 내에서 제도에 따라 또 그 제도를 운영하는 정치적 역학에 따라 다양하게 반응하고 있다는 것이다. 이는 기존의 좌우 스펙트럼의 시각으로 쉽게 분석할 수 없는 다양한 정치적 결과물들이 왜 존재하는지에 대한 매우 정확한 답변이 될 것이라 생각된다.

▋참고문헌

김미경. 2006. "무역자유화의 국내정치 제도적 조건." 『국제정치논총』 46-3, 77-96.

김영순. 1996. 『복지국가의 위기와 재편 – 영국과 스웨덴의 경험』. 서울: 서울대학교.

김석우. 2006. "자유무역협정의 국내정치경제." 『세계정치 6』. 인간사랑. 61-92.

남궁영. 2000. "종속이론의 의미와 한계." 김덕 편. 『국제질서의 전환과 한반도』. 서울: 도서출판 오름. 81-120.

홍재우. 2006. "합의제 민주주의 연구의 경향, 방법, 제안." 『비교민주주의연구』 제2집 2호.

_____. 2008. "세계화의 압력과 정치제도: 합의제민주주의 제도의 역할." 『국제정치논총』 제48집 1호. 115-141.

Baker, A. 2003. "Why Is Trade Reform So Popular in Latin America?: A Consumption-Based Theory of Trade Policy Preferences." *World Politics.* 55: 423-425.

Berger, S., and R. Dore, eds. 1996. *National Diversity and Global Capitalism.* Ithaca: Cornell University Press.

Cerny, P., G. Menz, and S. Soederberg. 2005. "Different Roads to Globalization: Neoliberalism, the Competition State, and Politics in a More Open Worlds." In S. Soederberg, G. Menz, and P. Cerny, eds. *Internalizing Globalization: The Rise of Neoliberalism and the Decline of National Varieties of Capitalism.* New York: Palgrave macmillan.

Chang, H. 2002. *Kicking away the Ladder: Developing Strategy in Historical Perspective.* London: Anthem Press.

_____. 2007. *Bad Samaritans: The Guilty Secrets of Rich Nations and the Threat to Global Prosperity.* London: Random House.

Cox, R. W. 1996. "Globalization, Mutilateralism, and Democracy." In R. W. Cox and T. J. Sinclair. *Approaches to World Order.* New York: Cambridge University Press. 524-536.

Cox, R. H. 1998. "The Consequences of Welfare Reform: How Conceptions of Social

Rights are Changing." *Journal of Social Policy.* 27(1):1-16.

Crepaz, M. L. M. 2001. "Veto Players, Globalization and the Redistribution in 15 OECD countries." *Journal of Public Policy.* 21:1-22.

_____. 2002. "Global, Constitutional, and Partisan Determinants of Redistribution in Fifteen OECD countries." *Comparative Politics.* 22:169-188.

Crepaz, M. L. M., and V. Birchfield. 2000. "Global Economics, Local Politics: Lijphart's Theory of Consensus Democracy and the Politics of Inclusion." In M. M. L. Crepaz, T. Koelble and D. Wilsford, eds. *Democracy and Institutions: The Life Work of Arend Lijphart.* Ann Arbor: The University of Michigan Press.

Crepaz, M., and W. Moser. 2004. "The Impact of Collective and Competitive Veto Polints on Public Expenditures in the Global Age." *Comparative Political Studies* 37(3):259-285.

Esping-Anderson, G. 1996. "Positive-sum Solutions in a World of Trade-Offs." In G. Esping-Anderson, ed. *Welfare Sates in Transition: National Adaptations in Global Economies.* London: Sage.

Franzese, R. J. Jr. 2002. *Macroeconomic Policies of Developed Democracies.* Cambridge: Cambridge University Press.

Garret, G. 1998a. "Global markets and national politics: Collision course of virtuous circle?" *International Organization.* 52(4):787-824.

_____. 1998b. *Partisan Politics and the Global Economy.* Cambridge: Cambridge University Press.

Garrett, G., and C. Way. 1999. "Public Sector Unions, Corporatism, and Macro-economic Performance." *Comparative Political Studies* 32(4):411-434.

Ghahi, D. 1996. "Foreword." In G. Esping-Anderson, ed. *Welfare States in Transition: National Adaptations in Global Economies.* London: Sage.

Gill, S. 1995. "Globalization, Market Civilization, and Disciplinary Neoliberalism." *Journal of International Studies.* 24:399-423.

Haggard, S., and R. Kaufman. 1995. *The Political Economy of Democratic Transitions.* Princeton: Princeton University Press.

Hall, P. A., and D. Soskice, eds. 2001. *Varieties of Capitalism: The Institutional Foundations of comparative Advantage.* Oxford: Oxford University Press.

Hellwig, T., and Samules. 2007. "Voting in Open Economies: the Electoral

Consequence of Globalization." *Comparative Political Studies.* 40(3):283-306.

Hirst, P. 1997. "The Global Economy: Myuth and Realities." *International Affairs.* 73:409-425.

Hirst, P., and G. Thompson. 1996. *Globalization in Question: The International Economy and the Possibilities of Governance.* Cambridge: Polity Press.

Hiscox, M. J. 2001. "Class Versus Industry Cleavages: Inter-Industry Factor Mobility and the Politics of Trade." *International Organization.* 55(1):1-46.

Huber, E., and J. Stephens. 1998. "Internationalization and the Social Democratic Model: Crisis and Future Prospects." *Comparative Political Studies.* 31(3): 353-397.

Iversen, T., and T. R. Cusack. 2000. "The Causes of Welfare State Expansion: Deindustrialization or Globalization." *World Politics.* 52(3):313-349.

Katzenstein. P. 1985. *Small Sates in World Markets.* Ithaca: Cornell University Press.

Li, Q., and R. Reuveny. 2003. "Economic Globalization and democracy: An empirical analysis." *British Journal of Political Science.* 33(1):29-54.

Lijphart, A. 1994. *Electoral Systems and Party Systems: A Study of Twenty-seven Democracies(1945-1990).* Oxford: Oxford University Press.

_____. 1999. *Patterns of Democracy: Government Forms and Performance in Thirty-Six Countries.* New Haven: Yale University Press.

Longworth, R. C. 1998. *Global Squeeze: Coming Crisis for First-World Nations.* Chicago: Contemporary Books.

Lordon, Frédéric 2008. "Le jour où Wall Street est devenu socialiste." *Le Monde Diplomatique.* Octobre. 2008(르몽드 디플로마티끄 2008년 10월).

Mansfield, E., H. Milner, and B. Rosendorff. 2002. "Why Democracies Cooperate More: Electoral Control and International Trade Agreements." *International Organization.* 56(3):477-514.

Martin, H., and S. Schuman. 1997. *The Global Trap: Globalization and the Assault on Prosperity and Democracy.* Translated by P. Camiller. New York: St. Martin's Press.

Milner, H., and K. Kubota. 2005. "Why the Move to Free Trade?: Democracy and Trade Policy in the Developing Countries," *International Organization.* 59: 107-143.

Namkoong, Young. 2008. "Britain's Corporatism in the 1970s: State-Business-Labor

Relations." *International Area Review.* 11(2):245-265.

Oneal, J., and R. Bruce. 1997. "The Classical Liberals were Right: Democracy, Interdependence, and Conflict, 1950-1985." *International Studies Quarterly.* 41:267-94.

_____. Bruce. 1999. "Assessing the Liberals Peace with Alternative Specifications: Trade still Rescues Conflicts." *Journal of Peace Research.* 36:423-442.

Przeworski, A. 1990. *Democracy and the Market: Political and Economic Reforms in Eastern Europe and Latin America.* Cambridge: Cambridge University Press.

Rodrik, D. 1997. *Has Globalization Gone Too Far?* Washington, D.C.: Institute for International Economics.

_____. 1998. "Why Do More Open Economies Have Bigger Governments?" *Journal of Political Economy.* 106(5):997-1033.

Rogowski, R. 1987. "Trade and the Variety of Democratic Institutions." *International Organization.* 41:203-223.

Rudra, N. 2002. "Globalization and the decline of the welfare state in less-developed countries." *International Organization.* 56(2):411-445.

_____. 2005. "Globalization and the strengthening of democracy in the developing world." *American Journal of Political Science.* 49(4):704-730.

Schmidt, V. 1995. "The New World Order, Incorporated: The Rise of Business and the Decline of the Nation State." *Daedalus.* 124:75-106.

Scholte, Jan Aart. 2001. "The Globalization of World Politics." In John Baylis and Steve Smith, eds. *The Globalization of World Politics.* Oxford: Oxford University Press.

Stiglitz, J. 2006. *Making Globalization Work.* New York: W. W. Norton & Company.

Swank, D. 1997. "Funding the Welfare State: Globalization and the Taxation of Business in Advanced Market Economies." *Political Studies.* 46(4):671-692.

_____. 2002. *Global Capital, Political Institutions, and Policy Change in Developed Welfare Structure.* Cambridge: Cambridge University Press.

Tsebelis, G. 1995. "Decision Makings in Political Systems: Veto Players in Presidentialism, Parliamentarism, Multicameralism, and Multipartism." *British Journal of Political Science.* 25:289-325.

_____. 2002. *Veto Players: How Political Institutions Work.* Princeton, NJ: Princeton

University Press.

Wade, R. 1996. "Globalization and its Limits." In S. Berger and R. Core, eds. *National Diversity and Global Capitalism.* New York: Cornell University Press. 60-88.

제1장

경제적 세계화와 사회경제적 수행력:
국내정치 요인의 효과에 대한 비교연구*

김형철 | 비교민주주의연구센터

I. 서론

본 연구의 목적은 개별국가의 사회경제적 수행력(socioeconomic performance)에 대한 경제적 세계화 요인과 국내정치 요인의 영향을 비교하고, 신생민주주의 국가와 발전된 민주주의 국가 사이에 어떠한 차이를 보이고 있는가를 교차국가분석을 통해 밝히는 데 있다. 즉, 발전된 민주주의 국가들뿐만 아니라 신생민주주의 국가들에 있어서도 경제적 세계화라는 국제적 요인보다 국내정치 요인이 사회경제적 수행력에 중요한 영향을 미치고 있다는 가설을 검증하고자 한다. 그러나 본 연구는 연구대상과 사례의 수가 적다는 한계를 갖고 있다. 따라서 본 연구는 기존 이론을 확증하는 이론확증형 연구의 성격

* 본 논문은 『세계지역연구논총』 제26집 3호(2008)에 게재된 논문 "경제적 세계화, 국내정치 요인과 사회경제적 수행력: 20개 민주주의 국가에 대한 경험적 비교분석"을 수정·보완한 것이다.

보다는 사회경제적 수행력에 미치는 경제적 세계화와 국내정치 요인의 영향
을 탐색·비교하기 위한 예비적 연구로서의 성격을 갖는다.

일반적으로 경제적 세계화의 효과와 관련된 많은 연구들은 무역자유화,
자본 및 노동유동성, 외국인직접투자의 증대가 개별국가의 정책과 제도에
대한 선호와 민주주의라는 국내정치적 조건뿐만 아니라 경제성장, 실업, 분
배 그리고 삶의 질 등에 미치는 정책과 그 성과(outcome)에 미치는 영향에
대해 분석하고 있다. 그리고 이들 연구는 경제적 세계화와 사회경제적 정책
과 그 성과 사이의 관계에 있어 개별국가의 정치세력과 정치제도라는 국내
정치 요인의 조건과 대응에 따라 상이성이 존재하고 있음을 밝히고 있다
(Garrett 1998; Garrett and Way 1999; Crepaz 2002; Katzenstein 1985; Mahler 2004;
강명세 2006). 그러나 신생민주주의 국가 또는 저개발국가에서는 경제적 세
계화의 영향에 있어 국내정치 요인의 중요성과 여과역할에 대해서 부정적인
평가를 하고 있다(Rudra and Haggard 2005, 1020-1049). 즉, 이들 국가들은 경제
성장 및 경제안정화라는 과제를 수행하기 위해 경제적 세계화가 요구하는
조건을 받아들일 수밖에 없는 상황이며, 낮은 정치제도의 제도화 수준에 의
해 외부압력에 대한 여과역할을 제대로 수행하지 못한다는 것이다.[1]

본 연구에서 사회경제적 수행력에 초점을 맞춘 이유는 다음과 같다. 첫째,
사회경제적 수행력은 법적으로 규정된 절차를 통하여 구성원들이 원하는 바
에 따라 정책을 입안·집행하고 사회경제적인 자원과 산물의 효율적인 분배
를 통해 구성원의 복지를 생산하는 능력이다(박기덕 1998, 18-20). 이는 정부
또는 정치체제의 정당성을 보장한다는 점에서 민주주의 체제의 생존을 위한
중요한 체제 능력 중 하나이다.

둘째, 경제적 세계화는 개별국가의 사회경제적 수행력에 있어 직·간접적
으로 강한 영향을 미치고 있기 때문이다. 많은 국가들, 특히 신생민주주의

---

1) 쉐보르스키(A. Przeworski)는 새로이 민주화를 이뤄낸 국가들은 동시에 경제위기를 극복하
고 미숙한 제도를 공고화해야 하는 긴박한 상황에 처해 있다고 지적하고, 경제안정화를
위해 국내시장과 국제시장에 대한 의존을 증대시키는 개혁이 필요하다고 본다(Przeworski,
eds. 1995, 67).

국가들은 경제성장, 경제안정화, 효율적 분배, 그리고 좋은 고용기회 등 사회경제적 문제를 해결하기 위한 국가전략으로 경제적 세계화를 받아들이고 있다(Przeworski, eds. 1995, 3-5). 그러나 경제적 세계화의 사회경제적 효과는 국가들 사이에 차이를 보이고 있다. 특히 발전된 민주주의 국가와 신생민주주의 또는 저개발국가 사이에 경제적 세계화의 사회경제적 효과는 커다란 차이를 보이고 있다. 즉, 신생민주주의 또는 저개발국가들은 자원배분에 있어 국가내 집단 간 불평등의 심화, 고용불안, 사회복지 수준의 하락과 삶의 질의 하락 등의 현상이 두드러지게 나타나고 있다.

따라서 본 연구는 경제적 세계화의 직간접적으로 강한 영향을 받고 있는 체제 능력인 사회경제적 수행력을 종속변인으로 채택하였으며, 과연 경제적 세계화와 국내정치 요인이 개별국가의 사회경제적 수행력에 있어 어떠한 영향을 미치고 있는지, 그리고 발전된 민주주의와 신생민주주의 사이에 국내정치 요인이 여과역할에 있어 차이성을 보이고 있는지를 밝히고자 한다.

이를 위해 본 연구는 1990년 이후 1,000만 이상의 인구규모를 갖으며, 1995년 국제무역기구(World Trade Organization)에 창설 회원국가인 20개 민주주의 국가를 대상으로 하고자 한다. 20개의 분석대상국가 중 10개 국가는 신생민주주의 체제이며, 나머지 10개 국가는 발전된 민주주의 국가들이다.[2] 그리고 본 연구의 분석방법은 패널 자료(panel data)에 기초한 다중회귀분석 (multiple regression analysis)기법(N=20, t=4)을 통한 정량분석을 수행하였다. 패널자료는 대상국가의 1991년, 1995년, 1999년, 2003년의 거시지표를 이용하였다. 이처럼 4년 단위의 거시지표를 이용한 이유는 국내정치 요인의 지표가 선거결과에 의해 변화를 보임으로써 국내정치 요인의 변이를 갖는 지표를 구축하기 위한 것이다. 그 결과 발전된 민주주의 국가의 분석사례 수는 40개이며, 신생민주주의 국가의 사례 수는 39개이다.[3]

---

2) 신생민주주의 체제는 아르헨티나, 브라질, 칠레, 체코, 그리스, 헝가리, 한국, 폴란드, 포르투갈, 스페인이며, 발전된 민주주의 체제는 오스트레일리아, 벨기에, 캐나다, 프랑스, 독일, 이탈리아, 일본, 네덜란드, 영국, 미국이다.

3) 체코의 경우, 1991년의 거시지표 중 시장자본화에 대한 지표가 결측되어 신생민주주의의

본 연구의 구성은 다음과 같다. II절에서는 경제적 세계화와 국내정치적 요인이 사회경제적 수행력에 미치는 영향에 대한 기존 연구의 검토를 통해 이론적 틀과 주요 가설을 논의하고자 한다. III절에서는 연구가설을 검증하기 위한 분석모형과 측정지표를 제시하고자 한다. IV절에서는 패널자료(panel data)를 이용한 다중회귀분석을 통해 설계된 분석모형을 검증하고자 한다. 결론에서는 검증된 결과를 중심으로 발전된 민주주의 국가와 신생민주주의 국가 사이의 차이점과 신생민주주의 국가에 있어 국내정치 요인의 중요성에 대해 논하고 마지막으로 본 연구의 한계를 제시하고자 한다.

II. 이론적 쟁점: 경제적 세계화와 사회경제적 수행력의 관계

1. 수렴론적 시각: 바닥으로의 질주와 정상으로의 질주

세계화란 세계적 범위의 사회관계가 심화되는 것으로 기능적 측면에서 금융, 생산, 기술, 환경, 안보 등이 국민국가의 경계를 넘어 범세계적으로 조직되며 경쟁하는 과정을 의미한다(윤영관 1997, 40). 그리고 세계화를 실질적으로 이끌고 있는 것은 경제적 영역에서의 무역자유화, 외국인직접투자, 탈규제 그리고 기술이전 등으로 특징되는 경제적 세계화 또는 세계경제의 국제화라는 점에 대해 부정하는 이는 없을 것이다.4) 개별국가의 사회경제적 수행력에 대한 경제적 세계화의 효과는 경제적 세계화가 모든 국가에 대해

국가의 분석사례 수는 39개이다.

4) 세계화는 정치, 경제, 사회문화, 군사, 환경 등 다양한 영역에서 진행되고 있으며, 이러한 영역들이 각국의 사회경제적 수행력뿐만 아니라 정치적 수행력에 영향을 미치고 있다. 그러나 본 연구에서는 각국의 사회경제적 수행력에 직접적 또는 간접적 영향을 미치는 경제적 세계화에 초점을 맞추고자 한다.

낮은 자본과세, 복지예산의 삭감, 재정지출의 감축 등과 같은 사회경제적 정책을 강제한다는 수렴론에 기초하여 평가되고 있다.

수렴론은 세계적 수준에서 일어나는 신자유주의적 구조개혁에 모든 국가들이 동일하게 대응할 것이라는 가정에 기초하고 있다. 즉, 신자유주의적 구조개혁은 세계시장의 통합과 자본유동성의 증대를 위해 모든 국가에 있어 무역자유화, 외국인직접투자, 기술이전 그리고 탈규제로의 수렴을 가져온다는 것이다. 이와 같은 신자유주의적 수렴(neoliberal convergence)의 방향에 대해서는 상반된 주장이 제기된다. 하나는 "바닥으로의 질주(racing to the bottom)"로서 경제적 세계화가 개별국가의 국내정책결정에 대한 주권의 약화를 가져오며, 고용불안정, 소득불평등, 실업의 위험에 직면한 임금생활자들을 위한 복지, 사회보장, 재분배 정책의 입안과 집행을 어렵게 한다는 것이다 (Crepaz 2002, 171-172). 다른 하나는 "정상으로의 질주(racing to the top)"로서 경제적 세계화가 높은 경제성장률, 질 좋은 고용기회, 그리고 빈곤퇴치를 가져온다는 것이다. 즉, 경제적 세계화는 무역자유화, 외국인직접투자, 그리고 기술이전 등에 의한 높은 경제성장률과 전지구적 경쟁에 의한 가격하락을 결과함으로써 모든 소득집단, 특히 저소득집단에게 혜택을 제공할 것이며, 세계시장의 통합과 개방에 따른 외부 위험으로부터의 자국민의 보호를 위해 국가재정에 있어 복지와 사회보장을 위한 지출을 높이는 경향을 보이게 된다는 것이다(Rodrik 1997; Garrett 1998; Bhagwati and Dehejia 1994; Katzenstein 1985).

두 경쟁적 평가의 기본적 차이는 경제적 세계화의 물결 속에서 국민국가의 위상과 역할에 초점이 맞춰져 있다. 즉, 전자는 경제적 세계화가 국가자율성의 약화를 가져와 자유경쟁시장에서 발생되는 패자 및 사회적 약자를 보호할 수 있는 사회경제적 정책 및 기제의 작동을 제한함으로써 사회경제적 수준이 바닥으로 수렴된다는 것이며, 반면에 후자는 경제적 세계화에 의한 경제적 부의 증진과 국제시장의 통합에 따른 희생을 보상(compensation)하는 사회경제적 정책이 추구됨으로써 개별국가의 사회경제적 수행력이 발전된 국가들의 수준으로 수렴된다는 것이다.

수렴론은 기능적 일원화를 통해 하나의 동일한 시장경제의 형태로 수렴되는 경제적 세계화가 개별국가의 사회경제적 수행력에 직접적 영향을 준다고 주장한다(강명세 2006, 53). 그러나 최근에 진행된 많은 연구는 경제적 세계화와 사회경제적 수행력 사이에 직접적 관계가 미약하거나 또는 간접적 관계가 존재하고 있다는 점을 밝히고 있다. 특히 발전된 국가들을 대상으로 경제적 세계화와 소득불평등 사이의 관계를 분석한 연구는 무역과 직접투자가 개별국가의 소득불평등을 설명하는 주요 요인이 아님을 지적한다(Mahler, Jesuit and Roscoe 1999, 363-395).

2. 신제도주의적 시각: 국내정치 요인의 중요성

신제도주의적 시각은 자본주의가 하나의 동일한 형태로 수렴된다는 가정을 부정하고 개별국가의 고유한 역사적 조건에서 발생한 제도에 따라 자본주의의 다양성이 존재한다는 가정에서 출발한다(Garrett 1998; 강명세 2006). 즉, 신제도주의적 시각은 경제적 세계화의 영향에 있어 개별국가의 정치제도가 어떻게 배열되었는가, 변화 또는 지속을 지지하는 정치행위자들의 세력관계가 어떻게 구성되어 있는가에 따라 개별국가의 공공지출 및 조세정책 등과 같은 산출(output)로서의 정책과 이러한 산출된 정책의 사회경제적 성과인 경제성장률, 인플레이션, 소득재분배 등이 상이하게 나타남을 경험적으로 증명하고 있다.5) 그리고 이러한 시각은 경제적 세계화와 정치체제의 산출과 성과에 있어 중요한 여과역할을 수행하는 중요 요인으로서 정치제도의 구성, 정부구성 정당의 수와 정부의 이념성 그리고 거부권자(veto player) 등 국내정치 요인을 강조한다(Birchfield and Crepaz 1998; Crepaz and Moser 2004; Hallerberg and Basinger 1998; Huber and Stephens 1998; Kenworthy 2002; Roller 2005).

---

5) 레인과 어슨(Jan-Erik Lane and Svante Ersson)은 산출(output)과 성과(outcome)를 다음과 같이 구분한다. 즉, 산출(output)은 정치체제에 의해 결정되고 수행되는 정책을 의미하며, 성과(outcome)는 산출(정책)의 결과 즉, 정치적 그리고 사회경제적 결과를 의미한다(Lane and Ersson 2003, 60-64).

신제도주의적 시각에 따른 많은 연구들은 경제적 세계화와 개별국가의 산출된 정책 사이에 국내정치 요인의 효과를 다루고 있으며, 정책의 사회경제적 성과에 대한 연구는 소득재분배에 초점이 맞춰져 있다. 먼저 정책과 관련된 대표적인 연구로서 크레파즈와 모제(M. Crepaz and A. Moser 2004)는 15개 OECD 국가에 대한 연구를 통해 경제적 세계화 속에서 국가의 공공지출에 긍정적 영향을 주는 중요한 국내정치 요인으로서 집단적 거부점(collective veto points)이며, 복지국가의 공공지출에 대한 세계화의 개혁압력이 크지 않다는 점을 밝히고 있다. 그리고 OECD 국가의 조세개혁을 분석한 홀러버그와 베이징거(M. Hallerberg and S. Basinger 1998)는 개별국가의 조세개혁에 있어 경제적 개방이 간접적 영향을 미치고 있으며, 국내정치 요인 — 내각구성 정당의 이념성과 거부자의 규모 — 이 중요함을 주장한다.

또한 정책의 사회경제적 성과로서의 소득재분배를 종속변인으로 하는 연구는 대표적으로 크레파즈(M. M. L. Crepaz, 2002)와 마러(V. Mahler, 2004)의 연구를 들 수 있다. 크레파즈는 15개 OECD 국가를 대상으로 분석한 연구에서 신자유주의적 수렴과 국민국가의 쇠퇴에 대한 주장이 옳지 않으며, 국가의 소득재분배 능력과 같은 정치적 성과는 정치제도에 의해 영향을 받고 있음을 주장한다(Crepaz 2002, 184-185). 그리고 마러의 연구도 발전된 민주주의 국가를 대상으로 소득불평등에 대한 무역, 외국인직접투자, 그리고 금융유동성이라는 경제적 세계화와 국내정치 요인의 관계를 분석한 연구에서 경제적 세계화와 소득불평등 사이에 분산적 관계(scattered relationships)를 보이는 반면, 국내정치 요인이 강한 긍정적 관계를 보이고 있음을 경험적으로 밝히고 있다(Mahler 2004, 1049).

반면에 경제적 세계화와 주요한 사회경제적 성과인 개별국가의 경제성장률, 인플레이션, 실업률, 인간개발능력 등의 관계에 있어 국내정치 요인의 중요성과 여과역할에 대한 연구는 많지 않다(Anderson 2001; Crepaz 1996a; Lane and Ersson 2003; Lijphart 1999; Wilensky 2002). 대표적으로 크레파즈(1996a)는 합의제적 민주주의와 대중의 내각지지가 높을수록, 경제개방의 수준이 낮을수록 실업률과 인플레이션이 감소되고 있으며, 경제성장률에 있어서 국내정치 요인의 영향력이 유의미하지 않으나, 외부적 충격으로서 석유 파동, 정부의 이념, 그리고 정부지출의 정도가 유의미한 영향력을 갖는다는 분석결과를 제시하고 있다(Crepaz 1996a, 4-26). 즉, 인플레이션, 실업률, 그리고 경제성장률과 같은 거시경제적 수행력에 있어 합의제 민주주의(consensus democracy)와 높은 대중의 내각(정부)지지(popular cabinet support)가 중요한 것으로 나타났다.

지금까지 살펴본 많은 연구들은 경제적 세계화와 개별국가의 사회경제적 정책산출 및 성과에 있어 국내정치 요인이 여과역할을 수행함으로써 개별국가마다 상이성이 존재함을 밝히고 있다. 그러나 이들 연구는 몇 가지 점에서 한계를 갖고 있다.

첫째, 신생민주주의 국가 또는 저개발 국가들을 대상으로 한 연구들은 많지 않을 뿐만 아니라 국내정치 요인의 중요성과 여과역할에 대해서는 평가가 유보적이다. 그 중요 이유를 정치제도의 제도화의 허약성과 확장된 사회보장 및 복지정책을 지지하는 세력의 허약성에서 찾고 있다(Kaufman and Segura-Ubiergo 2001, 553-587; Przeworski, eds. 1995; Rudra and Haggard 2005). 그럼에도 불구하고 저개발국가는 무역개방과 자본유동성이 정부의 사회지출을 억제하는 보수적 재정정책으로의 수렴을 강제하지만, 정치체제가 민주주의냐 아니면 권위주의냐에 따라 사회지출 정책에 있어 상이성이 존재한다는 분석이 있다(Kaufman and Segura-Ubiergo 2001, 583-584; Rudra and Haggard 2005, 1041). 즉, 세계화가 저개발국가에 있어 사회보장 지출의 감축을 강제함으로써 정규직과 비정규직 사이의 양극화를 심화시키지만, 민주주의가 작동되고 있는 국가들의 경우 사회지출의 할당에 있어 보다 진보적인 형태로서의 복지이행 프로그램(welfare transfer program)의 확장과 보호를 지지한다는 것이다.

둘째, 많은 연구들은 종속변인으로서 개별국가의 사회경제적 정책 산출에 초점을 맞추고 있다는 점이다. 정치체제의 지속, 특히 신생민주주의 체제의 생존은 체제에 대한 정당성을 획득했을 때 가능하다. 그리고 이러한 체제의 정당성은 정책 산출뿐만 아니라 정책의 정치적, 경제적, 사회적 성과를 통해 부여된다. 특히 자유시장경쟁, 자본의 유동성과 고용탄력성 등을 통해 생산

성과 자원배분의 효율성을 추구하는 경제적 세계화에 있어 정치체제의 사회
경제적 성과는 주요한 정당성의 원천이다. 따라서 경제적 세계화의 영향에
대한 개별국가의 대응방식과 성과, 그리고 체제 능력에 대한 경제적 세계화
와 국내정치 요인의 영향력을 평가하기 위해서는 정책보다는 정책의 사회경
제적 성과에 주목해야 한다.

Ⅲ. 연구가설, 분석모형 그리고 변인의 측정

1. 연구가설과 분석모형

따라서 본 연구는 체제의 정당성을 부여하는 사회경제적 정책의 실질적
결과에 주목하여 경제적 세계화 요인과 국내정치 요인의 영향을 비교분석하
고, 발전된 민주주의 국가와 신생민주주의 국가 사이에 어떠한 유사성과 상
이성이 존재하는지를 밝히고자 한다.

이를 위해 다음과 같은 연구가설을 제시하고자 한다.

〈가설 1〉: 경제적 세계화와 국내정치 요인의 영향은 발전된 민주주의 국
　　　　　가와 신생민주주의 국가의 사회경제적 수행력에 다른 영향을
　　　　　미친다.

〈가설 2〉: 신생민주주의 국가의 사회경제적 수행력에 있어 경제적 세계화
　　　　　요인보다 국내정치 요인의 영향력이 더 강할 것이다.

연구가설을 검증하기 위해 본 연구는 다음과 같은 분석모형을 제시하고

자 한다. 분석모형의 기본구조는 다음과 같다.

• 사회경제적 수행력 i,t=a+b1×외국인직접투자 i,t+b2×무역자유화 i,t+b3×시
  장자본화+b4민주주의 수준 i,t+b5×정부권력의 분산 i,t+b6×선거제도 i,t+
  b7×정당체계 i,t+b8×정부의 이념성 i,t+Ui,t

본 연구는 발전된 민주주의 국가와 신생민주주의 국가를 비교하기 위해 각 국가군을 대상으로 위의 분석모형을 검증하고자 한다. 분석모형에 대한 통계적 검증과정은 다음과 같은 방식으로 수행하였다. 먼저 검증된 모형의 F값과 유의수준을 검토하여 모형의 설명력이 통계적으로 유의미한지를 살펴보고자 한다. 이를 위해 다중회귀분석에서 발생할 수 있는 기술적 문제인 자기상관성(autocorrlation), 중다공선성(multicollinearity) 등이 존재하는지를 살펴봄으로써 최종모형의 설명력을 왜곡시키고 있지 않음을 확인하고자 한다.[6] 마지막으로 탐색된 결정요인들이 종속변인에 미치는 영향력의 정도와 발전된 민주주의 국가와 신생민주주의 국가 사이의 비교를 위하여 표준화된 회귀계수(ß) 값을 살펴보았다.

2. 종속변인: 사회경제적 수행력

일반적으로 체제의 수행력이란 체제의 지속적인 유지라는 목표를 위한 정치적 그리고 사회경제적 과제를 실행하고 성취할 수 있는 능력(capabilities)을 의미하는 것으로 효과성(effectiveness), 반응성(responsiveness), 정치적 생산성(political productivity), 그리고 효율성(efficiency) 등이라는 다양한 규범적 기

---

6) 이와 같은 다중회귀분석의 주요 가정에 대한 설명과 확인방법에 대해서는 김홍규, 『사회과학통계분석』(서울: 나남신서, 1997), pp.284-290 참조. 예를 들어, 잔차의 자기상관성은 Durbin-Watson 분석을 통해 검증하였으며, 다중공선성은 공차한계(tolerance)와 분산팽창지수(VIF) 검증을 통해 확인하였다.

준에 의해 평가되고 있다(Lane and Ersson 2003; Lijphart 1999; Roller 2005; Weaver and Rockman, eds. 1993). 즉, 체제의 수행력은 체제의 안정성과 지속성을 위한 정치적, 사회경제적 갈등을 관리할 수 있고 정당성을 확보할 수 있는 정책 생산능력과 정책실현의 성과로 이해될 수 있다. 이러한 정의에 따르면, 수행력은 정책 산출과 정책 실현의 성과라는 두 가지 의미가 혼합되어 있는 개념이다. 즉, 정책 산출과 정책 실현의 실질적 결과 또는 성과의 차이점은 정책 산출이란 정부에 의해 주도하는 결정과 행위로서 공공지출, 조세제도 그리고 재정정책 등의 정책적 틀을 의미하며, 정책 실현의 성과란 정부가 주도한 정책의 정치적, 사회적 그리고 경제적 영역을 포함하는 광범위한 최종적인 결과를 의미한다(Lane and Ersson 2003, 60-66).

본 연구는 사회경제적 수행력을 효과성이라는 평가 기준에 초점을 맞춰 정의하고자 한다. 효과성은 정치적 행위를 통해 추구하는 목표의 성취 정도를 의미하는 것으로 정책 실현의 실질적 결과 또는 성과로서 이해된다(Roller 2005, 3). 따라서 본 연구에서의 사회경제적 수행력은 개별국가가 추구하는 사회경제적 목표를 성취하기 위해 산출한 정책이 아닌 정책의 실현을 통해 성취된 결과로서 정의하고자 한다.

이와 같은 정책의 실질적 결과, 즉 사회경제적 수행력은 전통적으로 경제성장률, 실업률, 인플레이션과 같은 거시경제적 지표들과 소득불평등, 인간개발지수, 폭동 및 범죄율, 삶의 질 등과 같은 비경제적 지표들에 의해 평가되고 있다(Anderson 2001; Crepaze 1996a; Lane and Ersson 2003; Lijphart 1999; Roller 2005). 따라서 본 연구에서도 개별국가의 경제적 풍요와 경제적 안정성을 나타내는 경제성장률, 실업률과 같은 실질적 거시경제적 수행력의 정도와 국민들의 자기개발과 삶의 질을 평가할 수 있는 유엔개발계획프로그램(United Nations Development Program)의 인간개발지수를 이용하여 사회적 수행력의 정도를 측정하고자 한다.

본 연구에서 이들 지표를 통해 사회경제적 수행력을 평가하는 이유는 이들 지표들이 세계경제 및 국내경제의 조건과 국내정치의 조건 등의 상호작용에 의해 산출된 정책의 실질적 성과 지표로서 받아들여지고 있으며, 보편적으로 정부 또는 체제의 사회경제적 능력을 평가하는 기준으로 인식되고 있기 때문이다. 즉, 이와 같은 사회경제적 거시지표는 정부 또는 체제의 지속성과 안정성에 있어 주요한 영향을 미치는 요인들이며, 경제적 세계화가 개별국가의 사회경제적 수행력에 미치는 영향을 평가하는 데 있어 주요한 기준이 되기 때문이다. 이를 통해 경제적 세계화가 개별국가의 사회경제적 질(quality)을 향상시키고 있는지를 평가할 수 있으며, 개별국가에 있어 사회경제적 수행력에 대한 국내정치 요인의 역할을 평가할 수 있을 것이다.

개별국가의 사회경제적 수행력을 측정하기 위해 1차 자료로서 세계은행(World Bank)의 세계발전지표(World Development Indicators 2006)에서 1인당 경제성장률과 실업률을 이용하여 경제적 수행력을 측정하였다. 또한 사회적 수행력의 지표로서 유엔개발계획프로그램의 인간개발지수(Human Development Index 2006)를 이용하였다.

3. 독립변인: 경제적 세계화 요인과 국내정치적 요인

1) 경제적 세계화 요인

경제적 세계화는 주권국가의 경계를 뛰어넘는 자본, 생산, 노동, 기술 등의 유동성을 특징으로 하는 세계경제의 통합화를 의미한다. 그리고 세계경제의 통합화는 자본시장, 생산시장, 그리고 노동시장의 개방화와 자유화에 의해 가속화되고 있다. 이러한 시장의 개방화와 자유화는 주권국가의 약화와 시장의 힘을 강화시킴으로써 국내정책의 결정과 그 결과에 강한 영향을 미치고 있다. 경제적 세계화를 전도하는 신자유주의자들은 개방화와 자유화를 통한 시장경제가 경제적 풍요와 경제안정성뿐만 아니라 인간적 삶의 질을 높일 수 있다고 주장한다. 즉, 개방화와 자유화의 구체적인 현상으로서 외국인직접투자와 무역자유화의 증대, 정부의 탈규제화 그리고 기술이전 등은 자유경쟁의 시장원리에 의해 최적의 자원배분이 이루어짐으로써 개별국가의 경제적 풍요, 경제 안정성 그리고 국민들의 인간적 삶의 질 등과 같은 사회경제적 질을 향상시킬 것이라고 본다.

따라서 본 연구에서는 경제적 세계화를 촉진하는 개방화와 자유화의 주
요 현상인 외국인직접투자, 무역자유화 그리고 국내 기업의 시장자본화를
독립변인으로 채택하였다. 먼저 외국인직접투자는 외국기업(인)이 경영통제
를 목적으로 다른 나라의 실물자산 소유권의 일부 또는 전체를 취득하여
일정기간 동안 사업을 수행하는 투자행위로서 실물자산 또는 금융자산에 대
한 운영수익 청구권을 소유하는 포트폴리오(portfolio) 투자와 구별된다(박용
규·송영필·강신겸 1999, 5). 이와 같은 외국인직접투자는 개별국가에 있어 자
본시장과 생산시장의 통합화가 어느 정도 진행되었는지를 보이는 국제정치
경제 지표로서 개별국가의 직간접적인 고용창출, 기술이전, 후생효과, 외환
보유 증대 등의 긍정적 효과를 갖고 있다(박용규·송영필·강신겸 1999, 10-11).
본 연구에서는 외국인직접투자의 경험적 지표로서 외국인직접투자의 유입
률을 측정하고자 한다.

다음으로 무역자유화는 한 국가의 경제적 개방화의 정도를 가장 잘 드러
내는 국제정치경제 지표 중 하나이다. 일반적으로 개별국가에 대한 무역자
유화의 효과는 경제성장을 통한 국민의 후생을 증가시키는 하나의 공공재로
서 인식되고 있다(김미경 2006, 86). 그러나 크레파즈는 GDP 대비 수입과 수
출의 비중으로 측정한 경제적 개방성과 거시경제적 수행력 사이에 통계적으
로 유의미한 부의 관계를 보이는 것은 실업률이며, 나머지 경제성장은 정의
관계이지만 통계적으로 유의미하지 않다고 밝히고 있다(Crepaze 1996a,
16-21). 타비츠(M. Tavits)도 동일한 경제적 개방성 지표를 이용한 연구에서
정부의 총세입 또는 총지출 사이에 정의 관계를 보이지만 통계적으로 유의
미하지 않음을 지적한다(Tavits 2004, 340-359). 따라서 본 연구에서는 경제적
개방성과 사회경제적 수행력 사이의 관계를 밝히기 위해 무역자유화를 측정
하기 위한 지표로서 GDP 대비 총무역량을 측정하고자 한다.

마지막으로 국내기업의 시장자본화 정도를 측정하였다. 시장자본화는 국
내기업의 규모 및 자산 가치를 통해 세계경제에서의 경쟁의 우위성을 측정
하는 지표이다. 따라서 국내기업의 시장자본화의 정도가 높다는 것은 세계

경제에서 생산의 유동성이 높다는 것을 의미하는 것으로 경제적 세계화의 수준을 측정할 수 있다. 또한 생산 유동성을 특징으로 하는 경제적 세계화는 다국적 기업의 국내시장 점유율에 의해 측정될 수 있다. 그러나 국내기업의 시장자본화의 정도와 다국적 기업의 국내시장 점유율은 교환(trade-off)의 관계로서 국내기업의 시장자본화의 정도가 높다는 것을 다국적 기업의 국내 점유율이 낮다는 것으로 평가할 수 있다. 일반적으로 다국적 기업의 유치는 경제성장뿐만 아니라 실업률을 감소시키고 인간개발능력을 향상시킬 것으로 판단하고 있다. 그러나 다국적 기업의 유치가 개별국가의 사회경제적 수행력에 어떠한 영향을 미치고 있는지에 대한 연구는 많지 않다. 따라서 본 연구에서는 시장자본화의 정도를 독립변인으로 채택하여 국내에 유치된 다국적 기업이 사회경제적 수행력에 어떠한 영향을 미치고 있는지를 탐색하고자 한다. 이러한 경제적 세계화 요인의 측정지표는 세계은행의 세계발전지표를 이용하였다.

2) 국내정치적 요인

한 국가의 사회경제적 수행력에 영향을 주는 중요한 국내정치 요인으로는 민주주의 수준, 통치구조, 선거제도, 정당체계, 대중의 정부지지, 그리고 정부의 이념성을 채택하였다. 먼저 각 국가의 민주주의 수준을 독립변인으로 선정한 이유는 민주주의의 수준과 경제성장을 포함한 사회경제적 수행력 사이의 관계에 대한 이론적 경험적 주장들이 일정한 합의를 도출하지 못하고 있기 때문이다. 대표적으로 쉐보르스키와 그의 동료들은 민주주의와 경제성장 사이의 관계가 시기와 대상국가에 따라 다른 결과를 보이고 있음을 밝히고 있다(Przeworski, Alvarez, Cheibub and Limongi 2000). 민주주의는 국민의 요구에 대한 지속적인 반응성과 책임성을 속성으로 한다. 따라서 민주주의 수준이 높을수록 국민의 사회경제적 요구에 부응하는 정책의 산출과 그 결과에 대한 책임을 성실하게 수행함으로써 사회경제적 수행력은 높아지게 될 것이다. 따라서 본 연구에서는 민주주의 수준을 주요한 국내정치 요인으로 채택하였다. 각 국가의 민주주의 수준을 측정하기 위해 참여의 경쟁성과 책임성을 측정한 Polity IV의 민주주의 지수를 이용하였다.

다음으로 국내정치적 요인으로 채택한 통치구조, 선거제도, 그리고 정당 체계가 사회경제적 수행력에 미치는 영향에 대한 대부분의 연구는 합의제 모델(consensus model)과 다수제 모델(westminster model)로 구분하여 분석하고 있다. 즉, 합의제 모델은 권력의 분산, 비례대표제 그리고 다당제에 기초하여 민주주의가 작동되는 모델이며, 다수제 모델은 권력의 집중, 다수대표제 그리고 양당제에 의해 운영되는 민주주의 모델이다.[7] 이러한 모델을 이용하여 사회경제적 수행력을 분석한 대부분의 연구들은 합의제 모델을 구성하는 정 치제도가 안정된 경제성장, 저실업, 그리고 저인플레이션에 유의미한 관계를 보이고 있다고 주장한다(Anderson 2001; Crepaz 1996a; Lijphart 1999; 선학태 2005). 본 연구는 이러한 연구결과에 기초하여 권력의 분산과 집중, 선거제도 그리고 정당체계가 사회경제적 수행력에 미치는 영향을 검증하고자 한다.

권력의 분산과 집중은 정부의 분절화로 측정하였다. 정부의 분절화는 단 일정당정부일 때 0%이 되며, 정부를 구성하는 정당의 수가 많을수록 분절화 지수는 높아진다. 정부의 분절화 지수는 세계은행의 <*Database of Political Institutions* (2004)>를 이용하였다. 일반적으로 정당 간 연합을 통한 연립정부 는 권력이 분산되어 있으며, 단일정당정부는 권력이 집중되어 있다고 볼 수 있다. 크레파즈는 정부에 대한 대중지지가 확대될수록 공공정책에 대한 책 임성을 더 강하게 가지며, 경제성장, 실업률, 인플레이션이 낮아진다는 분석 결과를 제시한다(Crepaze 1996a, 18-19). 이러한 분석결과는 단일정당정부보다 연립정부가 보다 많은 구성원들의 요구에 대한 반응성과 책임성이 더 높으 며, 사회경제적 정책의 입안과 실현을 위한 신중한 결정을 내리게 됨으로써 사회경제적 수행력에 긍정적 영향을 준다는 주장을 뒷받침한다.

선거제도는 선거결과를 통해 계산된 갤러허(M. Gallagher)의 불비례성 지 수를 측정하였다.[8] 즉, 합의제 모델의 제도적 차원으로 분류되는 비례대표

---

7) 합의제 모델과 다수제 모델에 대한 구체적인 내용은 Lijphart(1999) 참조.
8) 선거불비례성 지수를 구하는 공식은 다음과 같다. 선거불비례성 지수 $(G) = \sqrt{1/2\sum(\text{Vi-Si})^2}$

<표 1-1> 개념정의와 정량지표의 요약

구성개념	맥락정의	조작정의	측정방식
종속변인	사회경제적 수행력	경제적 수행력 사회적 수행력	분석대상기간 각 국가의 1인당 국민총생산(GDP)성장률(%)
			분석대상기간 각 국가의 실업률(%)
			분석대상기간 각 국가의 인간개발지수
독립변인	경제적 세계화 요인	자본유동성	분석대상기간 각 국가의 외국인직접투자(FDI) (%)
		무역자유화	분석대상기간 각 국가의 GDP 대비 총무역량(%)
		생산유동성	분석대상기간 각 국내 기업의 시장자본화비율(%)
	국내정치 요인	민주주의 수준	POLITY IV의 민주주의 지수
		정부 분절화	단일정당정부(0), 연립정부(1)
		선거제도	갤러거(Gallagher) 지수=$\sqrt{1/2\Sigma (Vi\text{-}Si)^2}$
		정당체계	의회 내 유효정당의 수(Ns)=$1/\Sigma Si2$
		정부의 이념	보수와 중도(0), 진보(1)

제는 득표와 의석 간 비례성이 높지만 다수제 모델의 다수대표제는 둘 사이의 비례성이 낮다. 일반적으로 비례대표제는 정치적 타협을 촉진하고, 소수자들의 참여성과 대표성을 보장한다. 비례대표제가 앞서 살펴본 연립정부와 함께 사회경제적 수행력에 강한 긍정적 영향을 준다는 많은 연구결과가 제시되고 있다(Crepaz 1996a; Lijphart 1999; Tavits 2004).

이며, Vi=선거에 참여한 각 정당의 득표율을 그리고 Si=의회 내 각 정당의 의석분점률을 의미한다(Gallagher 1991, 33-51 참조).

앞서 언급하였듯이 합의제 모델을 선호하는 학자들은 정당체계에 있어 양당제보다 다당제가 사회경제적 수행력에 있어 더 효과적이라고 주장한다. 이를 검증하기 위해 정당체계를 락소-타게페라(M. Laakso and R. Taagepera)의 의회 내 유효정당의 수 공식을 이용하여 측정하였다.9) 선거제도, 정당체계 그리고 정부의 대중지지의 측정지표를 구축하기 위해 다양한 집적 자료들 (Elections around the World, International Foundation for Election Systems, Parties and Elections in Europe, 그리고 Political Database of the Americas)을 이용하였다.

마지막으로 정부의 이념성은 보수와 중도를 0으로 하고 진보를 1로 하는 이항변인으로 측정하였다. 많은 학자들은 일반적으로 좌파정부가 실업률을 낮추는 정책을 수행하며, 우파정부는 실업률을 증가시키는 정책을 수행한다는 주장을 하고 있다(Crepaze 1996a, 15-19). 좌파정부의 영향은 경제성장에 있어서도 부정적인 것으로 크레파즈의 연구에서 검증되고 있다. 정부의 이념적 성격은 세계은행의 <*Database of Political Institutions*(2004)>를 이용하였다.

IV. 모형검증결과

1. 발전된 민주주의 국가의 사회경제적 수행력에 대한 분석

10개의 발전된 민주주의 국가를 대상으로 사회경제적 수행력 — 경제성장률, 실업률, 인간개발능력 — 을 분석한 결과는 <표 1-2>와 같다. 3개의 종속

---

9) 락소-타게페라의 의회 내 유효정당의 수(Ns)와 유효적 선거정당의 수(Nv)를 구하는 공식은 다음과 같다(Laakso and Taagepera 1979, 3-27).
유효의회정당의 수(Ns)=$1/\sum Si^2$: 유효선거정당의 수(Nv)=$1/\sum Vi^2$

변인에 대한 연구모형의 적합성은 모두 통계적 유미성이 있는 것으로 검증
되었다. 그리고 모형의 설명력은 실업률(46.3%), 인간개발능력(26.5%), 그리
고 경제성장률(10.5%)의 순으로 분석되었다. 또한 3개의 종속변인에 공통적
으로 영향을 주는 독립변인으로 시장자본화의 정도가 탐색되었다.

먼저 경제성장률에 영향을 주는 변인을 분석한 결과, 국내기업의 시장자

〈표 1-2〉 발전된 민주주의 국가의 분석결과(N=40)

	경제성장률		실업률		인간개발능력	
	B (SE)	Beta	B (SE)	Beta	B (SE)	Beta
상수	1.107* (0.531)	–	8.56** (0.697)		0.91** 0.005	
외국인 직접투자	NA	0.124	NA	0.153	NA	0.183
무역의존도	NA	0.116	NA	0.19	NA	0.188
시장자본화	0.012 (0.006)	0.324*	0.033 (0.007)	-0.601**	0.000 (0.000)	0.515**
민주주의 수준	NA	-0.017	NA	-0.127	NA	-0.049
정부분절도	NA	0.204	NA	0.006	NA	0.176
선거제도	NA	-0.115	0.172 (0.049)	0.431**	NA	-0.038
정당체계	NA	0.153	NA	0.226	NA	0.191
정부이념	NA	0.074	NA	0.035	NA	-0.005
R^2	0.105		0.463		0.265	
F	4.463*		15.951**		13.694**	

*: $p < 0.05$, **: $p < 0.01$

본화 정도만이 통계적으로 유의미한 정(+)의 관계를 보이고 있다. 그리고 경제성장률에 대한 표준화된 회귀계수(Beta)는 0.324로 밝혀졌다. 이러한 분석결과는 발전된 민주주의 국가의 경제성장률이 국내정치 요인보다 경제적 세계화의 요인에 의해 영향을 받고 있다는 것을 의미한다. 즉, 세계시장에서 국내기업의 자산 가치와 규모가 경쟁성을 가질 때 경제성장률이 높아진다는 것으로 국내기업의 국제경쟁력이 높아질수록 경제성장률이 높아짐을 의미한다. 이는 다국적기업의 국내 유치가 경제성장률에 긍정적 영향을 주지 않는다는 점을 보여주는 것이다. 즉, 경제적 세계화는 개별국가의 경제성장률에 있어서 부정적 영향을 미치고 있다는 점을 분석결과를 통해 발견하였다. 그리고 국내정치 요인은 경제성장률과 통계적으로 유의미한 관계를 갖고 있지 않은 것으로 분석되었다.

다음으로 실업률에 영향을 주는 요인으로는 시장자본화와 선거제도가 통계적으로 유의미한 독립변인으로 분석되었다. 시장자본화는 실업률과 부(−)의 관계를 보이고 있으며, 선거제도와는 정(+)의 관계를 보이고 있다. 이는 시장자본화의 정도가 높을수록 실업률이 낮아지며, 선거불비례성이 높은 선거제도일수록 실업률이 높아지고 있다는 것을 의미하는 것이다. 그리고 두 변인 사이에 있어 시장자본화의 정도가 선거제도보다 실업률에 강한 영향을 주는 것으로 나타났다. 이러한 분석결과는 국내기업이 국제경쟁력을 높이기 위한 방안으로서 노동비용의 감소, 즉 인원감축, 정규직의 비정규직 전환 등을 통해 채택하고 있음을 알 수 있다. 그리고 노동자들은 낮은 임금의 직장을 구하기보다 사회보장 혜택을 받기를 원하기 때문에 노동의 유동성이 낮아짐으로써 실업률을 증가시키고 있다(Crepaz 1996a, 19). 반면 선거제도는 비례성이 높을수록 실업률을 감소하는 것으로 나타났는데 이는 다양한 사회적 집단의 이익을 정치적으로 대표할 수 있는 선거제도일수록 다수의 이익에 부응하는 경제정책을 추진하게 됨을 의미하는 것이다. 즉, 다양한 사회세력을 포괄하는 합의제적 정치제도가 실업률을 낮추고 있다는 기존의 연구결과를 확증한다.

마지막으로 시장자본화의 정도와 인간개발능력은 통계적으로 유의미한

정(+)의 관계를 갖고 있다. 이는 시장자본화의 정도가 높아질수록 인간개발 능력이 높아지고 있음을 예측할 수 있다. 이러한 분석결과는 인간개발능력이 외부적 영향과 국내정치 요인보다 국내의 사회경제적 요구에 의해 높아짐을 의미한다. 즉, 국내 기업이 국제경쟁력의 향상은 단순히 경제적 능력의 향상뿐만 아니라 문맹률의 감소, 1인당 실질국민소득의 향상, 평균수명의 증가 등 인간개발 성취정도를 높이고 있다는 것이다.

2. 신생민주주의 국가의 사회경제적 수행력에 대한 분석결과

10개의 신생민주주의 국가를 대상으로 한 분석결과를 보면, 분석모형에서 통계적 유의미성이 있음이 확인되었으며, 각각의 종속변인에 대한 분석모형의 설명력은 인간개발능력(65.1%), 경제성장률(30%), 그리고 실업률(15.5%) 순으로 분석되었다. 그리고 3개의 종속변인에 영향을 주는 변인들 중 민주주의 수준만이 경제성장률과 인간개발능력에서 공통적으로 탐색되었으며, 나머지 변인들은 차이를 보이고 있다.

먼저 신생민주주의 국가의 경제성장률에 영향을 주는 변인으로는 경제적 세계화의 요인으로 외국인직접투자(Beta=-0.304), 국내정치 요인으로 민주주의 수준(Beta=-0.313)과 정당체계(Beta=-0.45)만이 통계적으로 유의미한 것으로 분석되었다. 이들 탐색된 변인들의 영향력을 비교하면, 국내정치 요인으로서 정당체계와 민주주의 수준이 경제적 세계화 요인인 외국인직접투자보다 영향력이 더 강한 것으로 나타났다. 이러한 결과는 신생민주주의 국가에 있어 국내정치 요인이 중요하다는 점을 의미하는 것이다.

외국인직접투자는 신생민주주의 국가의 경제성장률과 부(-)의 관계를 보이고 있다. 이는 외국인직접투자가 증가할수록 경제성장률이 하락함을 의미한다. 일반적으로 외국인직접투자의 증가가 직간접적인 고용창출, 기술이전, 후생효과, 외환보유 증대 등을 통해 경제안정화와 경제성장을 가져올 것으로 기대한다. 그러나 신생민주주의 국가의 경우 국내산업의 경쟁력이 낮은

〈표 1-3〉 신생민주주의 국가의 분석결과(N=39)

	경제성장률		실업률		인간개발능력	
	B (SE)	Beta	B (SE)	Beta	B (SE)	Beta
상수	19.359* (5.628)	–	7.21 0.949**		0.757 0.042**	
외국인 직접투자	-0.461 (0.336)	-0.304*	NA	0.075	NA	-0.008
무역의존도	NA	0.259	NA	-0.27	NA	0.1
시장자본화	NA	0.134	NA	0.017	0.000 (0.000)	0.253**
민주주의 수준	-1.228 (0.578)	-0.313*	NA	0.224	0.012 0.004	0.3**
정부분절도	NA	0.283	NA	-0.114	-0.101 (0.018)	-0.595**
선거제도	NA	0.056	NA	0.068	NA	-0.003
정당체계	-1.024 (0.336)	-0.45**	NA	-0.161	NA	-0.224
정부이념	NA	0.163	3.646 (1.397)	0.394*	NA	-0.056
R²	0.3		0.155		0.651	
F	5.005**		6.807*		21.795**	

*: $p < 0.05$, **: $p < 0.01$

상태에서 외국인직접투자의 증가는 경제성장의 내적 동력인 국내산업 기반의 약화시키는 결과를 가져오게 된다. 그 결과 외국인직접투자의 증가는 경제성장률의 저하라는 현상을 보이게 될 것이다.

국내정치 요인인 민주주의 수준과 경제성장률 사이에 부(-)의 관계가 보이고 있다. 이는 민주주의 수준이 높아질수록 경제성장률이 낮아짐을 의미한다. 이러한 관계는 민주주의가 발전할수록 재분배에 대한 사회집단의 요구 증대와 이에 대한 국가의 반응에 의한 결과라고 할 수 있다. 즉, 시민들의 요구에 적극적으로 반응하는 민주주의가 증진될수록 경제성장을 위해 요구되는 정책의 입안과 집행이 제한되는 경향을 보이게 되며 이것이 성장을 저해 또는 둔화시키기 때문이다(Armingeon 2002, 81-105). 이와 같은 설명의 타당성은 경제성장률과 정당체계의 관계에서도 잘 드러난다. 즉, 양당제는 성장정책을 포함한 다양한 정책을 결정하고 집행하는 데 있어 보다 효율성과 책임있는 수행력을 보장받는 반면, 다양한 사회적 집단을 정치적으로 대표하는 다당제는 성장정책에 대한 다양한 찬반의견이 존재하게 되고 이를 결정함에 있어 효율성과 책임있는 수행력을 보장받기 어렵기 때문이다(Tavits 2004, 346-347).

다음으로 실업률에 영향을 주는 독립변인은 정부의 이념성(Beta= 0.394)이다. 즉, 정부의 이념성이 진보 이념에 기초한 정부일 때 실업률이 높아지는 것으로 밝혀졌다. 이러한 분석결과는 발전된 민주주의 국가를 대상으로 한 많은 연구들과 상반된 관계인 것이다(Crepaz 1996b, 96-98). 이러한 결과는 진보 이념에 기초한 정부일 때 정부의 사회보장 지출이 늘어남으로써 실업자들이 적극적으로 취업을 위한 노력을 수행하지 않기 때문이다. 이는 정부의 사회보장 지출과 실업률 사이의 관계를 분석한 크레파즈의 연구에서 잘 나타난다(Crepaz 1996a, 19). 그는 정부지출과 실업률 사이의 관계가 정(+)의 관계에 있으며, 그 이유 중 하나로 강력한 노조, 최저임금, 그리고 복지혜택이 노동자가 일자리를 구하려는 노력을 게을리한다는 것이다.

마지막으로 인간개발능력을 분석한 결과, 시장자본화의 정도(Beta= 0.253), 민주주의 수준(Beta= 0.3), 그리고 정부분절도(Beta= -0.595)의 영향이 탐색되었다. 탐색된 변인들의 영향력을 비교하면 국내정치 요인인 정부분절도가 가장 강하며, 경제적 세계화 요인이 영향력이 0.253으로 가장 약하다. 시장자본화 정도의 영향은 앞서 살펴본 발전된 민주주의 국가처럼 국내기업의 경쟁력이 높아질수록 인간개발능력을 향상시키고 있는 것으로 밝혀졌다. 그리고 인간개발능력의 향상에 있어 민주주의 수준이 긍정적 영향을 주는 것으로 밝혀졌다. 이는 인간계발을 위한 민주주의가 필요하다는 달(R. Dahl)의 주장을 뒷받침해 주는 것이다. 그리고 신생민주주의 국가는 정부유형이 단일정당정부일 때 인간개발능력이 높아지는 것으로 나타났다. 이러한 관계는 앞서 살펴본 발전된 민주주의 국가의 결과와 반대되는 관계이다. 즉, 발전된 민주주의 국가는 통계적으로 유의미하지 않지만 연립정부일 때 인간개발능력이 높아지는 것으로 나타났다.

신생민주주의 국가에 대한 분석결과를 정리하면, 사회경제적 수행력에 있어 경제적 세계화의 요인보다는 국내정치 요인의 영향력이 더 강하다는 점이 밝혀졌으며, 이를 통해 국내정치 요인이 중요한 역할을 수행하고 있다는 점을 검증하였다.

V. 결론

지금까지 발전된 민주주의 국가와 신생민주주의 국가에 있어 사회경제적 수행력의 차이를 설명하기 위한 연구모형을 제시하고 이를 검증하였다. 그 결과 연구모형이 두 국가군 모두에서 통계적 유의미성을 갖는 것으로 나타났다. 그리고 모형의 설명력은 발전된 민주주의 국가의 경우, 실업률을 종속변인으로 하는 모형이 그리고 신생민주주의 국가의 경우 인간개발능력을 종속변인으로 하는 모형이 강한 것으로 나타났다.

그리고 <가설 1>을 검증한 결과, 연구모형에서 제시한 독립변인의 영향력이 두 국가군 사이에 차이를 보이고 있음을 발견할 수 있었다. 먼저 경제성장률에 있어서는 발전된 민주주의 국가의 경우 시장자본화의 정도가 결정요인으로 탐색되었으나 신생민주주의 국가에서는 외국인직접투자, 민주주의 수준, 정당체계의 영향력이 발견되었으며, 상대적 영향력에 있어 국내정치 요인인 정당체계와 민주주의 수준이 경제적 세계화 요인인 외국인직접투자보다 강한 것으로 나타났다. 이러한 분석결과는 경제성장률에 있어 발전된 민주주의 국가보다 신생민주주의 국가에서 국내정치 요인이 중요하다는 점을 검증한 것이다. 다음으로 실업률에 있어서도 두 국가군 사이에 차이가 존재한다. 발전된 민주주의 국가는 시장자본화와 선거제도가 그리고 신생민주주의 국가에서는 정부의 이념이 실업률에 영향을 주는 것으로 밝혀졌다. 특히 발전된 민주주의 국가에서는 선거제도보다 시장자본화의 정도가 더 강한 영향력을 보이고 있다. 이러한 분석결과는 국내정치 요인이 발전된 민주주의 국가뿐만 아니라 신생민주주의 국가에서도 실업률이라는 거시경제적 수행력에 있어 중요한 역할을 수행하고 있다는 점을 증명되었다. 마지막으로 사회적 수행력인 인간개발능력을 살펴본 결과, 시장자본화의 정도가 두 국가군에서 모두 발견되며, 국내정치 요인(민주주의 수준, 정부분절도)은 신생민주주의 국가에서만 발견되고 있다. 그리고 신생민주주의 국가에서 탐색된 독립변인들의 영향력을 비교해 본 결과 국내정치 요인이 경제적 세계화의 요인보다 더 강한 것으로 나타났다.

  이러한 분석결과는 신생민주주의 국가의 사회경제적 수행력에 있어 경제적 세계화의 영향보다 국내정치 요인이 중요하다는 <가설 2>를 증명하는 것이다. 이는 민주주의 생존과 경제발전이라는 두 가지 과제를 안고 있는 신생민주주의 국가에 있어서 자유시장경쟁에서 발생되는 사회경제적 문제를 관리하기 위해서 국내정치의 요인이 중요함을 의미하는 것이다. 따라서 신생민주주의 국가의 사회경제적 수행력을 위해서는 보다 국민들의 요구에 부응할 수 있는 정치제도의 제도화와 정부의 능력이 요구된다고 할 수 있다.

  본 연구는 서론에서 언급하였듯이 사회경제적 수행력에 대한 경제적 세계화와 국내정치 요인의 영향력에 있어 어떠한 차이가 존재하는지, 그리고 어떤 요인들이 설명력을 갖는지를 밝히기 위한 예비적 연구이다. 따라서 이러한 연구결과를 기초로 더 많은 연구사례를 포함하는 연구를 수행하여 탐색된 독립변인과 종속변인 사이의 관계가 내적 타당성을 갖고 있는지, 그리고 이론적 적실성을 갖고 있는지를 확증할 필요가 있다.

▌참고문헌

강명세. 2006. 『세계화와 탈산업화 시대의 노동과 복지의 정치』. 서울: 한울.

김미경. 2006. "무역자유화의 국내정치 제도적 조건: 교차국가간 비교분석." 『국제 정치논총』 제46집 3호.

김홍규. 1997. 『사회과학통계분석』. 서울: 나남신서.

박기덕. 1998. "정치제도 연구의 문제영역과 관련 변수." 박기덕 편. 『민주주의와 정치제도: 체제수행능력을 중심으로』. 서울: 세종연구소.

_____. 2006. 『한국 민주주의의 이론과 실제』. 서울: 한울.

박용규·송영필·강신겸. 1999. "외국인 직접투자 촉진을 위한 정책과제." 삼성경제 연구소 연구보고서.

선학태. 2006. 『사회협약정치의 역동성』. 서울: 한울.

유석진. 1998. "민주주의, 정치제도의 형성, 운용과 체제의 수행능력." 박기덕 편. 『민주주의와 정치제도: 체제수행능력을 중심으로』. 서울: 세종연구소.

윤영관. 1997. "세계화." 김경원·임현진. 『세계화의 도전과 한국의 대응』. 서울: 나남.

임혁백. 2001. 『세계화시대의 민주주의』. 서울: 나남.

Anderson, L. 2001. "The Implications of Institutional Design for Macroeconomic Performance." *Comparative Political Studies.* 34(4):429-452.

Bhagwati, J., and V. H. Dehejia. 1994. "Freer Trade and Wages of the Unskilled: Is Marx Striking Again?" In Jagdish Bhagwati and Marvin H. Kosters, eds. *Trade and Wages: Leveling Down?* Washington, D.C.: AEI Press.

Birchfield, V., and M. M. L. Crepaz. 1998. "The Impacts of Constitutional Structures and Collective and Competitive Veto Points on Income Inequality in Industrialized Democracies." *European Journal of Political Research.* 34:175-200.

Crepaz, M. M. L. 1996a. "Consensus versus Majoritarian Democracy: Political Institutions and their Impact on Macroeconomic Performance and Industrial Disputes." *Comparative Political Studies.* 29(1):4-26.

_____. 1996b. "Constitutional Structures and Regime Performance in 18 Industrialized

Democracies: A test of Olsons's Hypothesis." *European Journal of Political Research.* 29:87-104.

_____. 2002. "Global, Constitutional, and Partisan Determinants of Redistribution in Fifteen OECD Countries." *Comparative Politics.* 34:169-188.

Crepaz, M. M. L., and A. W. Moser. 2004. "The Impact of Collective and Competitive Veto Points on Public Expenditures in the Global Age." *Comparative Political Studies.* 37(3):259-285.

Gallagher, M. 1991. "Proportionality, Disproportionality and Electoral Systems." *Electoral Studies.* 10:33-51.

Garrett, G. 1998. *Partisan Politics in the Global Economy.* Cambridge: Cambridge University Press.

Garrett, G., and C. Way. 1999. "Public Sector Unions, Corporatism, and Macro-economic Performance." *Comparative Political Studies.* 32(4):411-434.

Hallerberg, M., and S. Basinger. 1998. "Internationalization and Changes in Tax Policy in OECD Countries: The Importance of Domestic Veto Players." *Comparative Political Studies.* 31(3):321-352.

Huber, E., and J. D. Stephens. 1998. "Internationalization and the Social Democratic Model: Crisis and Future Prospects." *Comparative Political Studies.* 31(3): 353-397.

Katzenstein, P.r J. 1985. *Small States in World Markets.* Ithaca: Cornell University Press.

Kaufman, R. R., and A. Segura-Ubiergo. 2001. "Globalization, Domestic Politics, and Social Spending in Latin America: A Time-Series Cross-Section Analysis, 1973-97." *World Politics.* 53:553-587.

Kenworthy, L. 2002. "Corporatism and Unemployment in the 1980s and 1990s." *American Sociological Review.* 67(3):367-388.

Laakso, M., and R. Taagepera. 1979. "'Effective' Number of Parties: A Measure with Applications to West Europe." *Comparative Political Studies.* 12:3-27.

Lane, J., and S. Ersson. 2003. *The New Institutional Politics: Performance and Outcomes.* London: Routledge.

Lijphart, A. 1999. *Patterns of Democracy: Government Forms and Performance in Thirty-Six Countries.* New Haven: Yale University Press.

Mahler, V. A. 2004. "Economic Globalization, Domestic Politics, and Income

Inequality in the Developed Countries: A Cross-National Study." *Comparative Political Studies.* 37(9):1025-1053.

Mahler, V. A., D. K. Jesuit, and D. D. Roscoe. 1999. "Exploring the Impact of Trade and Investment on Income Inequality: A Cross-National Sectoral analysis of the Developed Countries." *Comparative Political Studies.* 32(3):363-395.

Przeworski, A., eds. 1995. *Sustainable Democracy.* Cambridge: Cambridge University Press.

Przeworski, A., M. E. Alvarez, J. A. Cheibub, and F. Limongi. 2000. *Democracy and Development: Political Institutions and Well-Being in the World, 1950-1990.* Cambridge: Cambridge University Press.

Rodrik, D. 1997. *Has Globalization Gone too Far?* Washington, D.C.: Institute for International Economics.

Roller, E. 2005. *The Performance of Democracies: Political Institutions and Public Policy.* Oxford: Oxford University Press.

Rudra, N., and S. Haggard. 2005. "Globalization, Democracy, and Effective Welfare Spending in the Developing World." *Comparative Political Studies.* 38(9): 1020-1049.

Tavits, M. 2004. "The Size of Government in Majoritarian and Consensus Democracies." *Comparative Political Studies.* 37(3):340-359.

Weaver, K. R., and B. A. Rockman, eds. 1993. *Do Institutions Matter? Government Capabilities in the United States and Abroad.* Washington: The Brookings Institution.

Wilensky, H. L. 2002. *Rich Democracies: Political Economy, Public Policy, and Performance.* Berkeley: University of California Press.

Elections around the World (www.electionworld.org).

Freedom House (www.freedomhouse.org).

International Foundation for Election Systems (www.ifes.org).

Parties and Elections in Europe (www.parties-and-elections.de).

Political Database of the Americas (www.georgetown.edu/pdba).

UNDP. Human Developments Report 2006 (hdr.undp.org/hdr2006/statistics/).

World Bank. Database of Political Institutions 2004.

World Bank. World Development Indicator 2006 (CD).

제2장

세계화의 영향력과 합의제 정치제도:
거버넌스의 측면에서 본 비교연구*

홍재우 | 인제대학교

I. 서론

본 연구는 국가외부의 환경이 만들어내는 변화에 대응하는 국내정치의 대응을 분석하고자 한다. 정치체제가 만들어내는 여러 가지 정치·경제·사회적 결과물은 체제 외부의 변화와 밀접한 관련이 있다. 그 외부의 변화는 전쟁, 분쟁, 에너지 자원의 변화, 공황, 이데올로기의 몰락 등 다양한 것들이며 그 영향력 또한 다르다. 뿐만 아니라 같은 종류의 외부 변화라도 개별 국가마다 차이를 보이며 나타난다. 이는 동질적인 환경의 변화 속에서도 다른 결과물을 만들어내는 대내적 요인이 존재했음을 의미한다.

본 연구는 신자유주의를 이념으로 하는 세계화의 물결이라는 대외적 요

---

* 이 논문은 『국제정치논총』 48집 1호(2008)에 게재된 "세계화의 압력과 정치제도: 합의제 민주주의 제도의 역할"을 수정·보완한 것이며 이론 부분의 일부는 『민주주의와 인권』 제8권 3호(2008)에 게재된 남궁영·홍재우의 "세계화, 국가, 민주주의 그리고 정치제도: 이론의 검토와 새로운 연구과제"의 내용을 수정한 것이다.

인과 이에 대응하는 각 국가 간의 서로 다른 정치제도에 초점을 둔다. 이 두 가지 대내외적 요인이 국가/정부의 능력에 어떤 영향을 미치는가를 분석하는 것이 연구의 목적이다. 시장중심의 신자유주의로 무장한 세계화의 질서는 '민주주의가 결핍된 질서(Stiglitz 2006)'이며 그 목표는 시장의 만족이다. 여기서 주목할 것은 역사적으로 시장은 늘 승자와 패자를 만들어왔으며 국가는 개입을 통해 그 격차를 조절하여 왔다는 것이다. 시장과 국가의 팽팽한 역사적 긴장과 경쟁은 세계화와 더불어 변화되었으며 국가의 목표도 시장의 만족으로 전환할 것을 요구받고 있다.

따라서 많은 연구자들은 세계화의 압력하에, 국경 내에서는 도전받지 않던 국민국가의 모델과 그 통치규칙으로서의 민주주의가 심각한 위협을 받을 것이라고 예측하고 있다. 이들에 의하면 세계화가 요구하는 시장개방과 경제정책들의 상당부분은 국가가 보호하던 사회적 약자와 패자들에 대한 고려를 포기한 채 이루어지고 있다. 예를 들면, 복지문제는 더 이상 정치 즉 민주적 가치에 의해 결정되는 공적 영역의 문제가 아니라 시장 논리에 의해 결정되는 사적 영역의 문제로 치환되는 것이다. 따라서 민주주의는 훼손되고 그 결과 만들어지는 정책들은 사회적 갈등을 치유하지 못하고 오히려 악화시키게 된다.[1]

하지만 이런 변화가 모든 국가에서 똑같이 발생하는 것은 아니다. 국가마다 그 정도의 차이뿐 아니라 방향에도 여러 다른 모습을 보인다. 본 연구는 그런 차이점을 산출하는 중요한 요인이 정치제도의 차이라고 본다. 정치제도는 일련의 사회적 결정을 내리는 일련의 규칙들의 집합이자 그것들이 운영되는 과정을 의미한다. 같은 민주주의 체제라도 그 결정에 이르는 제도들의 차이에 따라 서로 다른 결과물이 만들어진다는 발견은 비교민주주의 연구의 오래된 성과물 중 하나이다. 그렇다면 이 제도들의 차이가 범세계적인

---

1) 물론 세계화가 가져오는 민주주의 확산 효과 등의 예에서 세계화와 민주주의 간의 긍정적 관계를 포착할 수도 있다. 하지만 한 국가에 도입되고 관철되는 과정이 아니라 심화되고 공고화된다는 의미에서, 즉 정상적인 민주주의의 작동 속에서 세계화가 갖는 영향력은 상당히 부정적일 수밖에 없다.

영향력을 가지며 동시에 국가의 차이와 관계없이 시장 원칙이라는 공통된 경제, 국가, 사회의 목표를 요구하는 신자유주의의 물결 속에서는 어떤 다른 결과물들을 만들어낼까?

이런 고려 속에서 구체적인 연구 질문은 "세계화와 신자유주의의 영향력 속에 국가의 정치제도의 차이는 국가의 민주적 통치능력에 어떤 영향을 미치는가?"이다. 즉, 민주주의 체제가 갖고 있는 통치력, 민주적 거버넌스(democratic governance)라고 불리는 국가의 수행능력이 세계화의 조건 속에 정치제도의 배열과 구조에 따라 어떤 차이를 만들어내는가를 살펴볼 것이다. 특히 기존 민주주의 연구의 한 축을 차지하는 합의제 민주주의와 다수제 민주주의의 제도적 차이점들이 세계화라는 외부적 압력에 어떻게 대응하는지를 분석하고자 한다.

이 장에서는 우선 세계화와 관련된 이론적 논의를 검토할 것이다. 첫째는, 세계화의 영향력과 복지국가의 정치경제적 능력 간의 상관관계에 대한 이론적 연구들을 검토할 것이다. 두 번째는, 레이파트 학파(the Lijphart School)의 연구를 중심으로 정치제도의 차이가 구성하는 각기 다른 민주주의 체제와 그것이 세계화와의 관계 속에서 만들어내는 경제적 성과에 대한 문헌들을 논의해 볼 것이다. 이어서 이 같은 이론적 검토를 중심으로 세계화, 정치제도 그리고 민주적 거버넌스 간의 관계에 대한 구체적인 연구가설과 연구설계를 서술하고, 그에 따른 연구결과에 대해 상세히 논의할 것이다. 마지막으로 연구의 한계와 보다 진전된 연구를 위한 과제들을 제안할 것이다.

II. 이론적 검토 : 세계화의 영향력

1. 세계화, 국가 그리고 자율성

이 책의 서장에서 다룬 것과 같이 지난 세기 말부터 세계화의 파고가 국내정치에 미치는 영향력, 무엇보다 정부의 거버넌스에 끼치는 영향력은 상당한 관심을 끌어왔다(Ake 1997; Crepaz 2001; Cox 1998; Esping-Anderson 1996; Gahi 1996; Garrett 1998b; Hall and Soskice 2001; Hellwig and Sameuls 2007; Li and Reuveny 2003; Martin and Shuman 1997; Rodrik 1997, 1998; Rudra 2002, 2005; Schmidt 1995; Swank 2002). 서장의 내용을 다시 짧게 요약해 보면 세계화와 국가 간의 관계는 크게 서로 다른 네 가지의 가설로 정리할 수 있다.[2]

하향적 수렴가설이 그 첫 번째로 세계화가 사회보장, 거시적 경제정책 등 국가의 재분배 능력을 현저하게 저해한다는 것이다. 전후 선진산업국가의 정부가 달성한 복지국가의 모습들은 대게 이런 국가의 강력한 개입을 통한 것이었으며 이를 통해 사회적 단결과 체제에 대한 지지를 유지해 왔다. 하지만 극대화된 자본의 이동성은 국민경제에 대한 국가의 통제를 이전과는 매우 다른 차원으로 만들었다. 한 국가 내의 경제 및 시장의 규칙들은 이제 민주적 통제를 받는 국가가 아니라 비인격적이고 통제되지 않는 국제금융시장에 의해서 만들어진다. 국가의 역할은 단지 자본의 유치로 축소되는데 정부는 외자유치를 위해 세금을 낮추고, 세출을 줄이며, 재정적자를 줄이려는 공통된 패턴을 보인다. 그 실현과정에서 사회복지비용이 감소하게 되고, 근로기준이 완화되며, 임금은 낮아진다(Swank 2002).

다시 말해 국가의 생산과 재분배 정책에 대한 개입능력은 크게 약화되며 각 국가의 경제정책은 서로 비슷한 형태로 수렴되었다(Ghahi 1996). 따라서 복지국가의 유지는 과거와 달라질 것이며 그 변화는 이미 본격화되었다(Cox

---

2) 이 가설들의 문제점에 대해서는 이 책의 서장을 참조하라.

1998). 복지국가의 두 가지 목표 즉, 적절한 수준의 고용을 유지하며, 동시에 평등과 연대의 원칙을 견지하는 것은 이제 거의 불가능해졌다는 것이다. 이런 세계화 속에서 개별국가가 미래에도 독립적인 경제, 사회정책을 추진할 수 있으리라는 전망은 매우 어려워졌다(Andrew 1994; Hays 2003; Mishra 1999; Mose 2000).

"세계화의 부적절성 가설"은 위와는 상반되는 두 번째 가설이다. 이 가설에 속한 주장은 국가의 자율성에 대한 세계화의 영향력이 매우 과장되었다고 본다(Berger and Dore 1996). 이에 대해서는 또한 다양한 경험적 연구들도 축적되어 왔다. 예를 들면, 국제자본의 영향력과 국내정책결정자의 자본에 대한 세금정책 사이에 별다른 경험적 상관관계를 발견하지 못했으며(Swank 1997) 또 복지국가는 오히려 확장되었는데 이는 세계화에 대응하는 국가의 간섭 때문이 아니라 탈산업화의 결과일 뿐이라는 주장도 있다(Iversen and Cusack 2000). 또한 완전히 순수한 초국가 자본은 매우 드물며 대부분의 자본은 특정 국가에 소속되어 있으며 주요한 지역적 생산, 판매 거점에 기반해 무역을 한다. 또한 이들은 산업화된 국가에서 개발도상국가로의 대규모 투자는 발달된 산업국가들 사이의 투자에 비하면 매우 보잘 것 없다고 보았다(Hirst and Thomson 1996). 즉 생산의 국제화는 점증하고 있지만 아직도 대다수의 생산은 국적을 지닌 생산자에 의해 국경 안에서 이루어진다는 것이다.

세 번째는 "상향적 수렴 가설"이다. 이 가설은 세계화가 오히려 강한 국가, 복지국가와 긍정적인 상관관계에 있다고 주장한다. 요점은 세계화는 정부나 국가의 영향력을 축소시키지 않으며 오히려 국가의 강한 개입을 필요로 한다는 것이다. 예를 들어, 로드릭(D. Rodrik)은 100여 개 국가를 대상으로 무역개방의 정도와 정부의 지출 규모 사이에 통계적으로 유의미한 양(+)의 상관관계가 있음을 발견했다(Rodrik 1998). 정부의 대규모 지출이 대외개방에 대한 국내시장의 위험도를 낮추고 있으며 시장이 개방될수록 외부 위험에 대한 노출 정도가 커지기 때문에 정부는 공공부분에 대한 대규모 지출을 통해 이를 만회해야 한다는 것이다.[3] 이것은 1980년대에 행해진 카젠스타인(P. Katzenstein)의 고전적 연구와 유사한 맥락을 갖는데, 유럽의 작은 복지국가들과 다른 국가들을 구별하는 것은 그 국가들이 취한 대외적인 개방정책과 국내 보상정책의 병행이다(Katzenstein 1985). 작은 국가들은 그 규모 때문에 어쩔 수 없이 대외 의존적 정책을 펼칠 수밖에 없지만 자유주의적 개방정책이 국내의 개입주의적 정책에 영향력을 미치지는 않았다. 즉 자유주의적 정책이 작은 국가의 경제적 규모와 능력 때문에 피할 수 없는 것이지만 강한 국가의 힘이 이런 무역과 대외적 개방이 산출하는 위험을 방지하기 위해서는 필수적이라는 것이다. 한마디로 개입주의적 국가와 국제적 대외개방은 선순환(virtuous circle)의 관계에 있다는 것이다(Garret 1998a).

마지막 가설은 위의 가설이 확장되면서 종합화된 이른바 "다양화 가설"이다. 국가의 능력과 성격은 세계화 속에서 한 가지 형태만 있는 것이 아니라 상황에 따라 다양하다는 것이다. 많은 연구들은 정부가 아직도 경제 분야에 있어 개입할 효율적인 도구들을 갖고 있다고 분석하며 이런 주장은 점차 폭넓은 지지를 얻고 있다. 이들은 주로 국가의 서로 다른 대응양상에 주목하는데 단지 외부의 영향력뿐 아니라 국가 내부의 여러 구조적, 제도적, 역사적 차이점들에 초점을 둔다. 즉 어떤 요인이 국가마다 차이가 나는 정책들을 유지하는 데 영향력이 있는가를 밝히려 노력한다. 그 결과 많은 학자들은 주로 국내의 다양한 제도와 복지동맹을 유지하는 정권의 차이점들이 세계화의 경제적 영향력에 차이를 만들어낸다고 보며(Franzese 2002; Hall and Soskice 2001; Iversen 2005; Swank 2002), 이와 연관된 정당정치의 영향력이 각각의 특별한 정책들을 산출한다고 분석한다(Garret 1998b; Huber and Stephens 2001). 즉, 세계화와 국내정치 혹은 국가의 능력 간의 관계는 언제나 상호배타적이지도 혹은 상호보완적이지도 않고 국가의 여러 차이들에 달렸다.

"우리는…… 복지국가의 국가적 운명을 결정짓는 전 지구적 영향력의 정도에 대해 과장해서는 안 된다. 비교연구의 가장 중요한 결론은 이익대표의 정치적,

---

3) 로드릭은 이어진 연구에서 대외개방 그 자체만으로는 경제성장과 아무런 연관이 없다는 점도 지적했다(Rodrik 1999). 하지만 다른 연구에서는 재분배 정책이 분명 경제성장과 관계가 있음을 밝혔다(Alesina and Rodrik 1994).

제도적 기제와 정치적 타협의 구축이 복지국가와 고용의 유지, 그리고 성장목표의 측면에서 엄청나게 중요하다는 사실이다…… 나라마다…… 갈등하는 이익들을 조절하는 능력은 서로 다르다……"(Esping-Anderson 1996, 3).

그중 주목할 만한 국가적인 차이점은 코포라티즘으로 표현되는 국내 이익집약구조일 것이다. 일례로, 변화되는 국제경제 환경 속에서 복지국가와 복지동맹 유지에 대한 서로 다른 정책적 차이는 1970년대 말 사민주의적 노선 속에서 복지동맹을 유지하려고 한 스웨덴과, 그것을 붕괴시키고 신자유주의적 정책을 취한 영국의 차이(김영순 1996)에서 보듯이 경제와 시민들의 삶의 질에서 많은 차이를 산출한다. 1970년대 오일쇼크 이후 코포라티즘적 기제가 강한 국가의 경우 사회의 집약적 협상구조는 국가 경제를 보다 빠르고 효율적으로 대외적 변화에 적응하게 만들었다. 정책결정에 있어 국가, 자본, 노동을 포함하고 있는 중앙화된 협약구조는 고용보장과 사회적 소득의 대가로 임금유연성을 채택한 사회협약의 채택을 보다 손쉽게 했다. 세 번째 가설이 국가의 능력과 개입의 필요성에 초점을 둔 반면 이 가설은 국가의 협약 능력, 사회적 조절 능력이 대외적 환경 변화에 유연하게 대처할 수 있음에 주목한 것이라 하겠다.[4]

하지만 코포라티즘적 기제가 자동적으로 반드시 세계화의 압력 속에서 비교우위적인 사회경제적 결과물의 생산을 의미하는 것은 아니다. 자본주의 다양성에 관한 여러 연구들은 성공적이고 발전된 자본주의 국가들은 대개, 자유주의적(LME: Liberal Market Economies)이거나 혹은 조정된 시장경제(CME: Coordinated Market Economies)라는 양자 중 하나를 택한 나라라는 점을 지적하고 있다(Hall and Soskice 2001). 미국과 같은 LME들은 경제활동의 조

---

[4] 이런 의미에서 카젠스타인의 견해는 이 네 번째 가설에 속한다고도 할 수 있다. 왜냐하면 그는 국내적 보상이 가능한 조건이 다음 세 가지의 성격을 지닌 국가라는 점을 분명히 했기 때문이다. (1) 사회적 파트너십이라는 이념, (2) 경제적 이익집단들 간의 중앙집중화된 체계, (3) 모든 주요 정치행위자들 간의 간섭받지 않는 협상의 존재. 카젠스타인이 분석한 이들 국가에서의 코포라티즘의 존재는 우파의 분열과 제도적으로 비례대표제의 채택으로 인한 연립정부의 성립 때문이었다.

정을 시장과 기업 계층화에 의해 진행하며, 따라서 저비용과 대량생산 그리고 기술혁신 분야에서 성공적이다. 반면에 독일이나 스웨덴 같은 CME들은 비시장적 기제들 즉 비공식적 네트워크나 코포라티즘적 협약에 의해 경제행위를 조절하며, 따라서 고품질 생산품과 생산과정혁신 분야에서 성공적이다. 따라서 중간적 입장을 취하는 하이브리드 형태의 국가들의 능력은 비교적 떨어진다고 보았다. 하지만 세계화에 대한 국가적 대응양식의 차이에 있어 코포라티즘적 국가가 사회경제적 결과물에 있어 어떤 우월성을 보인다면 그것은 코포라티즘적 경제조절 시스템에 대한 고집스런 고수가 아니라 자유주의적 경제 조절 방식을 채택하기도 하는 유연하면서 동시에 합의에 기반한 책임 있는 대응이 가능했기 때문일 것이다. 실제로 덴마크의 경우에는 CME에 가까운 체제였으나 1990년대 들어 이질적 제도의 상호보완적인 작용을 통해 LME적인 유연성을 발휘하여 인근 국가에 비해 높은 경제성장을 보였다(Campbell and Pederson 2007). 즉 코포라티즘적 기제의 유지보다는 코포라티즘적 기제가 갖는 장점들, 즉 합의가 이루어진 이후의 정책적 책임성과 유연성이 중요하다는 의미가 될 것이다.

2. 세계화와 정치제도

앞에서 살펴본 바와 같이 세계화와 국가의 자율성 간의 구조적 상관관계에 관한 연구는 다양하지만 세계화의 영향을 조율하는 국가 내부의 요인에 대한 연구는 많지 않다. 그중 정치제도의 역할에 대해서는 레이파트 학파(The Lijphart School)의 몇몇 학자들에 의해 세계화의 압력하에 국가가 어떻게 재분배 정책을 수정하는가를 제도적 차이의 관점에서 분석해 왔다(Birchfield and Crepaz 1998; Crepaz and Birchfield 2000; Crepaz 2001; Crepaz 2002; Lijphart 1999). 이들의 연구는 국가들이 외부의 경제적 환경변화에 대해 서로 다르게 반응한다는 카젠스타인(1985)과 코포라티즘의 역할을 강조한 애스핑-앤더슨(G. Esping-Anderson)의 연구와 비슷한 맥락을 보인다.[5] 그러나 이들의 연구는 세계화 분석에 있어서 코포라티즘보다는 "합의제 민주주의(consensus democracy)"의 개념을 사용했다. 물론 이들이 코포라티즘과 합의제 민주주의 간의 긍정적 상관관계를 주장하기도 했으나(Crepaz and Lijphart 1995; Lijphart and Crepaz 1991), 코포라티즘이 보다 경제적인 의미에서 이익집약 구조에 초점을 맞춘 것이라면 합의제 민주주의 개념은 보다 직접적으로 정치제도와 구조에 방점을 둔 것이기 때문에, 제도 설계의 측면에 있어 보다 유용한 지식을 제공한다 하겠다.

본 연구가 기반하고 있는 레이파트 학파의 기본적인 아이디어는 합의제적 제도가 산출하는 정책들로 인해 세계화의 부정적인 영향력 즉 약자를 배출하거나 그들을 희생하고, 사회적 긴장을 만들어내는 결과들을 약화시킬 수도 있다는 것이다. 합의제의 운영 원칙은 다음과 같이 정리할 수 있다. 첫째, 합의제적 민주주의는 정부로 하여금 세계화의 승자뿐 아니라 패자에게도 관심을 갖게끔 할 제도적인 유인을 갖는다. 둘째, 보다 넓은 포괄성으로 합의제에 기반 한 정부는 (지지의 폭넓음 때문에) 보다 높은 정당성(legitimacy)을 갖는다. 셋째 따라서 합의제적 정부는 공적투자를 증진시키는데 이는 생산성과 경제성장에 긍정적인 영향을 준다(Crepaz and Birchfield 2000). 즉, "포괄성의 정치(politics of inclusiveness)"가 주요한 운영의 원칙이자 합의제 민주주의의 근간을 유지시키는 것이다.6) 포괄성의 정치의 핵심은 정책에 동의하고 결정

---

5) 이와는 전혀 다른 맥락에서 세계화와 국내정치의 관계를 파악하는 학자들도 있다. 체르니 등은 세계화가 국가 내에 영향을 미치기 위해서는 세계화에 합의하고 혹은 세계화가 자신들의 이익에 맞도록 노선을 수정하는 정치적 집단들(국가기구, 비정부기구, 지식집단, 자본가, 정치인, 투표자)이 존재해야 한다고 주장하며, 세계화란 현상 자체가 대외적인 것이 아니라 한 국가 내의 신자유주의적 변화, 새로운 신자유주의 연합을 수반해야만 나타난다고 주장했다 즉 이들은 어떤 제도의 영향력하에서 인간행동이 규정된다는 신제도론적 주장에서 조금 벗어나 있으며 보다 정통적인 합리적 선택론에 기반하고 있다. 따라서 이들은 국가 내의 사회적 신자유주의화가 세계화를 추동하는 큰 요인이며 세계화의 내면에는 홀과 소스키스 등이 주장하는 '서로 다른 자본주의'가 아니라 '서로 다른 신자유주의'가 있을 뿐이라고 주장한다(전자에 대해서는 Hall and Soskice(2001)를 후자에 대해서는 Cerny et al.(2005)를 참조하라).

6) 경험적 분석에서 크레파즈는 이를 올슨(M. Olson)의 연구와 연결시키고 있다(1996a,

하는 다수를 가능한 한 최대화(maximization of majority) 시킬 때 보다 책임성
있고 민주적인 정책이 산출된다는 것이다. 이때 합의제 민주주의를 실현시키
는 중요한 변수는 정치제도다. 제도의 특성에 따라 정부와 개별국가의 민주주
의의 성격이 좌우되며 당연이 세계화에 대한 대응도 달라진다는 것이다.

크레파즈는 경험적 분석에서 제도적 요인이 세계화라는 조건 속에서 국
가의 재부분배 능력에 영향을 미친다고 주장했다(Crepaz 2002). 그는 레이파
트가 디자인한 2차원의 제도변인 즉 집행부 — 정당 변인과 연방제 — 단방
제 변인을, 구조적인 차이를 갖는 집합적 거부권자(collective veto player)와
경쟁적 거부권자(competitive veto player)로 구분하고 집합적 거부권자가 국가
의 재분배 정책의 능력에 긍정적인 영향을 경쟁적 거부권자가 부정적인 영
향을 미친다는 것을 증명했다.[7]

1996b). 올슨은 국가의 부나 성장은 소수의 특정이익을 대표하는 집단들이 낳는 집합행동
의 문제에 결부되며 이를 해결하기 위해서는 외부효과를 내재화할 동기를 갖는 포괄적
조직(encompassing organization)이 필요하다고 보았다(Olson 1982)). 올슨은 이런 제도를
여러 집단의 지지를 포괄하는 다수제 선거제도와 양당제, 대통령 중심제라고 생각했지만
크레파즈는 올슨의 논리구조를 살리면서 실제 경험분석에서 제도변수는 올슨과 정반대의
입장을 취했다. 올슨이 다수제적 모델을 선호했던 데 비해, 크레파즈는 올슨의 이론을
충족시키기 위해서는 합의제적 모델이 더 낫다고 보았다. 크레파즈는 내각 지지율이라는
지표를 제도변수로 사용해 광범위한 지지를 받는 헌정제도가 보다 책임성 있는 정책을
산출한다는 결론에 도달했다.

7) 본 연구가 세계화라는 조건 속에서 정치제도와 거버넌스를 살핀다면, 정치제도와 세계화
간의 상관관계는 이론적으로 여러 다른 주장을 만들어낼 수 있다. 즉, 합의제적 제도들이
항상 세계화의 추세를 역행하거나 신자유주의적 정책을 지연시키는 방향으로만 작동하는
것은 아니다. 무역자유화에 대해서 로고스키에 의하면 대선거구제, 규율이 강한 정당,
비례대표제가 지대추구인 지역적 혹은 특수 산업의 보호주의적 압력으로부터 자유로운
정책안정성을 도모시키며 지대추구적인 보호무역정책보다는 자유무역정책을 선호하게
될 것이라고 보았다(Rogowski 1987). 이외에도 정부정책에 행위자가 많을수록 권력의
분산 정도가 커지기 때문에 연립정권이 더 자유무역에 호의적이라고 보는 시각도 있다.
하지만 반대로 권력분산이 보다 많은 접근점(access point)을 제공하기 때문에 집합행동의
문제를 쉽게 해결할 수 있는 보호주의자들이 이를 이용하기가 쉽다는 주장도 있다. 또
제도뿐 아니라 정책신뢰성 혹은 정책결단성의 강조 여부에 따라 상이한 결과를 낳는다는
연구도 있다(김미경 2006). 이런 논의는 자유무역을 전사회적 혜택을 주는 공공재로서
간주한다는 문제점이 있다. 자유무역은 개별 산업의 특성, 노동과 자본의 조건과 이동성

국내 정치제도와 세계화 간의 관계는 이렇게 레이파트 학파에 의해 일부 진행되고 있으나 아직까지는 다양한 정치 현상에 대한 분석은 이루어지고 있지 않다. 위에서 보았듯이 크레파즈를 중심으로 한 재분배 정책이라는 복지국가의 능력이 주요한 분석대상이 되고 있다. 그러나 이 분야는 대개 일정한 복지수준에 도달한 OECD국가들, 그중에서도 유럽 국가들을 주로 대상으로 한다는 한계를 갖고 있다. 전반적인 거버넌스에 대한 연구는 아직 부족한 편이다. 또 하나의 문제는 이들이 주로 사용하는 레이파트의 합의제 민주주의의 개념에서 도출한 변수들이 순수한 제도 변인이기보다는 제도와 정치 환경의 복합적으로 생성한 정치적 결과물이라는 데 있다(홍재우 2006). 따라서 순수한 제도의 영향력과 정치적 환경의 요인을 구분하여 파악하기 쉽지 않고, 변인구성에 상당한 물질적 시간적 노력이 따라야 한다.

III. 연구 설계

1. 가설과 변수

체르니(P. Cerny) 등의 분석대로 세계화가 단순한 외부의 효과에 불과한 것이 아니라 국가 내부의 조응과 함께 영향력을 발휘한다면, 국가 내부에서 새로운 정책 목표와 지향성을 내세우고 권력과 헤게모니를 장악하려는 집단

에 따라 수혜집단에 대한 차별성을 분명히 낳는다는 점에서 이들의 논의는 한계가 있다. 이런 문제에 대한 해결점은 분석 대상의 정책이 무엇인가, 자유무역정책인가 아니면 복지 등의 재분배정책인가, 혹은 다른 성격과 분야의 정책인가에 따라 다른 행동의 논리와 제도의 동학을 제시하는 것으로 풀어야 할 것이다. 왜냐하면 같은 세계화라 할지라도 자유무역과 복지 및 재분배 정책은 서로 다른 계급 간, 이익 간 동맹관계를 형성하며 나아가 서로 다른 거부권자를 만들어내기 때문에 이들의 행동양상에 영향을 미치는 정치 제도도 서로 다른 결과물을 만들어낼 수 있기 때문이다.

이 존재하며 이들의 이익이 개별 국가의 정치게임의 결과로 실현되어야 한다(Cerny et al. 2006). 이 과정에서 정치제도의 역할이 중요해진다. 여러 계층 집단 간의 새로운 정치, 사회적 동맹(coalition)을 형성하고 지지를 이끌어내는 방식에 정치제도가 매우 큰 영향을 미치기 때문이다. 합의제적 성격이 강할수록 국가 내에서 세계화로 이익을 보는 집단과 그렇지 않은 집단 사이의 관계가 덜 급진적인 형태로 나타날 것이다. 그러나 이런 합의의 과정이 오로지 세계화의 속도를 늦추고 결과적으로 국제 경쟁관계에서 낙오하게 되는 노선을 취하는 결과로 연결되는 것은 아니다. 오히려 세계화의 장단점에 대한 합의가 이루어지게 되고 문제점을 최소화한다는 점에서 책임 있는 정책결정, 광범위한 합의에 기반을 둔 정당성을 지닌 정책결정으로 연결될 것이며 이런 주장은 다소 규범론적으로도 보이지만 레이파트 학파의 일련의 연구들이 검증한 내용은 비록 정책범주에 있어 차이가 있지만 이같은 가정을 뒷받침해주고 있다.

이런 고려에 의해 본 연구에서는 합의제적 성격이 강한 정치제도를 채택할수록, 세계화의 영향력 속에서도 국가가 보여주는 거버넌스의 수준이 높을 것이라는 가설을 채택한다. 위의 많은 학자들이 언급했듯이 세계화의 영향력은 국가의 독특한 정치적 질서와 구조 속에서 여러 수준과 형태로 조정될 수 있다. 다수제 정치제도하에서는 다수가 실제적 다수가 아닌 경우가 많기 때문에, 정책 결정으로 인한 패자들의 저항이 정치적으로 큰 의미를 지니며, 그것을 합법적이며 제도적인 기제를 통해 해결하기 어렵기 때문에 정부의 거버넌스 수준 즉, 무엇보다도 민주적인 거버넌스 수준은 매우 약화될 수밖에 없다.

종속변수인 거버넌스(governance) 수준에 관해서는 세계은행(The World Bank)이 지난 세기 말부터 작성해온 Aggregate Governance Indicators(AGI)를 사용하였다.[8] AGI를 작성한 저자들은 "거버넌스란 개략적으로 정의해서 한 국

---

8) 거버넌스의 정의에 대해서는 아직 완전히 합의된 것이 없으며 우리말의 번역도 아직 충분한 검토가 이루어지지 않은 채 거버넌스라는 외래어를 그냥 사용하고 있는 실정이다.

가 내에서 (정치적) 권위가 행사되는 전통과 제도를 의미"한다고 정의했다 (Kaufmann et al. 1999). AGI 데이터는 직접적인 측정에 의한 것이나 지역 전문가들의 서베이에만 근거한 것이 아니라 다수의 기존 데이터들을 기반으로 나름의 예측모델을 통해 가능한 한 많은 국가의 거버넌스 수준을 하나의 데이터 안에 포함하도록 시도한 것이다(Kaufmann 2006). 이 데이터는 다섯 개의 지표를 포함하고 있으며 최소 값은 -2.5이고 최대 값은 +2.5이다. (1)권리와 책임성(VA: voice and accountability), (2) 정치적 안정과 비폭력(PA: political stability and absence of violence), (3) 정부효율성(GE: government effectiveness), (4) 정부규제의 질(RQ: regulatory quality) (5) 법의 지배(RL: rule of law), (6) 부패통제(CC: corruption control).[9] 본 연구에서는 이 여섯 변수를 모두 사용할 것이다. 이 여섯 변수 중 첫 두 변수는 정치적 변수이며, 나머지 변수는 정치와 경제가 모두 상관이 있는 변수로서, 특히 후자 변수군에 대해 세계화 요인들이 영향력을 갖게 될 것으로 예상된다.

다음으로 독립변수를 구축하기 위해 본 연구에서는 우선 세계화를 경제적인 범주로 한정하였다. 분명 세계화는 경제적인 현상만은 아니다. 다양한 개념으로 세계화를 정의할 수 있으며 문화적인 측면도 매우 두드러진다 (Jameson and Miyoshi 1998). 하지만 정확하게 이 문화적인 측면이 무엇인지 어떻게 측정할 수 있는가에 대한 합의가 없기 때문에 선행연구에서 택하는

거버넌스에 대한 연구는 1990년대 세계은행등의 국제기구들에 의해서 본격적으로 수행되었는데 이들에 의한 정의는 주로 정책이슈에 대한 정부나 국가의 능력(capacity) 혹은 그 능력이 적용되는 과정에 관한 것이다. 거버넌스란 한 국가의 경제적 사회적 자원에 대해 권력이 행사되는 양상(manner)을 의미한다. (The World Bank, "Governance and Development" (Washington, D.C.: The World Bank, 1992)). 세계은행은 거버넌스의 측정을 위해 이 개념의 몇 가지 측면에 초점을 맞추었는데 (1) 정치체제의 형태, (2) 사회적, 경제적 자원에 대해 권위가 행사되는 과정, (3) 정책을 기획하고 형성하며 수행하는 정부의 능력 등이 그것이다(The World Bank, "Governance: the World Bank Experience" (Washington, D.C.: The World Bank, 1994)). 세계은행의 지표들이 너무 시장중심적이라는 비판도 있지만 전반적으로 AGI에 도입된 개념과 지표들은 다른 많은 지수들을 종합적으로 고려한 것이기에 이념적 객관성은 갖추고 있다고 판단된다.

9) 측정내용에 대한 정의는 Appendix 참조.

세 개의 경제적 지표를 세계화의 지수로 상정했다. 첫 번째는 경제개방의 수준(ECOOP), 두 번째는 외국인직접투자(FDI), 세 번째는 여러 형태의 자본 유입을 중심으로 한 외국인간접투자(PORTFOLIO)를 선택하였다. 이 변수들은 세계은행의 <2006 세계발전지수(2006 World Development Indicators)> CD-Rom에서 채택하였다. 이 변수들은 기존의 다른 여러 연구들에서 세계화를 조작정의하기 위해 광범위하게 사용되어 왔다. ECOOP는 구체적으로 무역 의존도를 의미하며, 수출과 수입이 전체 GDP에서 차지하는 비중을, FDI와 PORTFOLIO 역시 전체 GDP에서 차지는 순수유입분의 비중을 의미한다.

또 다른 변수군인 정치제도 변수군에는 세 가지의 정치제도를 포함하였다. 첫째는 집행부체제 혹은 권력구조(EXEC: executive system)로서 크게 대통령중심제와 의회중심제로 양분하였으며 준대통령제로 불리는 이원집정부제를 비롯한 몇몇 혼합제(hybrid system)는 그 성격의 비중에 따라 대통령제와 의회중심제의 이항변인에 포함하였다.[10] 두 번째는 선거제도이다. 기존의 선거제도를 변수화하는 주요 방법은 비례성/불비례성을 측정하여 선거제도를 조작정의 하였으나 이 방법은 이론적인 문제가 있다. 즉 불비례성은 동일한 선거제도를 사용해도 선거이슈 등의 시기적 특징, 또 무엇보다도 사회의 서로 다른 정치적 균열구조 때문에 전혀 다르게 산출될 수 있다. 즉, 불비례성의 제도적 특징을 갖기는 했으나 제도를 측정하기에는 만족스러운 방법이 아니다(홍재우 2006).

가능한 대안은 세 가지이다. 우선 비례제, 준비례제, 다수제 순으로 일반적으로 비례성에 있어 차이가 나는 방식들을 구분하여 사용하는 방식이 있으며, 두 번째는 보다 제도적인 측면을 강조하며, 실제로 정당체계 형성에 가장 큰 영향을 미친다고 주장되는 평균 선거구당 의석수(district magnitude)를 사용하는 방식이며, 마지막 방식은 비례제도로 선출된 의원과 지역구에

---

10) 레이파트(Lijphart 1999)에 의하면 대통령제가 의회중심제에 비해 합의제적 성격이 강하지만 실제로 분점정부의 경우에만 그러하기 때문에 본 연구에서는 연립의 가능성, 합의적 지도력을 특징으로 하는 의회중심제를 보다 합의제적으로 간주한다.

서 다수제로 선출된 의원의 차이점에 초점을 두어 전체의석 수 중 비례제 의석수의 비중을 계량화하는 것이다. 이 마지막 방식은 정부와 의회가 소수 이익을 대표하는지 다수이익을 대표하는지에 따라 달라지며, 그 정치적 결과와 내용도 다르다는 주장에서 착안한 것이다(Olson 1982; Crepaz 1996b). 이 방식은 비례제가 없는 순수다수제부터 의석 선출방식이 혼합되어 있는 한국, 독일, 일본 등의 혼합제 그리고 전체를 비례제로 뽑는 순수비례대표제까지 일관되게 계량화할 수 있는 장점이 있다. 하지만 이 마지막 방법은 자료가 충분치 않아 많은 국가를 조사하기가 쉽지 않다. 본 연구에서는 (1) 지역구 평균 의석수(ELECT1)와 (2) 비례제의석 비율 계산을 조금 완화한 형태로 변형하여 비례의석정도(ELECT2)를 사용한다. ELECT2의 경우에는 세계은행의 <Database of Political Institutions(DPI)>의 자료들을 토대로 하고 추가 자료를 수집하여, 완전다수제는 1, 혼합제 중 다수제의석 비율이 과반수인 경우는 2, 혼합제 중 비례제의석 비율이 과반수인 경우에는 3, 그리고 완전비례제는 4로 다시 코딩하였다. 이 두 변수가 번갈아 사용될 것이다.

이어 세 번째 변수는 지방분권화(DECENT: decentralization)이다. 흔히 연방제와 단방제로 구분하는데 본 연구에서는 조금 더 세세한 구분을 사용하였다. 우선 어떤 단위이든지 지방선거를 통해 지방정부를 구성하는 사례를 1로 코딩하였다. 이에 더하여 자치주나 자치구를 포함한 지방정부에 일정 권력을 위임한 지역주의적 단방제에는 1을, 그리고 국가의 일부는 연방제를 나머지 일부는 단방제적 형태를 적용한 일종의 연합제(federacy)에는 2를 더해 주었다. 영국/스페인과 같이 연방제로 진화하기 직전의 분화단계(devolution)의 형태에는 3을 더하고, 최종적으로 헌법적인 연방국가(federal system)에는 4를 더했다. 이런 방식을 적용하면 단방제이면서 지방정부가 중앙정부의 임명에 의해 구성되는 경우는 0값을 갖게 된다.

요약하자면 이상의 세 가지 제도 변수는 크게 권력 내 제도들의 수평적 분산과 중앙과 지방의 수직적 분산, 그리고 국민 위임을 통해 정치, 사회의 클러스터 간 권력 분산의 정도를 결정하는 제도를 다룬 것으로 크레파즈 식의 접근법(Crepaz 2002)으로 보자면 수평적 분산과 수직적 분산은 제도들 간의 집합적 거부권관계를 선거는 제도 내부의 경쟁적 거부권관계를 나타낸다.

이들 두 변수군 이외에도 제도 외부환경과 관련된 몇 가지 관련통제 변수들을 고려하였다. 제도변수들이 고정적인 데 비해 실제로 제도효과는 제도 외부의 정치적 권력 구조와 관계가 있다. 특히 제도의 내용을 이루는 권력의 경쟁관계가 매우 중요하다. 따라서 본 연구에서는 이를 '거부권자'의 개념을 통해 제도 외부 환경을 포함하려 한다. 거부권자(VETO)는 선거결과에 따른 제도들 간의 관계를 밝힌 DPI의 권력견제(checks) 변수를 사용할 것이다. 다음으로 정부의 이데올로기(IDEOLOGY)를 포함하였다. 좌파를 기준으로 삼아, 좌파정당이 단독집권이거나 제1당인 경우, 좌파정당이 연정 파트너인 경우, 좌파정당이 정부 내에 없는 경우, 좌파정당이 원내에 없는 경우로 나누어 지수화하였다. 또 집행부와 의회의 관계를 중심으로 집행부 수반의 소속 정당이 상하양원에서 다수파인지를 변수화(ALLMAJ)하였다. 즉 분점정부의 여부를 포함하였다. 마지막으로 집권당 혹은 집권연립의 권력이 얼마나 집중화되어 있는가를 경제학에서 경쟁과 독과점을 측정할 때 사용하는 허핀달 지수(*Herfindahl Index*)를 이용하여 권력이 다른 정당들 간에 어떻게 공유되고 있는가를 조사한 변수(HERFIND)를 포함하였다. 이 같은 변수들은 기존 연구들이 포함하고 정당체제 변수를 대신하며 보다 분명한 권력관계를 보여주는 것이다.[11]

이 밖에도 많은 선행 연구들은 1인당 국민소득, 민주주의 수준 등을 통제변인으로 포함하고 있다. 하지만 이런 '당연한' 통제변인들을 논리적 근거 없는 무조건적으로 포함하는 것은 문제가 있다. 이런 변수들은 상당부분 분석하려는 현상의 부분적인 측면이거나 본질적으로 유사한 현상 혹은 인관관계는 없으나 상관관계는 매우 큰 현상인 경우가 많다. 따라서 독립변인과 특히 종속변인과의 관계에 대한 충분한 이론적 근거 없는 적용은 연구모델

---

11) 많은 연구들이 정당체제를 선거제도나 권력구조 등과 같은 선상에서 제도로 간주하고 있으나 이는 정치적 결과물로 다변적인 것이며 법적 설계에 의한 제도와는 차이점을 갖는다. 따라서 위의 변수들은 정당체제보다 더욱 명확하게 권력관계의 상황적 분포 양상을 보여준다.

의 적실성을 너무 쉽게 상실하는 결과를 갖고 온다는 점에서 문제가 있다. 본 연구에서는 민주주의 거버넌스의 특징이 '민주주의 수준'을 포함하고 있으며 또 국민소득의 정도는 거버넌스의 결과이거나 상호작용이 있는 변수라 생각되기 때문에 포함하지 않았다.

2. 사례와 데이터

본 연구의 사례 수는 63개 국가이다. 이들 국가의 선정은 우선 프리덤 하우스(Freedom house)의 정치적 권리와 정치적 자유 지수를 합산 평균하여 부분적 자유국가의 일부를 포함하여 1998년부터 2004년 사이에 지수 평균 값 3.5 이하의 국가들을 선별하였다. 연구 과제가 민주주의 그 자체에 관한 것이었다면 모든 국가를 포함했겠지만 서로 다른 민주주의 체제의 제도들이 만들어내는 거버넌스의 수준이라는 점을 고려하여 기본적인 선거민주주의와 정치적 자유가 보장되지 않는 국가들은 제외하였다. AGI가 6회 조사되었지만 시간 간격이 조금씩 달라 1998년, 2000년, 2002년, 2004년의 격년 데이터를 선별하였다. 패널 스터디인 본 연구의 총 사례 수는 250[12]이며 분석 모형은 이분산성(heteroskedasticity)의 문제를 고려해 후버-화이트 표준오차 (Huber-White standard error)를 포함한 GLM를 사용하였다. 주요 데이터는 세계은행이 조사한 <World Development Indicators>와 <Database of Political Institutions>이며 이는 연구에 맞게 수정, 추가되었다.

---

12) 경제지표의 미비로 룩셈부르크의 경우에는 2차례만 포함되었다.

IV. 연구 결과

다음의 표 <2-1>, <2-2>, <2-3>은 여섯 개의 거버넌스 변수들과 정치제
도, 정치 환경, 세계화 변수들 간의 상관관계를 나타낸 것이다. 패널연구인
점을 고려해서 후버-화이트 표준오차를 포함한 GLM 테스트를 수행하였다.
여섯 개의 종속변수들은 세 그룹으로 묶일 수 있는데 VA와 PA는 정치적
상황을 나타내는 변수들로 얼마나 민주적인 정치원리에 기반을 두었으며 민
주적인 정치질서를 얼마나 잘 유지하는가 하는 정치적 수행능력과 관계가
있다. 두 번째 묶음인 GE와 RQ는 정부의 정책실행능력에 대한 것으로 특히
사적 분야에 대한 공적 분야의 역할이라는 측면에서 경제적 수행능력과 관
계가 있다. 마지막 RL과 CC의 경우에는 법이 지배하는 사회, 공적 권력이
사적 이익을 추구하지 않는 사회라는 측면에서 국가의 정치적, 경제적 수행
능력을 뒷받침하는 사회적 수행능력 측면과 관계가 있다.

이들 거버넌스 변수의 성격을 이렇게 구분지어 살펴보는 이유는 세계화
같은 외부적 압력과 정치제도의 영향력이 모든 분야에 있어 일관된 방향으
로, 동일한 영향력을 갖는 것은 아니라는 점 때문이다. 기존의 합의제 민주주의
우월성 테제에 의하면 경제 분야에 있어서는 다수제에 못지 않으며 정치·사회
분야에 있어서는 합의제가 우월하다는 결과가 주장되었고(Lijphart 1999) 그런
까닭에 특정한 정치제도가 늘 의미 있는 해결책으로 제시되었지만, 제도의
영향력은 그 영향력이 나타나는 분야에 따라서 전혀 다르기 때문에 '종속변
수'의 성격을 파악하는 것이 매우 중요하다.[13)]

<표 2-1>은 정치적 참여와 책임성이라는 VA와 정치적 안정성과 폭력이

---

13) 정치제도를 하나의 해결책으로 보는 신제도주의 시각에서, 인종적 갈등같은 특정한 사
회적 문제가 심각한 사회의 문제를 해결하는 방법으로 연방제 등이 강력하게 추천되기
도 한다. 하지만 연방제나 분권화가 반드시 평화를 가져오는 것은 아니다. 분권화는
사회 내의 인종 집단에서 그들이 현재 속한 국가로부터 "분리"할 수 있는 정치적, 경제
적 자원을 보급한다는 점에서 양날의 칼과도 같다. 또한 분권화의 영향력은 같은 인종문
제라 해도 갈등의 성격과 종류, 그 강도에 따라 서로 다르게 나타난다(Hong 2005).

〈표 2-1〉 거버넌스 1: (VA_참여와 책임성/PA_정치적 안정과 폭력)에 대한
세계화와 정치제도의 효과

		거버넌스 1: 정치적 수행능력					
		VA1	VA2	VA3	PA1	PA2	PA3
정치제도	EXEC (권력구조)	0.504 (0.032)***	0.520 (0.034)***	0.526 (0.034)***	0721 (0.022)***	0.738 (0.019)***	0.715*** (0.018)
	ELECT1 (선거제도1)	0.001 (0.000)***			-0.002 (0.001)*		
	ELECT2 (선거제도2)		0.081 (0.010)***	0.085*** (0.004)		0.066 (0.008)***	0.077 (0.013)***
	DECENT (지방분권화)	0.025 (0.004)***	0.033 (0.003)***	0.032*** (0.003)	-0.036 (0.019)	-0.028 (0.019)	
권력환경	VETO (거부권자)	-0.001 (0.007)	0.004 (0.007)		-0.003 (0.011)	-0.002 (0.010)	
	HERFIND (권력분산)	0.065 (0.056)	0.073 (0.055)		0.106 (0.114)	0.207 (0.119)	
	ALLMAJ (분점정부)	-0.097 (0.024)**	-0.030 (0.042)		-0.149 (0.058)*	-0.099 (0.068)	
	IDEOLOGY (집권당이념)	0.093 (0.037)*	0.086 (0.036)*	0.086 (0.037)	0.025 (0.033)	0.008 (0.026)	
세계화	ECOOP (경제개방)	0.000 (0.000)	-2.8E-005 (0.000)		0.001 (0.001)	0.000 (0.001)	
	FDI (직접투자)	0.004 (0.002)	0.002 (0.001)		0.004 (0.001)*	0.004 (0.001)**	0.001 (0.001)
	PORTFOLIO (간접투자)	-0.005 (0.004)	-0.003 (0.003)		-0.005 (0.003)	-0.004 (0.002)	
Intercept		0.379 (0.040)***	0.113 (0.013)***	0.155** (0.047)	0.030 (0.139)	-0.250 (0.161)	-0.235 (0.123)
n		250	250	250	250	250	250
r²		0.371	0.398	0.370	0.325	0.330	0.316

GLM with Huber-White Standard Error Test / ***$p \leq 0.01$, **$p \leq 0.05$, *$p \leq 0.10$

라는 PA에 관한 제도와 세계화의 상관관계에 대한 모형 검증결과다. 우선 VA를 보면, 표에 나타난 세 가지의 정치제도는 모두 통계적으로 유의미한 상관관계를 보인다. 의회중심제는 국가의 민주주의에 대한 전반적인 수준에 대통령중심제보다 훨씬 강한 긍정적 상관관계를 보이며, 분권화도 역시 비슷한 현상을 나타낸다. 두 가지 변수를 시험한 선거제도, 선거구당 의석수가 많을수록 또 비례제 의석의 비중이 다수제 의석의 비중보다 높을수록 정치참여와 정부의 정치적 책임성에는 긍정적인 관계를 갖는 것으로 나타났다. 그 밖에 거부권자와 분권상황을 나타내는 다른 변수들은 모두 유의미한 상관관계를 갖지 않는 것으로 나타났다. 다만 VA1모형에서 최고통치자의 정당이 입법부를 지배하는 단점정부 상황을 나타내는 ALLMAJ의 경우에만 유의미한 음의 상관관계를 보였다. 즉 분점정부의 경우에 더 높은 정치적 민주주의에 있어 더 높은 거버넌스 능력을 보였다. 하지만 VA1 모형에서만 유의미했을 뿐이다. V1과 V2모형에서는 정부의 이데올로기 측면에 있어서는 좌파 정당이 정권에 참여하거나 수권한 경우가 국가의 민주적 수행능력에 더 강한 영향력을 갖는 것으로 나타났지만 그 통계적 의미는 매우 약했고, VA2에서 의미 있던 변수만 포함한 VA3모형에서는 의미가 없었다.

정치적 안정과 폭력으로부터의 자유로운 상황을 유지하는 PA는 반드시 민주적인 상황을 의미하는 것은 아니라는 측면에서 VA지수와 구별된다. 하지만 민주주의가 공고화될수록 정치적 안정과 폭력적인 상황의 부재는 동반되는 현상이라 할 수 있겠다. 이 종속변인에 대해서는 정치제도들 가운데, 정부형태 중 의회중심제가 대통령중심제보다 긍정적인 영향을 미치는 것으로 나타났다. PA에서 분권화는 VA에서와는 다르게 통계적 의미를 갖지 못했는데, 뒤의 다른 변인들을 포함하여 전체 거버넌스에 대한 영향력 차원에서 유일하게 의미를 갖지 못한 부분이다. 선거제도는 사뭇 모순되는 결과가 나온 것처럼 보인다. 즉 선거구당 의석수를 나타내는 ELECT1은 음의 관계를 보이는데 비해 전체의석수 중 비례제의석수의 비중을 나타내는 ELECT2는 양의 관계를 보였다.

하지만 이 두 변수들은 현실적인 상관관계를 보이기는 하지만 제도 설계

〈표 2-2〉 거버넌스 2: (GE_정부효율성/RQ_정부 규제의 질)에 대한
세계화와 정치제도의 효과

		거버넌스 2: 경제적 수행능력					
		GE1	GE2	GE3	RQ1	RQ2	RQ3
정치제도	EXEC (권력구조)	0.861*** (0.031)	0.872*** (0.032)	0.915*** (0.042)	0.509 (0.127)**	0.518 (0.130)**	0.539 (0.138)***
	ELECT1 (선거제도1)	0.004 (0.01)**			0.002 (0.001)**		
	ELECT2 (선거제도2)		0.077* (0.022)	0.104 (0.013)***		0.058 (0.016)**	0.065 (0.010)***
	DECENT (지방분권화)	0.113 (0.013)***	0.120 (0.014)***	0.125 (0.011)***	0.032 (0.11)*	0.038 (0.011)**	0.036 (0.005)***
권력환경	VETO (거부권자)	-0.003 (0.012)	-0.002 (0.012)		-0.005 (0.010)	-0.004 (0.010)	
	HERFIND (권력분산)	0.070 (0.134)	-0.006 (0.112)		0.261 (0.189)	0.215 (0.174)	
	ALLMAJ (분점정부)	-0.192 (0.071)*	-0.124 (0.068)		-0.215 (0.072)*	-0.165 (0.057)*	-0.081 (0.012)***
	IDEOLOGY (집권당이념)	0.106 (0.059)	0.108 (0.063)		0.102 (0.053)	0.102 (0.164)	
세계화	ECOOP (경제개방)	-0.003 (0.000)**	-0.002 (0.000)**	-0.002 (0.000)***	-0.001 (0.000)**	-0.001 (0.000)*	-0.001 (0.000)**
	FDI (직접투자)	0.010 (0.005)	0.008 (0.004)	0.009 (0.005)	0.011 (0.002)**	0.010 (0.002)**	0.010 (0.002)***
	PORTFOLIO (간접투자)	-0.011 (0.010)	-0.009 (0.009)	-0.010 (0.009)	-0.014 (0.004)**	-0.013 (0.004)**	-0.013 (0.004)***
Intercept		0.088 (0.060)	-0.110 (0.075)	-0.166*** (0.010)	0.232 (0.163)	0.075 (0.177)	0.260 (0.143)
n		250	250	250	250	250	250
r^2		0.404	0.400	0.387	0.294	0.293	0.267

GLM with Huber-White Standard Error Test / ***$p \leq 0.01$, **$p \leq 0.05$, *$p \leq 0.10$

상 동일한 현상의 측정은 아니다. ELECT1인 경우 비례제일수록 선거구당 의석수가 대개 늘어나기는 하지만 라틴아메리카 국가들이 채택하고 있는 선거구당 매우 소규모 의석에 적용되는 비례제와 과거 일본 등의 비교적 다석 선거구에 적용된 단기비이양식이라는 다수제 방식을 고려해 볼 때, 반드시 비례제의 비율이 높다고 볼 수는 없다. 따라서 선거구당 의석수를 측정한 ELECT1과 선거구당 의석수의 많고 적음에 관계없이 비례제의석수의 비중을 측정한 ELECT2는 서로 일치하는 변수라고 보기는 어렵다. 이런 이유로 ELECT1의 경우 선거구당 의석수의 많음 때문에 더 많은 후보자와 정당이 경쟁한다는 논리가 가능하고 이 때문에 정치적 불안정이 가중된다는 추론이 나오지만, 조금 더 세밀한 후속 연구가 필요하다고 본다. 다른 정치적 환경 변수들은 유의미한 상관관계를 보이지 않았고 세계화 지표들의 경우에는 FDI만 PA1, PA2모형에서 통계적으로 유의미한 양의 상관관계를 보였다.

즉 직접투자의 증가와 정치적 안정성은 상관관계가 미약하게 있다는 것인데, 사실 이들의 인과관계는 양방향일 것으로 생각된다. 상대국의 정치적 안정성의 여부에 있어서는 수출입에 있어서는 매우 민감한 사항이 아니며, 간접투자에 있어서도 오늘날 금융기법과 IT기술의 발달로, 예측 가능한 상황에 대한 단기적인 움직임이 가능하기 때문에 그 영향력은 직접투자에 비해서는 적을 것이다. 하지만 이론적으로 직접투자자의 경우에는 분명 정치적 안정의 여부가 중요하며, 국가도 직접투자자들을 더 많이 유인하기 위해서는 정치적 안정을 유지해야 할 필요가 있다. 따라서 직접투자를 매개로 한 세계화는 정부의 정치적 안정에 대한 통치능력을 배양하는 데 긍정적인 영향을 미친다고 할 수 있다. 하지만 PA3에서 보듯이 이 같은 이론적 설명은 본 연구를 통해서는 검증되지 않았다.

<표 2-1>이 보여주는 거버넌스의 측면이 보다 정치적인 분야인 데 비해서 <표 2-2>가 보여주는 정부효율성의 GE와 정부규제의 질인 RQ 변수들은 모두 정부의 정책적인 측면, 특히 경제와 관련된 정부의 능력을 보여준다는 면에서 세계화의 영향력을 조금 더 확실하게 볼 수 있을 것이다. GE3와 RQ3는 전체 제도, 세계화 변수와 GE2와 RQ2에서 통계적으로 의미 있던 변수만

을 포함한 것이다. 우선 GE는 정부가 정책을 얼마나 효율적으로 수행할 수 있는지 그리고 정책 수행에 대한 이행약속을 얼마나 잘 지키는지에 대한 인식을 측정한 것이다. <표 2-2>에서 보듯이 세 정치제도는 모두 통계적으로 유의미한 상관관계를 보이고 있다. 의회중심제일수록, 비례의석수 비율이나 선거구당 의석수가 많을수록, 그리고 지방분권화가 많이 진행될수록 정부효율은 높아진다. 다른 정치 환경 요인들 중에서는 단점정부의 여부만 GE1 모형에서 약한 관계를 보였는데 최고통치자의 정당이 입법부를 모두 통제하지 못하는 상황, 다시 말해 권력이 분할되어 있을수록 효율성은 올라갔다. 이 내용은 합의제민주주의의 주장과 일맥상통하는 것이다. 이외의 권력 환경 변수들은 통계적으로 유의미한 관계를 형성하지 못했다. 세계화 변수들 가운데서는 ECOOP만이 통계적으로 유의미한 상관관계를 보였는데 그 방향은 부정적인 방향이다. 즉 GDP에서 차지하는 무역비중이 높을수록 정부의 정책 효율성은 떨어진다는 점이다. 즉, 세계화의 일부 영향력이 정부의 거버넌스 능력에 부정적인 역할을 한다는 의미이다. 통계적인 유의미성은 보여주지 못했지만 PORTFOLIO 역시 부정적인 방향을 나타냈다.

다음으로 정부 규제(RQ) 변수는 전체 거버넌스 지표들에 관한 조사 중에서 가장 흥미로운 결과가 나왔다. 세 제도변인들은 모두 일관되게 강한 상관관계를 갖는 것으로 나타났다. 대통령중심제보다는 의회중심제가, 선거구당 의석수가 많거나 비례의석수의 비율이 높을수록 그리고 지방분권화가 더 많이 진행될수록 정부규제의 질에는 긍정적인 영향을 미쳤다. 즉, 레이파트의 주장처럼 다수제보다는 합의제가 보다 우월한 결과물을 가져오는 것으로 보인다. 또한 행정권과 입법권을 완전히 장악하지 못한 분점정부일수록 긍정적인 결과가 나타났다. 이 같은 제도적 결과는 세계화 지표들의 영향력을 통제한 가운데도 나타났다. 다른 거버넌스 지표들과는 달리 이 부분에 있어서는 세계화의 영향력도 적지 않은 것으로 보인다. ECOOP, FDI, PORTFOLIO 모두 통계적으로 유의미한 상관관계를 보였다.

흥미로운 발견은 ECOOP과 PORTFOLIO가 모두 부정적인 상관관계, 즉 전체 GDP에서 차지하는 무역과 간접투자의 비율이 높을수록 규제의 질이

〈표 2-3〉 거버넌스 3: (RL_법의 지배/CC_부패통제)에 대한
세계화와 정치제도의 효과

		거버넌스 3: 사회적 수행능력					
		RL1	RL2	RL3	CC1	CC2	CC3
정치제도	EXEC (권력구조)	0.983 (0.021)***	0.993 (0.020)***	1.005 (0.013)***	1.035 (0.047)***	1.056 (0.044)***	1.067 (0.044)***
	ELECT1 (선거제도1)	0.002 (0.001)***		0.003 (0.000)***	0.004 (0.001)**		
	ELECT2 (선거제도2)		0.060 (0.019)***			0.126 (0.029)**	0.141 (0.021)***
	DECENT (지방분권화)	0.080 (0.021)***	0.086 (0.021)***	0.081 (0.019)**	0.097 (0.019)**	0.109 (0.019)***	0.108 (0.020)***
권력환경	VETO (거부권자)	-0.001 (0.012)	0.000 (0.012)		-0.002 (0.016)	0.000 (0.016)	
	HERFIND (권력분산)	0.123 (0.168)	0.078 (0.152)		0.126 (0.225)	0.071 (0.214)	
	ALLMAJ (분점정부)	-0.252 (0.100)*	-0.200 (0.110)	-0.207 (0.046)*	-0.247 (0.140)	-0.140 (0.153)	
	IDEOLOGY (집권당이념)	0.087 (0.049)	0.088 (0.050)		0.139 (0.048)**	0.135 (0.050)*	0.131 (0.047)*
세계화	ECOOP (경제개방)	-0.002 (0.000)***	-0.002 (0.000)***	-0.003 (0.000)***	-0.004 (0.001)***	-0.004 (0.001)***	-0.004 (0.000)***
	FDI (직접투자)	0.007 (0.004)	0.006 (0.007)	0.008 (0.004)	0.009 (0.006)	0.007 (0.005)	0.008 (0.005)
	PORTFOLIO (간접투자)	-0.007 (0.007)	-0.006 (0.007)	-0.008 (0.008)	-0.009 (0.011)	-0.006 (0.009)	-0.007 (0.010)
Intercept		-0.029 (0.111)	-0.190 (0.111)	0.112 (0.032)**	0.016 (0.169)	-0.351 (0.198)	-0.037** (0.074)
n		250	250	250	250	250	250
r^2		0.425	0.425	0.417	0.402	0.408	0.406

GLM with Huber-White Standard Error Test / ***$p \leq 0.001$, **$p \leq 0.05$, *$p \leq 0.10$

떨어지는 데 비해 직접투자의 비율(FDI)의 경우에는 긍정적인 영향력을 갖는다는 사실이다. 이는 앞의 분야에서도 비슷한 현상을 보였으며 아마도 세계화 지수들이 서로 다른 성격을 지녔다는데 기인한 것으로 보인다. 직접투자는 외국인이 정부의 규제와 다양한 분야에서 훨씬 밀접하게 연관되어 있다는 측면에서 정부가 사적 분야의 발전을 위해 공적 정책을 형성하는 내용과 관계가 있을 수 있다. 직접 투자를 통한 기업 운영 등에 정부의 역할이 더욱 중요함을 보여주는 것이라 하겠다. 이처럼 사적분야와 공적분야에 관계를 측정하는 RQ의 속성을 미루어볼 때, 세계화의 영향력, 특히나 정부의 거버넌스 능력을 약화시키는 두 가지 변수(TRADE, PORTFOLIO)의 영향력하에서도 합의제적 제도들이 모두 강한 긍정적인 영향력을 갖는다는 사실은 매우 주목할 만하다.

마지막으로 <표 2-3>은 국가의 사회적 거버넌스 능력을 살펴보는 RL과 CC의 다중회귀분석 모형들이다. RL3과 CC3는 각각 제도, 세계화변수 전부와 RL2, CC2에서 유의미한 변수를 포함한 것이다. 법의 지배에 관해서 정치제도들은 모두 합의제 민주주의의 우월성을 보여주고 있다. 의회중심제일수록, 분권화가 더 많이 진행될수록, 선거구당 의석수가 많거나 비례제 의석수가 많을수록 법에 의한 지배에는 긍정적인 상관관계를 보였으며 그 통계적 유의미성도 매우 높았다. 단점/분점 정부의 여부가 미약하게나마 의미가 있었을 뿐 다른 정치 환경 변수들은 큰 의미를 만들어내지 못했다. 세계화의 영향력 중에서는 경제개방을 나타내는 ECOOP만이 부정적인 관계를 보여 다른 종속변수들에서 나타나던 현상과 일관된 영향력을 보여주었다. 부패에 대한 통제를 나타내는 CC의 모형들도 이와 비슷한 결과물을 보여주고 있다. 정치제도의 영향력 또한 기대하는 방향에서 유의미하게 나타났고, 세계화의 영향력도 경제개방이 커질수록 부패통제는 부정적인 영향력을 받는 것으로 나타났다. 주목할 만한 것은 정부의 이념 성향이 좌파일수록 부패 문제에 비교적 자유롭다는 것이다.

이상의 통계 모형들의 결과는 다음과 같이 요약할 수 있다 첫째, 제도변인들은 세계화 변인들이 통제된 가운데서 대개 유의미한 상관관계를 나타냈다. 특히 합의제적 성격의 제도 특성은 거의 모든 경우에 있어 국가의 거버넌스 전 분야에 걸쳐 긍정적인 영향력을 갖는 것으로 나타났다. 구체적인 정책 분야는 이후 더 다루어질 수 있겠으나 합의제 민주주의 성격을 갖는, 다시 말해 권력의 공유를 원활하게 하는 제도들은 국가의 거버넌스 유지와 향상에 공헌하는 것으로 보인다.

둘째, 반면에 본 연구가 예기치 못했던 부분은 권력 환경 변인들의 상관관계였다. 분점정부와 단점정부의 상황을 제외하면, 권력의 분할을 나타내는 지수들이 거버넌스와 통계적인 상관관계를 보여주지 못했다는 것이다. 이것은 기존의 합의제 민주주의 연구들이 보여주는 제도적 결과물로서의 '거부권자'의 존재에 방점을 두는 주장을 재검토할 필요가 있음을 보여준다. 그 원인은 제도변인의 영향력이 상대적으로 큰 까닭에 정치 환경의 변인이 통계적으로 축소되어서 나타나거나 아니면 이론적인 측면에서 정치권력의 분할과 정치권력의 공유가 다른 차원의 문제라는 점을 의미할 수도 있다. 본 연구에서 다루었던 대개의 변수들은 정치권력의 견제와 분할만을 측정했지, 권력을 공유하는 측면은 간과한 것이 사실이다. 정치적 견제의 의미와는 달리 정치권력의 공유는 정책수행의 책임 여부에 있어 질적으로 다른 현상이라 할 수 있다. 따라서 정치권력의 공유에 대한 보다 면밀한 이해와 경험 분석을 위한 지수 개발이 따라야 할 것이다.

셋째, 세계화의 변인들은 생각만큼 크게 국가의 거버넌스 능력에 영향을 미치지 못했다. 세계화의 측면을 측정한 지수들의 한계도 있었을 것이나 정치제도 변인들을 통제한 가운데 그 영향력은 매우 부분적인 것으로 나타났다. 흥미로운 사실은 세계화와 개방의 여러 측면들이 국가의 거버넌스에 모두 공통되거나 일관된 영향력을 미치는 것은 아니라는 사실이다. 위에서 논의했듯이 거버넌스의 성격에 따라서 세계화 변인들은 서로 다른 방향의 영향력을 보여줬다. 통계적 유의미성의 여부를 떠나 간접투자와 경제개방의 정도는 대개 거버넌스에 부정적인 영향을 미치는 것으로 나타나 기존의 세계화 논의 중 국가약화론에 부합하는 경향을 보였다.

반면에 직접 투자의 경우에는 국가의 성격을 보다 합리적이고 효율으로 변모시키는 현상과 관계가 있다. 세계화가 오히려 국가의 능력을 향상시키는 것이다. 하지만 이 현상이 국가자체의 목적 변화에 의한 것인지 아니면 국가의 전반적인 통제능력 자체를 상승시키는 것인가는 논란의 여지가 있다. 다시 말하면, 체르니 등의 견해처럼 세계화를 내재화 시키는 국가내부의 변모(Cerny et al. 2006) 때문에 국가가 신자유주의 정책을 수행하는 특정한 자율성에만 영향을 미칠 뿐이며 국가 전체의 수행능력과 자율성의 측면과는 성격이 다른 현상인지는 추후 연구가 더 필요하다고 생각된다.

V. 결론

국가와 정부의 대내적인 통치능력인 거버넌스에 대한 정치제도와 세계화의 영향력이 본 연구의 주제였다. 위에서 본 바와 같이 각각의 거버넌스 분야에 대한 이들 제도와 외부변인들의 영향력은 의미 있는 차이를 보였다. 정치제도들은 대개 합의제적인 성격의 제도가 긍정적인 영향력을 미쳤고, 세계화변인들은 예상보다는 큰 의미를 갖지 못했다. 다만 몇몇 거버넌스 분야에서 세계화의 측정 지표마다 다른 방향의 영향력을 확인하는 흥미로운 결과를 확인하였다. 또 제도 이외의 권력 분립과 견제라는 정치 환경 변수들도 통계적으로 의미 있는 관계를 보여주지 못했다. 이상의 결과에 근거한 잠정적인 결론은 정치제도의 종류에 따라서 국가의 통치능력은 다른 결과물을 만들어내며, 세계화의 영향력은 분야별로 다양하게 나타난다는 것이다. 아직은 비교사례분석을 통한 통계적인 의미에서 세계화가 국가의 능력을 약화시켰다고 보기는 어려운 상황이라 할 수 있다.

이와 같은 국가의 능력에 대한 제도와 세계화에 대한 시론적 연구 결과는 후속 연구가 해결해야 할 몇 가지 과제도 던져주고 있다. 이론적으로 세계화, 정치제도, 거버넌스를 다변인 분석으로 통합하는 연구가 아니라 각각의 영향력 범주와 관계에 대한 구조적인 다단계 연구전략을 세워야할 필요성이 있다. 그래야 제 변수들 간의 상호관계와 인과관계의 방향과 순차를 파악할 수 있기 때문이다. 방법론적인 측면에서 패널 자료의 특성을 잘 살리기 위해서는 조금 더 많은 시기의 자료를 포함해, 비교사례시계열분석(cross sectional time-series analysis)을 시행할 필요가 있다. AGI가 1996년부터 자료를 수집한 만큼 10년 정도의 자료를 활용할 수 있을 것이다. 또 무엇보다도 변수에 대한 재검토가 요망된다. 정치변수들을 고정된 제도변수들과 변화하는 환경변수들로 구분한 이론적인 근거는 충분하지만 기대와는 달리 본 연구결과에 따르면 정치환경변수들은 의미 있는 관계의 모습을 보여주지 못했다. 이는 환경변수가 아무런 영향력이 없다고 단정 짓기에 앞서 정치적 권력의 분산과 공유에 대한 보다 명확한 변수의 개발이 필요하다는 사실을 말해준다. 또한 제도변수들도 본 연구에서는 간략히 축소된 형태로 측정되었는데, 각 제도의 특성을 보다 살린 변수 개발이 필요하다. 무엇보다 특정제도의 어느 한 가지 특징을 포함하는 방식보다는 하나의 제도가 갖는 여러 다른 특성을 측정하는 복수의 제도 변수들이 개발되어 이론적 필요에 따라 적절하게 사용되어야 할 것이다. 세계화 변수도 무역이나 투자 등의 순경제적 부분뿐 아니라 IMF의 개입이나 FTA등의 국제조약의 영향력 등도 포괄적으로 다루어져야 할 것이다. 경우에 따라서는 경제적 변수 이외의 문화적 세계화도 측정이 불가능하지는 않을 것이다.

▌참고문헌

김미경. 2006. "무역자유화의 국내정치 제도적 조건." 『국제정치논총』 제46집 3호.

김영순. 1996. 『복지국가의 위기와 재편 – 영국과 스웨덴의 경험』. 서울: 서울대학교.

홍재우. 2006. "합의제 민주주의 연구의 경향, 방법, 제안." 『비교민주주의연구』 제2
집 2호.

Ake, G. 1997. "Dangerous Liaison: the Interface of Globalization and Democracy."
In A. Hadenius, ed. *Democracy's Victory and Crisis.* Cambridge: Cambridge
University Press, 281-303.

Alesina, A., and D. Rodrik. 1994. "Distributive Politics and Economic Growth." *The
Quarterly Journal of Economics.* 109(2).

Andrew, D. M. 1994. "Capitalism Mobility and State Autonomy." *International
Studies Quarterly.* 38(2).

Berger, S., and R. Dore, eds. 1996. *National Diversity and Global Capitalism.* Ithaca:
Cornell University Press.

Birchfield, V., and M. M. L. Crepaz. 1998. "The Impact of Constitutional Structures
and Collective and Competitive Veto Points on Income Inequality in
Industrialized Democracies." *European Journal of Political Research.* 34.

Cerny, P., G. Menz, and S. Soederberg. 2005. "Different Roads to Globalization:
Neoliberalism, the Competition State, and Politics in a More Open Worlds."
In S. Soederberg, G. Menz and P. Cerny, eds. *Internalizing Globalization:
The Rise of Neoliberalism and the Decline of National Varieties of Capitalism.*
New York: Palgrave macmillan.

Campbell, J. L., and O. K. Pederson. 2007. "The Varieties of Capitalism and Hybrid
Success: Denmark in the Global Economy." *Comparative Political Studies.*
40(3).

Cox, R. H. 1998. "The Consequences of Welfare Reform: How Conceptions of Social
Rights are Changing." *Journal of Social Policy.* 27(1).

Crepaz, M. M. L. 1996a. "Consensus vs. Majoritarian Democracy: Political Institutions and their Impact on Macroeconomic Performance and Industrial Disputes." *Comparative Political Studies.* 29:4-26.

_____. 1996b. "Constitutional Structures and Regime Performance in 18 Industrialized Democracies – A Test of Olson's Hypothesis." *European Journal of Political Research.* 29.

_____. 2001. "Veto Players, Globalization and the Redistribution in 15 OECD countries. *Journal of Public Policy.* 21.

_____. 2002. "Global, Constitutional, and Partisan Determinants of Redistribution in Fifteen OECD countries." *Comparative Politics.* 22.

Crepaz, M. M. L., and A. Lijphart. 1995. "Linking and Integrating Corporatism and Consensus Democracy: Theory, Concepts, and Evidence." *British Journal of Political Science.* 25.

Crepaz, M. M. L., and V. Birchfield. 2000. "Global Economics, Local Politics: Lijphart's Theory of Consensus Democracy and the Politics of Inclusion." In M. M. L. Crepaz, T. Koelble and D. Wilsford, eds. *Democracy and Institutions: The Life Work of Arend Lijphart.* Ann Arbor, Michigan: The University of Michigan Press.

Esping-Anderson, G. 1996. "Positive-sum Solutions in a World of Trade-Offs." In G. Esping-Anderson, ed. *Welfare Sates in Transition: National Adaptations in Global Economies.* London: Sage.

Franzese, R. J. Jr. 2002. *Macroeconomic Policies of Developed Democracies.* Cambridge: Cambridge University Press.

Garret, G. 1998a. "Global markets and national politics: Collision course of virtuous circle?" *International Organization.* 52(4).

_____. 1998b. *Partisan Politics and the Global Economy.* Cambridge: Cambridge University Press.

Ghahi. D. 1996. "Foreword." In G. Esping-Anderson, ed. *Welfare States in Transition: National Adaptations in Global Economies.* London: Sage.

Hall, P. A., and D. Soskice, eds. 2001. Varieties of Capitalism: T*he Institutional Foundations of comparative Advantage.* Oxford: Oxford University Press.

Hays, J. C. 2003. "Globalization and Capital Taxation in Consensus and Majoritarian Democracies." *World Politics.* 56.

Hellwig. T. 2007. "Voting in Open Economies: the Electoral Consequence of

Globalization." *Comparative Political Studies.* 40(3).

Hirst, P., and G. Thompson. 1996. *Globalization in Question: The International Economy and the Possibilities of Governance.* Cambridge: Polity Press.

Hong, J. 2005. "Power-Sharing Solutions on Ethnic Conflicts: A Comparative Analysis of Institutional Effects on Ethnic Politics." *The Korean Journal of International Relations.* 45(5).

Huber, E., and J. D. Stephens. 2001. *Development and Crisis of the Welfare State: Parties and Policies in Global Markets.* Chicago, IL: University Chicago Press.

Iversen, T. 2005. *Capitalism, Democracy, and Welfare.* Cambridge: Cambridge University Press.

Iversen, T., and T. R. Cusack. 2000. "The Causes of Welfare State Expansion: Deindustrialization or Globalization." *World Politics* 52(3).

Jameson, F., and M. Miyoshi. 1998. *The Cultures of Globalization.* Durham, NC: Duke University Press.

Katzenstein. P. 1985. *Small Sates in World Markets.* Ithaca, NY: Cornell University Press.

Kaufmann, D., A. Kraay, and P. Zoido-Lobton. 1999. "Governance Matter." Policy Working Paper no.2197. The World Bank.

Kaufmann, D., A. Kraay, and M. Mastruzzi. 2006. "Governance Matters V: Governance Indicators for 1996-2005." World Bank Policy Research.

Li, Q., and R. Reuveny. 2003. "Economic Globalization and democracy: An empirical analysis." *British Journal of Political Science.* 33-1.

Lijphart, A. 1999. *Patterns of Democracy: Government Forms and Performance in Thirty-Six Democracies.* New Haven, CT: Yale University Press.

Lijphart, A., and M. M .L. Crepaz. 1991. "Corporatism and Consensus Democracy in Eighteen Countries: Conceptual and Empirical Linkages." *British Journal of Political Science.* 21.

Martin, H., and S. Schuman. 1997. *The Global Trap: Globalization and the Assault on Prosperity and Democracy* (Translated by P. Camiller). New York: St. Martin's Press.

Mishra. R. 1999. *Globalization and the Welfare State.* New York: Edward Elgar.

Moses, J. W. 2000. *OPEN States in the Global Economy: The Political Economy of Small-State Macroeconomic Management.* New York: St. Martin's.

Olson, M. 1982 *The Rise and Decline of Nations: Economic Growth, Stagflation, and Social Rigidities.* New Haven, CT: Yale University Press.

Rodrik, D. 1997. *Has Globalization Gone Too Far?* Washington, D.C.: Institute for International Economics.

_____. 1998. "Why Do More Open Economies Have Bigger Governments?" *Journal of Political Economy.* 106(5).

_____. 1999. *The New Global Economy and Developing Countries: Making Openness Work.* Washington, D.C.: Overseas Development Council.

Rogowski, Ronald. 1987. "Trade and the Variety of Democratic Institutions." *International Organization.* 41.

Rudra, N. 2002. "Globalization and the decline of the welfare state in less-developed countries." *International Organization.* 56(2).

_____. 2005. "Globalization and the strengthening of democracy in the developing world." *American Journal of Political Science.* 49(4).

Schmidt, V. 1995. "The New World Order, Incorporated: The Rise of Business and the Decline of the Nation State." *Daedalus.* 124.

Stiglitz, J. 2006. *Making Globalization Work.* New York: W. W. Norton & Company.

Swank. D. 1997. "Funding the Welfare State: Globalization and the Taxation of Business in Advanced Market Economies." *Political Studies.* 46(4).

_____. 2002. *Global Capital, Political Institutions, and Policy Change in Developed Welfare Structures* (Cambridge: Cambridge University Press).

The World Bank/International Bank for Reconstruction and Development. 1992. "Governance and Development."

The World Bank/International Bank for Reconstruction and Development. 1994. "Governance: the World Bank Experience."

■ APPENDIX

1. 국가목록(알파벳 순):

Argentina, Australia, Austria, Belgium, Belize, Benin, Bolivia, Botswana, Brazil, Bulgaria, Canada, Chile, Costa Rica, Croatia, Czech Rep., Denmark, Dom. Rep., Ecuador, El Salvador, Estonia, Finland, France, Germany, Ghana, Greece, Guyana, Honduras, Hungary, Iceland, India, Ireland, Israel, Italy, Jamaica, Japan, Latvia, Lithuania, Luxembourg, Mali, Mauritius, Mexico, Mongolia, Netherlands, New Zealand, Nicaragua, Norway, Panama, Papua New Guinea, Philippines, Poland, Portugal, Romania, Slovakia, Slovenia, South Africa, South Korea, Spain, Sweden, Switzerland, Thailand, United Kingdom, United States of America, Uruguay

2. 거버넌스 지수

- **참여와 책임성**(Voice and Accountability): 정부의 구성에 시민이 참여할 수 있는 범위와 집회, 결사, 출판, 언론의 자유를 측정
- **정치적 안정과 비폭력**(Political Stability and Absence of Violence): 비합법적이거나 폭력적인 방법으로 정부가 전복될 수 있는 가능성에 대한 인식을 측정
- **정부효율성**(Government Effectiveness): 공공서비스의 수준, 공무원/행정조직의 수준, 권력으로부터의 독립성, 정책형성과 수행, 정부의 수행약속에 대한 신뢰를 측정
- **규제의 질**(Regulatory Quality): 사적 부분의 형성과 발전을 도모하는 정부의 올바른 정책 형성과 수행능력을 측정
- **법의 지배**(Rule of Law): 사회의 법과 질서를 준수하는 정도 특히 공권의 질과 사법부, 그리고 범죄와 폭력의 가능성에 대한 측정
- **부패통제**(Corruption Control): 공적 권한을 통해 사적 이익을 추구하는 정도, 특히 엘리트와 특수이익집단에 의한 국가의 장악 정도에 대한 인식을 측정

제3장

독일의 합의제 민주주의 위기:
신자유주의 정책과 정치 지형의 변화*

김면회 | 한국외국어대학교

I. 서론

오늘을 세계화(Globalization) 시대로 규정짓는 데는 무리가 따르지 않는다. 세계화가 신화(myth)인가 사실(reality)인가를 놓고 격렬하게 진행된 1990년대 초반과는 달리, 세계화는 이제 우리 주위를 결정짓는 구조적 틀로 인정받고 있다. 아울러 세계화에 따른 급격한 정치경제적 그리고 사회문화적 변화는 거시적인 차원에서뿐만 아니라 미시적인 일상생활에서도 쉽게 감지되고 있다. 세계화라는 일반적 논의에서 특히나 중요한 부분은 냉전 해체 이후 가속화되고 있는 경제의 세계화이다. 경제 세계화 논의가 국민국가(nation-state)와 세계시장(world market) 간의 상관관계의 변화를 중심으로 한 국제정치경제(IPE)나 국제관계(IR) 영역에서 주로 다루어진 초창기에 비해, 이제 그 논의

* 본 논문은 『글로벌정치연구』 1집 1호(2008.06)에 게재된 "신자유주의와 합의제 민주주의 의 위기: 독일 적·녹연정과 대연정 시기를 중심으로"를 부분 수정한 것이다.

가 세계화에 대한 각국의 상이한 대응전략의 방식과 내용적 차이를 비교, 분석하는 비교정치(CP) 및 비교제도론 영역으로 확산되고 있는 것을 보면 경제 세계화 논의의 열기는 여전하고 학문 영역의 접점 지대는 오히려 더 확산되고 있다는 판단이다.

경제 세계화는 분명 모든 정치 세력에 새로운 정치 환경이자 도전이다. 경제 세계화는 이전 시대와 다른 구조와 제도를 잉태하고 있고, 이에 따라 정치와 경제 영역의 주요 행위자들은 적응과 순응의 압력에서 자유롭지 못하다. 이러한 상황에서 경제 세계화에 대한 논의는 지금까지 국가 일반의 대응전략과의 상관관계에 집중되어 왔다. 개인적 차원의 합리성과 사회 전체 차원의 합리성 사이에서 발생하는 간극을 국가의 적극적인 개입에 의해 해결하고자 하는 서구복지국가의 전통적 국가행위는 경제 세계화를 맞아 점점 그 설득력을 상실하고 있다는 주장이나, 일국 차원의 케인즈주의적 복지국가에서 슘페테리안(schumpeterian) 근로국가로의 기능적 변화라는 개념을 도입하여 세계시장에 자국 상품의 경쟁력 향상을 위해 매진하는 국가행위의 변화를 주장한 프랑크푸르트 비판이론의 계승자 히르쉬(J. Hirsch 1995)의 논의 등이 이와 관련된 대표적인 설명들이다. 또한 경제 세계화 시대에 편승하여 변모한 국가행위는 각국에서 시장우위에 무게 중심을 주는 국가 운영전략을 보편적인 것으로 받아들였고, 이의 이론적 뒷받침인 신자유주의(Neo-liberalism)는 개별 국가 일반에서 지배적인 대응전략으로 수용되고 있다는 설명 역시 경제 세계화와 개별 국가의 대응전략과의 상관관계를 추적하는 것에 집중하는 문제제기의 연장선에 놓여 있는 논리이다. 이 대목에서 경제 세계화와 신자유주의적 대응 전략은 동전의 양면으로 부상된다.

이러한 흐름에 주목하여 본 연구는 경제 세계화에 대한 신자유주의적 대응의 결과 나타난 정치영역의 변화와 그 전망을 독일의 합의제 민주주의와 관련하여 분석하고자 한다. 본 연구는 우선 독일모델로 함축되어 표현되는 합의제 민주주의의 전형인 독일 노사관계의 제도적 특징을 정리해 보고, 세계화의 흐름과 신자유주의적 대응에 따른 독일 합의제 민주주의 전통의 와해 과정을 추적한다. 합의제 민주주의의 위기 현상에 주목하고 있는 본 연구는 이에 대한 구체적인 사례로 1990년대 후반기에 등장한 신 중도노선(neue Mitte)의 사회민주당과 녹색당 연정인 적·녹연정 시기와 정책노선적 측면에서 이의 연장이라 평가되는 기민련과 사민당의 양대 정당 간의 대연정(grand coalition) 시기에서 추진된 노동시장 정책을 구체적으로 분석하면서, 본 연구의 핵심 주장을 입증하고자 한다. 마지막으로 위기에 처한 합의제 민주주의에 대한 독일 시민사회의 대응과 정치적 균열 과정을 최근의 현실 정치에 대한 구체적 분석을 통해 정리하고, 이와 관련하여 독일 정치의 미래를 전망해 보는 순서로 글을 구성한다.

II. 독일모델과 합의제 민주주의

독일모델(Model Deutschland)이라는 표현은 처음부터 체계적으로 정리되어 사용된 것이 아니다. 독일모델이라는 언급(言及)은 1972년 연방의회 선거과정에서 당시 집권당이었던 사회민주당(SPD)이 선거 이후 지속적으로 추진하고자 하는 정책을 총합한 의미로 사용되었다. 당면한 선거에서의 공약 내지 대응전략의 용도로 쓰이기 시작했던 독일모델이라는 용어는 이후 다른 서구 자본주의 산업사회와 비교하여 독일 사회와 경제 운용 과정이 지니는 독특한 정치적, 경제적, 사회적 제도와 구조들로 이해되었고, 지금까지 주로 긍정적 평가를 받아왔다. 특히 1970년대 중반 이후에 본격화된 세계경제 위기의 극복과정에서 독일은 다른 국가에 비해 위기 상황을 효과적이고 효율적으로 극복해 냈고, 그에 따라 독일 경제의 국제경쟁력은 더 강화되었다는 평가와 함께 독일모델의 우월성(優越性)은 한층 돋보이게 되었던 것이다 (Markovits and Ertman 1980, 16).

거시적 수준의 독일모델 특징은 경제적, 사회적 그리고 정치적 부문에서 다음의 세 가지로 요약된다. 먼저 경제적인 측면으로 독일경제는 철저하게 세계시장에 통합되어 있다는 점이다. 19세기 말 이래로 세계시장과의 밀접한 연관 속에서 발전해 온 독일경제(Hardach 1977)는 세계경제의 변화와 궤를 같이하면서 운명을 함께할 수밖에 없는 구조적 연관을 맺고 있고, 그 결과 세계적 차원의 변화에 민감한 반응을 보이는 구조적 특징을 지니고 있다. 독일모델의 두 번째 특징은 정치사회적인 차원으로 영합(zero-sum)적 사회운 영이 아니라 조합주의적 의사결정과 상대적으로 균질한 분배구조를 지향하고 있다는 점이다. 셋째의 특징은 국가의 역할과 관련된 것으로 국가는 정책 운용의 제일 목적을 세계시장에서 독일 경제의 국제경쟁력을 제고하고, 수출과 수입 시장의 안전을 보장하는 데에 두고 있다는 점이다(Esser et al. 1979, 2).

합의제 민주주의[1]의 전통과 관련된 독일모델의 핵심은 두 번째 영역, 즉 정치사회적 차원과 밀접한 관련이 있는 것으로 '안정된' 노사관계를 중심으로 제도화되어 있다. 제2차 세계대전 이후 구체화된 현대 독일 합의민주주의 제도 중 주목할 부분은 사회적 시장경제(Soziale Marktwirtschaft)의 원리이다. 사회적 시장경제는 독일의 근·현대 역사 및 전통과의 불가분의 관계에서 축적된 '독일적'인 것이다. 일반적으로 사회적 시장경제는 자유주의 시장경제 원리에 '사회주의적' 요소가 보충적으로 가미된 것으로 해석된다. 프라이부르크(Freiburg)대학 경제학과의 질서자유주의(Ordo-liberalism) 이론에 기초한 이 제도는 자유 경쟁 시장체제를 철저히 보장하면서도 '균등한' 삶의 질을 도모하기 위해 국가가 시장경제에 직·간접적으로 개입해야 한다는 점을 강조한다. 사회적 시장경제체제는 전후 라인 강의 기적을 일구어 낸 정치

---

1) 영·미식의 다수제 민주주의(Majoritarian Model)와 달리 합의제 민주주의(Consensus Democracy Model)는 '가능한 한 많은 인민의 다수자'여야 한다는 원칙을 강조한다. 민주주의의 합의제 모델은 다수자의 지배가 소수자의 지배보다 민주주의의 이상에 부합한다는 점에서 다수제 모델과 동일하나, 다수자의 지배를 민주주의의 실현을 위한 최소한의 필요 조건으로 상정한다는 점에 있어서 차이가 있다. 합의제 민주주의는 의사결정에 참여한 제한된 다수자에 만족하지 않고 다수자의 규모를 가능한 한 극대화하려는 것이다. 이를 위해 합의제 모델은 정부에의 광범한 참여와 정부정책에 대한 광범한 합의를 목표로 설정하고 있고, 다양한 방식으로 권력을 분점, 공유, 분산, 제한한다. 결국 다수제 모델은 배타적이고 경쟁적이며 대립적인 정치를 연출시키는 경향을 보이는 반면, 합의제 모델은 포용, 협상 및 타협을 특징으로 하는 상생정치를 지향한다(선학태 2005, 6-7). 유럽 대륙에선 라틴계보다는 게르만계 계통이 합의제 민주주의 유형을 지향한다.

경제 철학으로 앵글로-색슨 경제모델과 대비되는 유럽의 대표적인 경제모델 중의 하나로 분류된다.

사회적 시장경제2)는 '독일모델'3)과 개념적으로 동일하게 해석되기도 한다. 특히 노사관계와 관련된 사회적 시장경제 논의는 앞서 파악한 합의제 전통의 독일모델에서의 노사관계 이해와 정확히 일치한다. 일국적 차원에서 전개되는 자원의 생산과 분배 과정이 어떠한 원칙과 메커니즘에 의해 운영되어야 하는가라는 것과 관련하여 독일모델은 '중간-조합주의적 시장경제(meso-korporative Marktwirtschaft)'로 표현되는 사회적 시장경제 체제에 기반을 두고 있다(Immerfall 1998, 16). 여기서 'Meso'는 중요한 결정들이 중간단위 수준, 즉 지역적이고 부분적 차원에서 진행된다는 것을 의미하고, 조합주의는 이익대변이 구조화된 체계 속에서 국가와 더불어 이익집단 상호 간에 긴밀한 협력이 이루어지는 의사결정 체계를 말한다. 조합주의적 체제에서 경제사회적 갈등 해결 과정은 시장을 중심으로 한 경제영역 자체의 메커니즘에 의해서만 일방적으로 이루어지는 과정이 아니라, 사용자들의 단체와 노동 측의 대변자로서의 노동조합 그리고 국가 간의 공식적인 인정과 관계 속에서 진행된다.

이런 의미에서 사회적 시장경제질서에서 정치와 경제는 균형적 관계를 유지한다. 정치는 경제의 예속물이 아니고, 동시에 경제 역시 정치에 의해 통제되는 상호 보완적 관계에 있게 되는 것이다. 사회적 시장경제하에서 정

---

2) '사회적 책임을 수반하는 시장경제', '사회구성원 모두를 위한 복지'를 실현할 수 있는 시장경제의 수립을 의미하는 사회적 시장경제의 주창자들은 그 성공의 핵심을 생산과정에서 사회세력 간의 균형 있는 소득분배와 공동의사결정이 보장되는 시장경제 체제에서 찾았다. 이를 반영하듯, 사회적 시장경제체제가 정착되는 과정에서 석탄철강 공동결정권(Mitbestimmung, 1951년), 종업원평의회법(1952년), 연금개혁법(1957년), 연방공적부조법(1962년) 등 포괄적인 사회입법과 노사관계법이 각각 제정, 시행되었다. 이러한 제도적 틀이 전후에 형성, 발전해 온 독일의 사회적 시장경제의 근간을 이루게 되었던 것이다(이호근 2004, 78).

3) 독일모델에 관한 보다 자세한 논의는 김면회, "독일모델의 생명력: '독일병' 논의에 대한 비판적 접근," 『국제정치논총』 제44집, 제1호(2004), 327-348쪽을 참조하시오.

치사회와 경제사회 및 시민사회는 균형적 상태 속에서 합의와 타협을 통해 갈등을 해소하고 건전한 긴장관계를 존속시킨다. 이 체제 속에서 자본과 노동은 상호 인정 속에서 균등한 위상에 놓이게 된다.

사회적 시장경제 내에서는 사회 각 주체들의 참여가 제도적으로 보장되고, 비교적 균등한 소득배분이 보장된다. 또한 지역 간에는 균형적인 삶의 질이 그리고 노동자들 사이에서는 높고 균질한 임금수준이 유지되어, 평화적인 노사관계의 기초가 두터워질 수 있는 것이다(Immerfall 1998, 21). 이 체제 속에서 각 주체들은 이해관계나 의사결정과정에 유기적으로 연관되어 있으며, 그런 한에서 주요 현안 해결에 있어 대부분 상호 협조적인 관계를 유지한다. 이는 사회경제영역의 주체들이 구체적인 생활단위에서부터 보다 높은 수준의 단계에 이르기까지 각 단계에서 자기들의 이해를 반영해 낼 구조를 갖고 있다는 것을 뜻한다. 아울러 직접적인 참여의 공간을 보장해 줌으로써 이해를 둘러싼 갈등의 확산과 첨예화를 예방하는 제도적 안전장치이기도 하다. 그 결과, 사회적 시장경제의 원리에 기초해 조합주의적 노사관계를 발전시켜 온 독일은 경제 재건기와 그 이후의 경제 부흥기에 노사갈등을 최소화하고 산업평화를 유지하여 높은 수준의 산업 생산성과 지속적 경제성장의 기반을 마련하였다. 독일에서 합의제 전통이 굳건하게 자리 잡고 지속된 것은 바로 이 시기에서부터이다.

III. 세계화와 신자유주의 그리고 합의제 민주주의의 위기

1. 세계화 속의 자본-노동 관계 변화

노동조직에게 경제 세계화는 새로운 객관적 현실이자 도전으로 다가온다. 1996년 11월 드레스덴(Dresden)에서 결의된 독일노동조합총연맹(DGB) 제4차 기본강령이 언급하고 있듯, 세계화는 자본주의 경제가 발전하는 과정에서 도달된 특정 단계에 해당되며, 이전 시기에는 존재하지 않았던 새로운 객관 조건이자 새로운 정치경제적 메커니즘이 관철되는 색다른 체제이다.[4] 이런 의미에서 경제 세계화는 세계 자본주의 발전의 일정 단계와 조응하여 나타난 현실이자 동시에 새로운 정치, 경제, 사회적 구조의 생성과 적응을 뜻하고, 동시에 이를 둘러싼 인위적인 정치·사회적 재편 작업과 움직임 그리고 그에 수반되는 갈등이 첨예화될 가능성을 내포하고 있다.

세계경제와 국내정치와의 상관관계에 대한 접근과 설명 방식은 이미 1980년대 이후 일반화되었다. 일국적 차원의 정치·경제적 변화과정을 세계경제와의 밀접한 연관 속에서 접근하는 것이 이제 보편화된 것이다. 경제 세계화는 역사적 산물이다. 세계화는 세계경제의 발전 과정에서 일정한 조건과 성숙 속에서 탄생된 시대적 결과물인 것이다. 1950년대 자유무역을 중심으로 한 상품자본(Warenkapital)의 급격한 팽창과 1960년대 다국적 기업을 중심으로 한 세계시장에서의 생산자본(produktives Kapital)의 유동성 증가를 거쳐 1970년대 고정환율제에서 변동환율제로 변화하는 국제질서의 변화와 맞물리며 빠르게 성장한 세계 금융자본(Finanzkapital)으로 말미암아 세계시장은 총체적인 자본의 집결체로 등장, 국민국가의 통제에서 벗어나 독자적인 자기 운동논리로 작동하기 시작했고, 그에 따라 경제 세계화도 가속화되었던 것이다.

2차 세계대전 이후 정착된 브레튼우즈 체제(Bretton-Woods-System)의 기본 전제는 국제 금융질서에 있어 고정환율제와 국민국가 차원의 자율적 통제의 가능성이 보장되어 있다는 점에 있었다. 이 체제하에서 세계시장과 국민국가 차원의 자율적인 조절이라는 양자 간의 균형성은 유지되었고, 세계시장이라는 외적 조건은 국민국가의 정치경제적 통제 시스템에 의해 조율될 수

---

4) 독일 노동조합총연맹(DGB)의 1996년 11월 드레스덴(Dresden) 제4차 기본강령은 한마디로 경제 세계화의 결과물이라 해도 과언이 아니다. 1981년의 제3차 기본강령이 당시 가장 중요한 정치사회적 이슈로 부각되었던 환경문제에 대한 대응 차원에서 이루어진 것이라면, 제4차 기본강령 태동의 기본적 동인은 바로 경제 세계화였던 것이다(DGB 1996, 5).

있었던 것이다. 하지만 세계화된 경제에서는 세계시장과 국민국가의 균형관계가 더 이상 지속될 수 없었으며, 국민국가의 정치경제에 있어 세계시장은 절대적인 영향력을 발휘하는 요소로 등장했다(Altvater 1995, 195).

결국 경제의 무한적 유동성과 정치의 일국적 유한성 속에서 정치는 경제에 종속되는 형식으로 왜소화되었으며, 그 결과 경제 세계화에 대부분의 국가들이 순응하는 형태로 국가전략과 대응전략을 수렴해 나가게 되기에 이른 것이다. 변모한 국가행위는 시장 우위의 국가 운영전략으로 일반화되었고, 이의 이론적 출발점은 신자유주의였다. 1980년대 초 영국의 대처와 미국 레이건의 경제정책으로 상징되는 신자유주의의 내용적 요체는 워싱턴 컨센서스(Washington Consensus)[5]에 잘 나타나 있다. 이는 세계화된 경제 시대 각국이 추구해야 할 정치, 경제적 정책 방향을 신자유주의적 입장에서 가장 잘 집대성한 교본이 되었다.

경제 세계화는 정치행위 주체들의 운신의 폭을 새롭게 규정짓는 객관적 현실이자, 동시에 국제경쟁력 제고를 위한 정치사회적 재구조화를 압박하는 상황으로 다가온다. 이 흐름에서 가장 먼저 그리고 가장 큰 파열음을 내는 곳은 노동 측이다. 무엇보다도 그 요인은 세계화에 따른 자본의 활동 공간이

---

5) IMF와 세계은행을 중심으로 한 국제경제기구들, 미국 행정부, G-7 재무장관들, 다국적 은행이 동조하고, 미국 논리에 편향적인 개도국의 경제장관들이 합의한 워싱턴 합의의 논리는 다음으로 요약된다.
   • 위기 진단: 경제침체의 주요 요인은 과도한 정부부분의 성장과 경제적 포퓰리즘에 있다. 비대하고 비효율적인 국영부문의 낭비, 수입대체산업화 과정에서 형성된 보호주의, 지나친 정부의 규제정책 등이 경제의 효율성을 저하시켰다.
   • 처방: 재정적자를 없애서 균형예산을 이룩하자. 국영부문은 민영화하고 시장지향적인 성장전략을 채택하자. 무역은 개방화로 나아가고 그간 경쟁력 제고를 가로막았던 보호주의 정책을 폐기하자. 그리하여 '시장의 천년왕국'을 이룩하자.
   이를 위한 워싱턴 합의의 10대 개혁정책은 다음으로 요약된다. 1) 예산적자의 해소, 2) 공공지출 우선 순위의 변경, 보조금 제거, 보건, 교육의 사적 부담액 인상, 3) 세제개혁을 통한 조세확장, 4) 시장에 의해 결정되는 플러스 금리체계, 5) 시장에 의한 변동환율제, 6) 무역 자유화, 7) 직접투자 제한의 철폐, 8) 공기업 민영화, 9) 경제활동에 대한 탈규제, 10) 재산권 보장. 워싱턴 합의의 핵심을 요약하면 시장근본주의에 기초한 최소정부론이다(박은홍 2000, 172-173).

파격적으로 확장되는 것에 반비례한 노동 쪽의 불리한 조건에서 찾을 수 있고, 자본과 노동 사이의 '이동성(mobility)' 차이가 그 핵심요인이다. 다시 말하면 경제 세계화 시대 자본의 유동 가능성은 무한정으로 팽창하는 데 비해, 물리적 그리고 사회적 요인으로 인해 노동의 유동성은 상대적으로 제약될 수밖에 없는 근본적 차이로부터 노동에 불리한 구조적 재편 작업이 진행되는 것이다. 자본의 이동성 증가와 자본의 탈퇴 옵션 때문에 노동은 자본과의 세력 관계에서 열세에 놓이게 되는 것이다.

범지구적 경쟁의 심화, 생산자본과 금융자본의 세계화로 요약되는 새로운 세계경제 질서의 대두는 국가와 기업 그리고 노동에게 새로운 도전으로 다가서고, 이전과 다른 국제경제 환경 속에서 서구 선진 자본주의국가에서 일반적으로 나타난 '신조합주의적'인 제도적 장치의 유용성은 점점 의심받게 된다. 이러한 상황에서 커다란 저항 없이 채택된 신자유주의적 구조조정 작업은 필연적으로 노동시장에 불리한 결과를 초래하고 있다. 심화된 경쟁 환경 속에서 경영합리화를 내걸고 추진되는 고용의 축소를 중심으로 전개되는 구조조정, 자본의 신기술 도입과 정보화 및 유연 생산방식, 그리고 이를 뒷받침하는 국가의 각종 정책은 자본의 노동시장 유연화 요구를 법제적으로 마련해 주는 것으로 이어진다. 자본과 국가의 이러한 조치는 곧바로 노동시장 내에서 노동자 집단의 분절화가 심화되는 것으로 연결된다. 즉 경제 세계화에 따른 자본과 국가의 신자유주의적 대응과 노동시장의 구조조정 작업은 노동자 집단 사이에 이질성의 가속과 확대를 재촉하는 것이다.

2. 합의제 전통의 와해

경제 세계화에 따른 노동시장의 구조적 변화는 노동과 자본의 관계에 근원적인 변화를 수반하며, 이는 곧바로 노동조직, 즉 노동조합의 영향력에 심대한 변화를 초래한다. 노동시장에서의 불리한 세력관계 형성이 정치, 사회적인 측면에서 노동조직에게는 힘의 약화와 내부적인 갈등의 심화로 이어진다는 것은 이론적으로 도출될 수 있는 자연적인 귀결이며, 이는 현실정치에도 그대로 구체화되어 나타나게 된다. 노동조합이 조직적 독자성과 정치적 자율성을 보장받고 노사관계에서 정상적인 주체로 '인정'되어 제도적 틀 내로 진입한 이래, 노동조합의 선택 범위와 운신의 폭은 구체적인 정치·경제적 상황 변화에 따라 민감하게 반응하는 조직으로 되었다.

노동시장의 유연성 증대를 통한 경쟁력 강화의 시도는 자연스럽게 고용의 유연화 요구로 연결되어 나타나며, 이는 노동시장에 비정규직 노동자의 증가를 포함한 노동시장의 파편화로 이어진다. 이러한 노동시장의 분열화는 당연히 전통적으로 중앙집권화되어 있던 노동조합의 영향력을 약화시키고, 노사 간의 협상에 있어서도 새로운 형태, 즉 산업별 단체협상에서 기업단위로 이전되는 추세가 강화되어 나타나게 된다. 이는 노동시장의 구조변화가 노동조직에 직접적인 영향을 미친다는 것을 의미하며, 노동자 내의 이질성 증가로 인해 노동자의 단체 교섭력은 약화되며, 연대성의 구축은 점점 어려워지게 되는 것이다. 결국, 경제 세계화에 따른 노동시장의 급격한 구조 변동과 노동조합의 응집력 약화의 상관관계는 분명하게 나타난다는 결론이 가능하다.

또한 노동시장의 파편화를 중심으로 한 노동시장의 급격한 변동은 노동조합의 조직률을 눈에 띄게 낮춘다. 정규직 노동자가 핵심 조직원을 구성했던 노동조합에서 노동시장의 분열과 구조조정에 따른 실업의 증가는 노동조합 구성원의 양적인 감소로 이어졌으며, 이는 곧바로 노동조합의 단체협상력 약화로 연장되어 나타난다. 피쪼르노의 표현을 빌리면 노동과 자본의 '정치적 교환(political exchange)' 관계가 경제 세계화를 맞아 노동 측에 보다 불리한 형국으로 빠져들고 있는 것이다(Pizzorno 1978). 이미 제도화된 매개조직(intermediäre Organisation)으로서 사회체제의 유지와 노동조합 조직원들의 이해관계 사이에서 좌표를 설정했던 노동조합은 이제 위기의 시대를 맞게 되었고, 이에 새로운 조건에서 새로운 해법을 찾고자 고투하는 상황으로 빠져 들게 되었다.

요약하면 경제세계화는 분명 객관적 현실이자 노동조직에게는 도전이다.

현실정치 영역에서 경제세계화에 대한 각국의 대응전략은 신자유주의적으로 특징지을 수 있고, 이는 일국적 차원에서 조성된 자본과 노동의 관계에 대한 새로운 구도를 요구하며, 결국 노동 측에 불리한 방향으로 진행된다. 경제 세계화 속에서 전개되는 새로운 구조변동에서 노동세계는 일국적 차원뿐만 아니라 이제 전 세계적 차원의 자본논리에 대응해야 했으며, 이러한 상황 속에서 일국적 차원에서 마련되었던 자본과 노동의 정치적 교환은 새로운 구도 속에서 재편되고 있다. 이러한 흐름에서 자본과 노동의 균형 속에서 이루어진 합의제의 전통이 온존할 수는 없는 것이다. 독일의 경우도 예외일 수 없다.

IV. 적·녹연정과 대연정 시기

1. 적·녹연정 시기

1982년 이래 16년간 헬무트 콜(Helmut Kohl)하의 장기 집권에 성공한 기민·자유당(CDU·FDP) 연정은 대량실업 문제에 대해 탈규제와 노동시장의 유연화라는 전형적인 신자유주의적 정책으로 대응했지만, 실업률 추이는 호전의 기미를 보이지 않았다. 이러한 상황에서 노동조합 측으로부터 색다른 제안이 등장한다. 1995년 11월 금속노조(IG Metall) 위원장인 클라우스 츠빅켈(Klaus Zwickel)이 정부와 사용자 측이 대량실업 문제를 해결하기 위해 진지하게 노력할 경우, 노조는 실질임금의 동결 및 노동시간의 유연화를 전격적으로 수용할 것임을 선언했다. 그의 제안은 당시 집권 세력인 기민·자유당 연합정부에 의해 수용되었고, 그 결과는 1996년 1월 '노동과 생산입지 공고화를 위한 동맹(Bündnis für Arbeit und Standortssicherung)'이라는 노동 측과 사용자 측 그리고 정부 간의 3자 합의였다. 이는 형식적으로는 사회적 시장경제와 독일모델하에서 1977년까지 유지되었던 합의제적 전통의 상징이었던 '협주운동(Konzertierte Aktion)'[6]이 20여 년 만에 부활한 것처럼 보였다.

제1차 '노동을 위한 동맹'으로 명명된 합의를 통해 노·사·정은 실업률을 절반으로 줄인다는 목표를 정했고, 이에 상응해 노동 측은 임금인상을 자제하며 정부는 재정 적자를 감축할 것임을 결의하였다. 하지만 제1차 동맹은 이후 순탄하게 진행되지 못했다. 집권 연합정부는 1996년 4월 일방적인 신자유주의적 정책으로 일관된 '고용과 성장을 위한 계획'을 의회에 제출했고, 해고 보호 조항 완화 및 병가 시 임금 지불 조항의 개정 등 주로 자본 측의 입장을 대변하는 탈규제정책의 도입을 강행했기 때문이다. 노조 측 내부에서도 정부 및 자본 측과 함께하는 1차 동맹에 대한 거센 비판이 일어났으며, 그 결과 '동맹'은 출범과 동시에 무력화되기에 이르렀다. 1998년 9월 연방의회 선거에서의 기민/자유당 집권세력 참패는 이러한 흐름의 연장선에서 일어난 것이다. 당시 유럽정치 무대에서 재기에 성공한 좌파 세력의 여세를 몰아 16년여 만에 집권에 성공한 독일 사민당은 선거공약에 따라 1998년 12월 '노동, 직업훈련 및 경쟁력을 위한 동맹(Bündnis für Arbeit, Ausbildung und Wettbewerbsfähigkeit)'이라는 노사정 간의 합의구조를 출범시켰다.

사민당과 녹색당 연합정부 체제하에서 진행된 제2차 '노동을 위한 동맹'은 대량실업 해결을 우선적인 정책목표로 설정은 했지만, '노동, 직업훈련 및 경쟁력을 위한 동맹'이라는 명칭 자체가 암시하고 있듯 경쟁력 강화를 보다 중요한 목표로 설정하고 있었다. 이를 위해 '신중도노선(neue Mitte)'[7]

---

6) 1960년대 말 서구 선진 자본주의 국가를 휩쓴 경제사회적 위기를 정부와 함께 자본과 노동 측이 협력하여 극복한 독일모델을 지칭한다. 하지만 1977년 자본 측에서 기존의 종업원평의회법이 헌법을 위반하고 있다고 주장하면서 헌법재판소에 판결을 의뢰하면서 협력 관계는 종식을 고하게 된다.

7) 1990년대 말, 1980년대 초반 이후 오랜 기간 동안 야당에 머물면서 활로를 찾지 못하고 있던 유럽 사회민주주의자들은 세계화에 대한 대응전략과 동시에 집권 전략을 마련하면서 자신들이 추구해 온 '분배 중심적' 정책 노선과 새롭게 부상하는 신자유주의를 '현실성 있게' 절충하는 내용을 담은 21세기 형 유럽 사민주의의 새로운 길을 제시했다. 영국 노동당의 블레어가 외친 제3의 길과, 독일 사민당의 총리 후보 슈뢰더가 외친 신중도노선

을 표방한 슈뢰더 정부의 우선적 관심사는 재정적 한계에 직면한 사회보장국가(Sozialstaat)의 재편이었으며, 정부예산의 효과적이고 효율적인 집행과 국가지출 규모의 축소는 이를 위한 수단으로 결정된 대표적인 정책이었다. 제2차 '노동을 위한 동맹'은 독일모델의 전통적인 코포라티즘적 전통을 부활시킴으로써 노·사·정 간의 협력에 기초하여 노동시장과 사회보장국가의 위기에 대해 적합한 해결책을 모색해 보려는 시도였으나, 대량실업 문제에 대한 진단과 처방에 대한 노사정 간의 상이한 접근과 해결 방식은 합의제적 전통의 존속을 어렵게 하였던 것이다.

이후 2001년 1월까지 노사정 간의 2, 3, 4, 5차 회동이 지속되었지만 뚜렷한 합의점은 도출되지 못했고, 회동이 거듭될수록 '노동, 직업훈련 및 경쟁력을 위한 동맹'이 담아내는 이슈와 정치적 방향은 신자유주의적 내용으로 변질되어갔다. 첫 번째 회동만 하더라도 적극적 노동시장정책에 대한 노동조합의 요구가 수용되었지만, 이후 시간이 더해가면서 논의의 초점은 점차 간접세의 인하, 임금 자제, 정부 예산의 공고화로 옮겨가기 시작했다. 2001년 3월과 7월에 열린 노사정 간의 6, 7차 회동 역시 새로운 합의점과 추진력을 얻는 데 성공하지 못했다. 상대적으로 노동 측을 대변하는 정치세력으로 평가되는 적·녹연정 시기에 결정된 중요한 개혁조치들 중 단 한 건도 노사정 간의 합의를 통해 이루어진 것이 없었다는 사실은 사민당의 집권과 함께 부활된 합의제적 코포라티즘의 내용을 구명하는 데 많은 시사점을 준다. 한마디로 이 시기에 있어 독일의 노사정 합의 내용과 과정에서 형해화(形骸化)된 합의제의 전형을 읽을 수 있는 것이다. 노사정 간의 마지막 회동은 2002년 1월 25일 열렸지만 임금교섭을 둘러싼 갈등 때문에 어떠한 합의문도 채택되지 못했고, 결국 합의제적 전통의 부활 작업은 실패로 끝나게 되었다.

제2차 '노동을 위한 동맹'이 실패로 끝나자 집권 적·녹연정은 2002년 3월 고위 경영자 출신인 페터 하르츠(Peter Hartz)를 위원장으로 노동시장의 전면적인 구조 조정을 목적으로 한 개혁프로젝트를 가동하기 시작하였다.

이 바로 그것이다.

2005년 초까지 200만 명의 실업자를 줄이겠다는 야심찬 계획에 대해 의회 내에서는 가장 진보적인 민주사회주의당(PDS)을 제외하고 모든 정당들이 전폭적인 지지를 보냈다. 하르츠 위원회의 보고서는 대량실업의 원인을 일차적으로 각 개인의 노동 의지 부족과 국가 차원의 일자리 중개 업무의 비효율성에서 찾았다. 보고서의 기저를 이루는 핵심 철학은 사회적 안전장치를 완화내지 해체하면 일자리를 찾으려는 실업자의 자발적 의지가 강화될 것이라는 점이었다.

'하르츠 개혁'안은 총 네 단계에 걸쳐 진행되었다. 2003년 1월 1일 부로 발효된 첫 번째 하르츠 법안은 실업보조금 수령 기준을 보다 강화하였고, 기존의 노동청(Arbeitsamt)은 고용사무소(Agentur für Arbeit)와 개인서비스사무소(Personal-Service-Agentur)로 업무로 재편하여, 개인서비스사무소는 노동 인력을 필요로 하는 기업에게 임대 노동을 적극적으로 중개하는 역할을 하게 함으로써 노동시장을 활성화하려 했다. 2003년 1월 1일 발효된 두 번째 하르츠 법안의 핵심은 유사자영업(Scheinselbständigkeit)에 대한 규제를 대폭 완화함으로써 소규모의 1인 창업(Ich-AG)을 지원하는 것이었고, 아울러 월 소득 400유로 이하의 미니잡(Minijob)과 월 소득 400~800유로의 미디 잡(Midijob) 같은 유연한 노동 형태가 가능하도록 하기 위해 이를 사회보장체계 내로 통합하는 것을 핵심 내용으로 담고 있다.

2004년 1월 1일 발효된 세 번째 하르츠 법안의 핵심 과제는 연방고용사무소(Bundesagentur für Arbeit)로 불리는 기존의 연방노동청(Bundesanstalt für Arbeit)을 현대적 경영원리에 기반한 일종의 서비스기업으로 재편하는 것이었다. '하르츠 개혁'의 마지막 단계이자 가장 중요한 네 번째 법안은 2005년 1월 1일에 발효되었고, 개혁 내용의 핵심은 실업보조금(Arbeitslosenhilfe)과 사회부조(Sozialhilfe)를 '실업급여 II(Arbeitslosengeld II)'로 통합하여 그 총액이 기존의 실업보조금 수준 이하에서 지불되게 한 점이다. 또한 기존의 실업급여는 지불기한이 절반으로 줄어들어 최대 1년 동안만 받을 수 있도록 했다. '실업급여 II'를 받기 위해서는 기존의 방식과 달리 가족구성원의 자산 및 수입 등을 밝혀야 하는 까다로운 조건이 부과되었고, 신청 과정과 평가는 고용사무소가 관할하며, 수혜자가 어떠한 형태의 노동이라도 기꺼이 수용한 다는 전제 조건하에서 실업급여는 지불되게 되었다.

독일의 사회정책 역사상 가장 극적인 방향 전환(Bäcker and Koch 2004, 88)으로 평가되는 '하르츠 IV'는 노동조합과 사민당 지지자들 일부의 강력한 반대와 저항을 불러일으켰다. 2004년 여름 '하르츠 IV'에 반대하는 대규모의 집회가 독일 곳곳에서 열렸으며, 노동 세력을 중심으로 '월요일 시위'도 정례화되었다. 이들은 노동시장에 관한 새로운 법안이 장기 실업자를 중심을 하는 사회 주변층으로부터 사회보장국가의 권리를 박탈하는 것이라고 비난했다. 일자리를 잃은 사람은 실업보험에 가입했을지라도 수혜기간이 대폭 줄어들어 사회 주변층으로 전락할 위험성이 커졌기 때문이다. 적·녹연정은 일련의 '하르츠 개혁'을 통해 국가 재정적자의 축소와 대량실업의 완화라는 두 가지 목표를 동시에 달성하고자 했고, 실업보조금의 폐지와 실업급여 수혜기간의 단축을 통해 국가 재정의 공고화에의 기여와 국가 경쟁력 제고의 기반 강화를 목적으로 앞선 기민·자민당 정권의 신자유주의적 정책의 연장선상에 놓여 있었다고 평가된다. 하르츠 법안이 단계적으로 강도를 더해 가면서 발효되자 전통적으로 노동자층의 지지를 얻어 온 사민당은 모든 주선거와 지방선거에서 연달아 참패하게 되었다. 이런 의미에서 적·녹연정의 생명력의 한계는 노동 측의 저항 및 반발과 관련된 것이었고, 독일 합의제 민주주의의 일탈과도 무관한 것이 아니다.

2. 대연정 시기

2005년 11월 18일 서명한 기민/기사련과 사민당 간의 191쪽 대연정 협정 문서는 '용기와 인간애를 지니고 함께 독일을(Gemeinsam Deutschland – mit Mut und Menschlichkeit)'이라는 제목으로 조세정책, 사회보장, 노동시장 및 재정 정책 등에 대한 새 정부의 기본 방향을 담고 있다. 합의문에 수록된 경제정책의 주요 내용은 노동시장의 유연화와 사회보장 축소 및 국가 재정적자

감축 그리고 이를 위한 세제개혁으로 정리된다. 대연정은 신규 종업원을 채용한 경우 기업의 해고금지 의무가 현행 6개월에서 2년 후부터 발생하도록 완화됨으로써 기업 인력 운용의 융통성을 확대하고, 41%인 임금부대비용도 40%로 낮추기로 합의했다. 아울러 대연정의 새 정부는 기업의 부담을 경감시켜 주기 위해 경영 측이 부담하던 실업보험 부담금을 2% 낮추고, 감축분은 부가가치세 1% 인상과 연방 노동청의 예산으로 충당하기로 했다. 정책의 전반적 기조가 다분히 친기업적이다. 결국 노동시장정책과 관련하여 대연정은 <하르츠 IV>로 상징되는 전임 슈뢰더 정부의 구조개혁 정책을 계승하고, 그 위에 보다 더 친기업적인 기민당의 선거공약사항과 정책방향을 가미하는 방식으로 합의안의 내용을 채운 것이다. 대연정은 협정문서를 통해 지난 7년간의 사민당과 녹색당 연합정부의 가장 큰 개혁 프로젝트였던 <하르츠 IV>를 보다 더 친시장적인 방향으로 개선할 것임을 분명히 하고 있다.8)

협정문서에 담긴 재정정책의 핵심은 세원 확보를 통해 재정적자를 줄이고 정부 투자를 증대하는 것으로 요약된다. 대연정 정부는 재정정책과 관련하여 문제가 심각해지고 있는 재정적자 문제를 새로운 조세정책의 도입으로 보완하려 한다. 이를 위해 새 정부는 선거과정에서 현행유지를 주장한 사민당의 선거공약과는 달리 부가가치세를 기존의 16%에서 19%로 인상하기로 했다. 부가가치세 인상안은 선거과정에서 기민/기사련이 강력하게 주장한 선거공약 사항 중 하나였다. 기민련과 사민당 연합의 메르켈(Angela Merkel) 정부는 세수 증대와 재정 지출 축소를 통해 연간 350억 유로를 조성하여 재정적자를 충당하는 데 사용하고, 2007년부터는 유럽연합(EU)의 재정 기준을 충족하려 한다. EU는 유로화 가입국가에 대해 연간 재정적자를 국내총생산(GDP)의 3% 이내로 유지할 것을 규정하고 있으며, 독일은 최근 몇 년간 재정적자의 압박을 이겨내지 못하고 이 규정을 어겨 브뤼셀 유럽연합으로부터 지속적인 개선 압력을 받아왔다.

---

8) "Was Union und SPD vereinbart haben," http://www.spiegel.de/politik/deutschland/0,1518, 385657,00.html

  보건 및 연금정책과 관련해서도 대연정 정부는 과감한 구조개혁을 다짐하고 있다. 그 중 급격하게 변하게 된 것은 연금과 관련된 부분이다. 노동자가 지불해야 할 연금부담금은 현 19.5%에서 2007년에는 0.4%가 오른 19.9%로 상승된다. 이는 노동자의 부담이 월 10.5유로나 늘어나는 것을 의미한다. 아울러 대연정 정부는 연금부문의 개혁을 통해 2012년부터 연금지급 시기를 현행 65세에서 67세로 늦추기로 했다. 또한 노동사회부장관 뮌터페링(Münterfering)은 2009년까지 연금 수령액을 현 수준에서 동결할 것임을 예고한 반면, 사적인 연금보험은 보다 더 많이 지원할 것임을 협정문서에서 밝히고 있다. 경제사회정책 영역을 중심으로 정리해 본 대연정 정부가 추진할 정책 방향을 종합해 볼 때, 새 정부가 추진할 정책들의 기조는 기민/기사련이 선거과정에서 제시한 공약사항을 골간으로 하여 연정의 한 축인 사민당의 요구사항을 적절히 배합한 것으로 풀이된다. 그 정책적 속성은 신자유주의적 공급정책이며, 이는 독일에서 새로운 것이 아니다. 이는 단지 전임 사민당과 녹색당 정권 시절에도 일반화되어 있던 신자유주의적 정책방향을 보수적 정치세력에 걸맞게 보다 더 강화한 것이다.[9]

  앞서 언급했듯 대연정 정부의 구조 개혁 프로젝트의 방향은 노동시장정책과 관련하여 과거 적·녹연정에서 시작된 '하르츠 개혁'을 발전시키는 것이다. 대연정은 실업자의 기초생계 보장 수단으로 실업보조금과 사회부조를 통합한 '하르츠 IV' 개혁안을 적극적으로 옹호한다. 대연정 정부는 '하르츠 개혁'이 사회부조에 의존했던 수십만 명에게 일자리를 중재하는 데 성공한 것으로 자체 평가했고, '하르츠 IV'을 골간으로 하면서 보다 정교하고 유연한 법안[10]을 2006년 8월 1일 발효시켰다. 새 법안은 2007년에만 약 15억 유로의 예산절감 효과를 기대하는데, 핵심적인 내용은 무엇보다도 '실업급여 II'를 신청한 사람에게는 곧바로 일자리 또는 재교육이 제공되고, 일 년

---

9) "Grosse Enttaeuschung," http://www.spiegel.de/politik/deutschland/0,1518,384487,00.html
10) *Gesetz zur Fortentwicklung der Grundsicherung für Arbeitsuchende*, Vom 20. Juli 2006, http://www.bmas.bund.de/BMAS/Redaktion/Pdf/Gesetze/2006-05-03-SGB-II-fortentwicklungsgesetzentwurf,property=pdf,bereich=bmas,sprache=de,rwb=true.pdf

동안 두 차례 제공된 일자리나 재교육을 거부하는 사람은 최대 60%까지 급여가 삭감된다는 내용이다. 아울러 새 법안은 경제적으로 어려운 상황에서 상호 지원하는 필요공동체(Bedarfsgemeinschaft)의 정의를 보다 엄격히 적용하고 있다. 이는 혼인 외 파트너십이 급속히 늘어나는 상황에서 실업급여의 지출을 억제하기 위한 목적으로 도입된 것이다. 또한 새 법안은 자동화된 데이터 조회를 통해 실업급여의 불법 수혜를 차단하고 있다. 결국 대연정의 정책은 적·녹연정의 신자유주의 정책의 연장에서 추진되고 있고, 그런 한에서 노동 측과의 합의를 전제로 하는 논의 구조를 유지하기를 기대하기는 어려운 것이 사실이다. 이러한 상황과 흐름은 최근 독일 정치에 있어 정치영역과 시민사회 영역의 충돌과 제도적 정치 영역에서 이질적인 세력의 부상과 연관되어 나타나고 있다. 합의제 민주주의의 현실과 운명은 이와 밀접하게 관련되어 진행되고 있다.

V. 합의제의 위기와 독일 정치 지형의 변화: 독주(獨走)와 저항의 충돌

1. 저항세력으로서의 시민사회의 부각

대연정의 성립과 이후 가속화된 신자유주의적 정책으로 독일의 경우 19세기 말 비스마르크 시대부터 시작된 각종 복지제도가 해체 과정을 밟고 있다. 1990년대 말 등장한 적·녹연정 이후 채택된 '신중도노선'의 사민당 개혁 프로그램은 대연정하에서는 보수적 색체의 기민/기사련의 지원하에 제도권 내에서 더욱 힘을 얻고 있는 형국이다. 두 당 간의 거대한 좌우동거는 일단 두 당이 모두 강조하고 있는 독일 경제사회 개혁의 지속을 위한 안정적인 정치적 기반을 단기적으로 확실하게 마련해 줄 것으로 보인다. 대연정은 강력한 의회를 의미하며, 이는 소위 시민사회에 대한 정치사회의 절대적 우위를 관철하는 정치적 지형을 한다. 하지만 의회를 중심으로 한 불균형적인 정치권의 일방적인 우위는 사회 전체 구도 상으로는 저항세력의 강화를 재촉할 수도 있다. 강력한 의회주의에 도전하는 시민사회의 결속이 보다 강화되면서 향후 정국이 새로운 갈등에 휘말릴 가능성을 배제할 수 없기 때문이다.

적·녹연정 시기 노동시장 개혁안으로 채택된 <아젠다 2010>의 실행이 곧장 월요시위와 사민당의 내분을 가져왔던 경험은 향후 의회 중심으로 독주하는 정치권의 행보에 시민사회가 새로운 도전을 가할 가능성을 뚜렷이 부각시킨다. 적·녹연정뿐만 아니라 대연정 시기에도 노동세력을 중심으로 한 시민사회영역은 시장적 요소의 강화를 주 내용으로 하는 정치영역의 일방적인 구조 개혁 작업에 조직적으로 제동을 걸 준비를 하고 있다. 정치영역과 시민사회 영역의 부조화와 균열의 격화가 그 원인이다. 이런 추세가 지속될 경우, 안정성을 무기로 한 독일의 통합정치는 정치영역과 시민사회 영역 간의 분열이 첨예화됨으로 인해 그 위기가 보다 더 노골적으로 드러나게 될 개연성이 짙다. 아울러 연방하원에서 제2야당으로 떠오른 좌파연합은 사회복지단체 및 노동조합들과의 연대를 통해 '흑·적(schwarz-rot) 대연정'에 대한 저항 활동을 장내·외에서 강화할 것으로 보인다. 때문에 대연정이 신자유주의적 개혁의 속도를 어느 정도로 조절하며, 저항 세력으로서의 시민사회에 대한 전략에 어떻게 대응하느냐 하는 것을 추적하는 작업은 앞으로 독일정치의 향방을 가늠할 핵심 요소일 것이다. 물론 이러한 분위기 속에서 정치영역과 시민사회 영역을 포함하는 독일의 전통적 합의주의가 존속되기를 기대하는 것은 어려운 일이다.

2. 대안 정치세력으로서의 좌파 정치세력의 부상

2005년 9월 연방하원 선거 결과가 보여준 주요 특징 중의 하나는 무엇보다도 제도권 공간에 '좌파세력들'이 대거 진입하였다는 점이다. 좌파연합[11]의 원내진출은 독일의 미래, 특히 소위 '독일병' 해소와 관련할 때 앞으로 커다란 논란을 불러일으킬 전망이다. 좌파당의 지지층은 기민/기사련의 전통적 후원세력과 사민당을 지지하는 신중산층(중산층 사무직, 교사, 자영업자 등)의 입장과는 분명 다른 정치적 지향점을 설정한다. 기본적으로 일하는 복지를 통한 독일 경제의 경쟁력 강화를 지지하는 신중산층에 비해, 좌파당의 지지자들은 연대, 사회정의, 분배를 더 강조한다. 이런 상황에서 신자유주의적 정책기조에서 일치하는 기민/기사련과 사민당 실용주의 노선 대 좌파당의 대결은 앞으로 합법공간의 독일정치에서 가장 극렬한 대립점을 형성할 것으로 보이며, 앞으로의 대연정 시기 제도 정치권에서의 주요한 균열선을 형성할 것으로 보인다.

　좌파당은 슈뢰더 적-녹연정의 개혁정책, 이른바 신 중도노선으로 더욱 어려움에 처한 계층을 대변하기 위해 분산되어 있던 동서독 지역의 좌파 지향의 정치세력이 통합되어 창설된 전국 정당이다. 좌파당의 탄생과 제도권에의 연착륙에 결정적인 공헌을 한 것은 노동시장 구조조정책인 <하르츠 IV>와 이를 앞장서서 비판한 사민당 전 대표였던 라퐁텐(Lafontaine)이다.12) 좌

---

11) 슈뢰더의 신자유주의에 경도된 신중도노선에 실망한 당원들은 사민당을 떠나 대안 정치세력으로 "선거대안 노동과 사회적 정의(WASG, Wahlalternative Arbeit und soziale Gerechtigkeit)"에 합류했고, 사민당의 유력 정치인이었던 라퐁텐을 지도자로 옹립했다. 이후 WASG는 2005년 연방의회 선거에 구 동독지역에 자리 잡고 있던 민주사회당(PDS)과 함께 "좌파/민사당(Die Linke/PDS)"이라는 선거연합을 구성하여 8.7%의 지지를 얻었다. 2007년 6월 16일 WASG와 PDS는 하나의 정당, 즉 좌파당(Die Linke)으로 통합되었다. 현재 독일의 제도권 정치에서 가장 좌파적 성격을 지향하고 있는 정치세력이다.

12) 라퐁텐은 슈뢰더 정권의 개혁정책인 <하르츠 IV>를 빈민법이라고 몰아 부치면서 신자유주의적인 정책에 반발하는 세력을 결집해 WASG(노동과 사회정의를 위한 선거 대안당: Wahlalternative für Arbeit und Soziale Gerechtigkeit)를 조직했다. 그후 신자유주의 정책의 저지에 최선을 다할 것을 천명하면서 동독지역에 기반을 둔 민주사회당(PDS)과 연합하여 범 좌파세력이 공동으로 총선에 참여할 것을 주장하였다. 이에 민사당은 전 당수인 기지(Gysi)를 중심으로 전열을 가다듬어 당명을 좌파당(Linkspartei)으로 개명하고, 라퐁텐의 WASG와 함께 좌파연합(Linksbündnis)을 결성하여 총선에 임했다. 총선 이후 두 정파는 통합에 합의하고 2007년 6월 16일 베를린에서 창당대회를 개최했다. 이후 1년 후인 2008년 5월 24일과 25일 양일에 걸쳐 코트부스(Cottbus)에서 거행된 제1차 전당대회를 통해 선명한 좌파정당의 노선을 강조하면서, 이를 구체화하기 위한 재정정책과 조세정책을 결의했다(http://die-linke.de/partei/organe/parteitage/1_parteitag/).

파당은 사민당 실용주의 노선을 시장사회민주주의(Marktsozialdemokratie)라 비판하면서, 이에 대한 대안세력으로서의 자신들의 정체성 부각에 매진하고 있다. 9월 18일 선거 직후 WASG 중앙위원회가 발표한 내용, 즉 "연방의회에서의 좌파정당은 독일 좌파에게 있어 커다란 성공이다. 우리는 흑·황(schwarz-gelb) 연정을 막았다. 이제 독일 연방의회에는 사회적 정의와 수미일

〈표 3-1〉 독일 연방의회 변천사(1980~2005)

연도\정당	2005. 9.18	2002. 9.22	1998. 9.27	1994. 10.16	1990. 12.2	1987. 1.25	1983. 10.5	1980. 10.5
기민/ 기사련	35.2(%)	38.5	35.1	41.5	43.8	44.3	48.8	44.5
	226(석)	248	245	294	319	234	255	237
사민당	34.3(%)	38.5	40.9	36.4	35.5	37	38.2	42.9
	222(석)	251	298	252	239	193	202	228
자민당	9.8(%)	7.4	6.2	6.9	11.0	9.1	7.0	10.6
	61(석)	47	43	47	79	48	35	54
좌파연합/ 민사당	8.7(%)	4.0(PDS)	5.1	4.4	2.4	X		
	54	2	36	30	17			
녹색당	8.1(%)	8.6	6.7	7.3	3.8	8.3	5.6	1.5
	51(석)	55	47	49	8	42	27	0
기타 정당	3.9(%)	3.0	5.9	3.6	B90/1.2 (%)	AL 2석 1.4	AL 1석 0.5	0.5
총의석수	613	603	669	672	662	519	520	519
투표율(%)	77.7	79.1	82.2	79.0	77.8	84.3	89.1	88.6

출처: 졸고(2005), 6-7

관한 평화정책 그리고 경제와 재정 및 사회정책에 있어 근본적인 노선 변경을 꾀할 정파가 진입하게 되었다. 의회뿐만이 아니라 의회 밖에서 사회운동 세력과 어깨를 걸고 우리는 강력한 야당을 강화시킬 것이다"라는 성명서는 그들이 추구하고자 하는 바가 무엇인가를 큰 틀에서 제시하고 있는 중요 문건이다.[13]

정리하면, 좌파당은 슈뢰더를 중심으로 한 사민당 실용주의 노선이 견지해 온 신자유주의적 정책에 반기를 들고 있고, 대연정 시기에 계속하여 연장되고 있는 신자유주의적인 방식으로는 경제 세계화 시대에 독일 사회와 경제가 봉착해 있는 문제를 결코 해결할 수 없다는 확신에 기초해 있다. 1998년 이래로 집권해온 슈뢰더의 신 중도노선은 철저히 실패한 정책으로 판단하고 있으며, 따라서 이러한 정책이 폐기되었을 때만이 온전한 독일을 건설할 수 있다는 신념을 견지하고 있다. 이들은 시장경제 우위의 맹목적인 세계화에 저항할 것이라는 점을 분명히 밝히고 있고, 그렇기 때문에 성장과 아울러 분배의 문제를, 그리고 시장개방과 규제완화에 매진하는 것보다는 기존 사회안전망의 온전한 복구와 건전한 국가와 사회 역할을 강조하는 세력이기도 하다. 정책적으로 추구하고자 하는 내용으로만 보면 이는 분명 사민당 내부의 좌파그룹과 많은 부분 맥을 같이한다. 좌파당의 등장에 따른 확연한 노선 간의 대립은 제도권 영역에서 합의보다는 비타협의 문화가 더 강화되는 것으로 판단된다.

민사당(PDS)시절 동독지역에만 편중되었던 좌파 정당의 명맥은 2005년 연방의회 선거를 통해 독일 전체지역으로 그 세력을 확대했다. 베를린에서 3명이 직선으로 선출된 것을 포함하여 좌파연합은 총 54명의 연방의석을 확보하였다. 지역별로도 특별 광역시 브레멘을 제외하고 연방의원을 전국적으로 골고루 배출함으로써 과거 동독지역에 머물던 정치적 한계를 극복하고 전국적인 정당의 면모를 갖추게 되었다. 득표율 면에 있어서도 좌파연합은 2002년 총선 때보다 전국에서 골고루 높은 신장세를 보이고 있다. 동독지역

---

13) http://www.w-asg.de/28+M524051b37ac.0.html

〈표 3-2〉 주 의회 선거에서의 좌파당 득표율(2004~2008)

주명 \ 연도	2004~7	주명 \ 연도	2008
브란덴부르크	28.0%	헤센	5.1%
튀링엔	26.1%	니더작센	7.1%
작센-안할트	24.1%	함부르크	6.4%
브레멘	8.4%		

출처: http://die-linke.de/die_linke/wahlen/wahlergebnisse/landtagswahlen/bremen/ (검색일자: 2008
년 5월 26일)

인 작센-안할트 주에서의 12.2%부터 서독지역인 바이에른 주의 2.8%에 이
르기까지 전국 16개 주에서 3년 전보다 가장 빠르고 높은 성장률을 보인
정치세력으로 등장한 것이다.[14] 좌파 정치세력의 세력 확장은 돌발 변수에
따른 일시적인 현상이 아니다.

　연방의회 선거 전부터 주 의회 선거에서 두각을 나타내기 시작한 좌파
정치세력은 2005년 연방의회 선거 이후 실시된 2006년 작센-안할트 주 선거
에서 24.1%를 획득, 주 내에서 제2의 정치세력으로 입지를 확고히 하였다.
특히 이 시기는 연방의회 선거 이후 통합 과정을 거쳐 전국적인 면모를 부
각시키고자 한 좌파당(Die Linke)의 첫 번째 선거였다는 점에서 매우 중요한
의미를 지닌다. 이후 진행된 구 서독 지역에서의 주 의회 선거에서 좌파당의
위세는 수그러들지를 않았다. 브레멘 시의 8.4%에 이어 헤센 주와 니더-작
센 주에서도 연속적으로 주 의회의 진입에 성공한 좌파당은 함부르크 선거
에서도 6.4%의 득표율을 기록하며 전국 정당의 입지를 확고히 하였다. 이러

---

14) http://www.bundeswahlleiter.de/bundestagswahl2005/downloads/ergeben2005/votetab3.pdf.
　　http://www.bundeswahlleiter.de/bundestagswahl2005/ergebnisse/landesergebnisse/l10/

한 위세는 2008년에 예정되어 있는 주 의회 선거뿐만 아니라, 2009년 말의 연방 하원의원 선거에서도 지속될 것으로 전망하는 것이 대세다. 좌파당은 이제 독일 정치에서 제3의 정치세력으로 공인될 정도이다(연합뉴스, "독 좌파당 선명 좌익 노선 부각," 2008/05/26).[15]

결국 좌파연합과 좌파당이 내세우는 정강정책 내용과 세력적인 측면에서의 전국적인 조직망의 확대는 그간 '대안부재'라는 현실적 한계 속에서 정치적 행로를 적극적으로 펼치지 못했던 사민당 내부의 좌파그룹의 움직임에 새로운 상황변수로 작용하면서 앞으로 사민당 동요와 분열을 가속시키는 원심력으로 작용할 주요한 요인이 될 것이다. 그에 상응해서 합의제적 정치문화의 지속성은 점점 멀어질 가능성 또한 커지고 있다.

VI. 결론: 독일 합의제 민주주의의 미래

안정성과 효율성을 동시적으로 지향하면서 한 사회를 효율적으로 유지·발전시킨 정치경제 체제로서 긍정적인 평가를 받아 온 '독일모델'의 합의제적 전통은 세계화를 통한 경제사회적 차원에서의 도전뿐만 아니라 그의 결과로 인한 정치영역에서의 구조적 변화로 인해 위기에 처해 있다. 사회적 시장경제의 논리에 따라 견지되던 전통적인 합의 구조는 세계화에 편승한 신자유주의적 대응 정책과 구조 조정에 따라 노동 측을 배제하는 방향으로 치닫고 있다. 이는 비단 시장 논리의 우위에 기초하는 보수적인 정치 세력에

---

15) 좌파당의 득세에 따른 독일 정치의 논쟁은 최근 가장 뜨거운 주제이다. 보수 정당뿐만 아니라 녹색당과 사민당 역시 빠른 속도로 대중적 지지세를 얻고 있는 좌파당의 기세에 당황하는 혼적이 역력하다. 이에 대한 논의에 대해서는 다음 글을 참고하시오. http://www.spiegel.de/politik/deutschland/0,1518,druck-537716,00.html; http://www.spiegel.de/politik/deutschland/0,1518,druck-537489,00.html; http://www.spiegel.de/politik/deutschland/0,1518,druck-537459,00.html; http://www.spiegel.de/politik/deutschland/0,1518,druck-537656,00.html; http://www.spiegel.de/politik/deutschland/0,1518,druck-537472,00.html

의해서만 추진되는 것이 아니다. 독일의 경우, 그간 상대적으로 친노동적인 정치세력으로 평가받아 온 사민당과 녹색당마저도 이와 유사한 정책을 지향하고 있음을 쉽게 감지할 수 있다. 본 연구에서 사례로 분석한 1990년대 후반에서 최근까지의 독일의 모습은 이를 입증한다. 사민당과 녹색당에 의해 진행된 적·녹연정 시기는 오랜 보수주의 집권기에 추진된 정책을 대체하는 새로운 것이 아니라 그의 연장선에서 진행되었으며, 이후 등장한 대연정 역시 신자유주의라는 정책 기조를 지속하고 있다. 그에 따른 합의제로부터의 일탈은 적·녹연정과 대연정 시기에 동일한 모습으로 나타나고 있다. 연금개혁과 관련된 <아젠다 2010> 및 노동시장에 대한 근본적 수술을 꾀하는 <하르츠 법안들>을 둘러싼 노사정 간의 불협화음과 충돌 그로 인한 합의제 전통의 와해과정은 이에 대한 구체적인 사례들이다.

정치권과 자본 측의 일방통행과 독주가 지배하는 것으로 특징지어지는 이러한 독일 정치의 모습은 일면 1980년대 초반 합의정치의 해체를 선도한 대처(Thatcher)시대의 영국 상황을 연상케 한다(Kavanagh and Morris 1989, 1~22). 하지만 이에 대한 대응 모습은 영국과 다르게 나타난다. 경제 세계화와 신자유주의적 정책 그리고 전통적 합의제 민주주의의 와해에 맞서 독일 시민사회와 국민들은 2005년 9월의 연방하원 선거와 이후 연이어 진행되고 있는 주 단위의 선거에서 반발과 저항의 모습을 분명히 하고 있고, 이는 독일 정치에 새로운 정치지형을 만들고 있다. 신자유주의 정책에 저항하는 정치세력과 시민사회를 응집하여 등장한 '좌파' 계열의 급성장이 바로 그것이다. 이러한 상황에서 타협과 협상의 제도화를 상징해 온 독일의 합의제 민주주의의 전망은 밝아 보이지 않는다. 노동 세력을 중심으로 한 시민사회의 저항이 강화되고 있고, 비타협적 노선을 앞세우는 정치세력이 제도권에서 힘을 얻어가는 상황에서 '순탄한' 합의제의 유지를 기대하는 것은 점점 더 어려워질 것으로 보인다. 이것이 경제 세계화 시대 독일 합의제 민주주의의 현주소이다.

▌참고문헌

구춘권. 2003. "독일모델의 전환과 사회협약정치의 변화."『한국정치학회보』37집 1호.

김득갑. 2002. "독일경제의 장기부진과 시사점." 삼성경제연구소 보고서.

김면회. 2001. "경제 세계화 조건 하의 독일노동조합총동맹과 독일사회민주당의 관계: 경제정책을 중심으로."『국제정치논총』41집 1호, 265-285.

_____. 2004. "독일모델의 생명력: '독일병' 논의에 대한 비판적 접근."『국제정치논총』44집 1호, 327-348.

_____. 2005. "독일총선과 정체성 논쟁: 사회민주당을 중심으로."『유럽연구』22권, 1-24.

_____. 2006. "독일의 통합정치와 도전들: 제도화와 해체의 변증법."『한독사회과학논총』16권, 165-187.

박은홍. 2000. "구조조정의 정치경제." 국제정치경제연구회 편.『20세기로부터의 유산: 세계경제와 국제정치』, 163-187. 서울: 사회평론.

선학태. 2004.『갈등과 통합의 정치』. 서울: 심산.

_____. 2005.『민주주의와 상생정치: 서유럽 다수제 모델 vs 합의제 모델』. 서울: 다산출판사.

성태규. 2002. "독일 질서자유주의에서의 정치적 질서정책."『국제정치논총』42집 2호, 217-236.

안석교. 2004. "아젠다 2010: 경제개혁의 배경, 내용 및 전망."『FES-Information-Series』2004-08, 서울: 프리드리히에버트재단.

오승구. 2003. "유럽식 경제모델의 성과와 한계." 삼성경제연구소 보고서.

_____. 2005.『독일 경제위기를 어떻게 볼 것인가: 사회적 시장경제체제와 슈뢰더의 개혁정책』. 서울: 삼성경제연구소.

이병훈. 2003. "유럽 노사관계 모델의 이해와 시사점." 한국노동연구원 주최 <한국 노사관계 발전 모델에 관한 토론회> 발표문.

이호근. 2004. "독일 정치경제의 구조와 흐름." 유럽정치연구회 편.『유럽정치』, 67-94. 서울: 백산서당.

연합뉴스. 2008. "독 좌파당 선명 좌익 노선 부각," http://www.yonhapnews.co.kr/

international/2008/05/25/0606000000AKR20080525001800082.HTML

Bäcker, Gerhard, & Koch Koch. 2004. "Absicherung bei Langzeitarbeitslosigkeit. Unterschied zwischen zukünftigem Arbeitslosengeld II und bisher Arbeitslosen und Sozialhilfe." *Soziale Sicherheit,* Nr.3.

Bartsch, Matthias, & Stefan Berg et al. 2008. "Schmerzhaftes Vorspiel." *Der Siegel* 10/2008, 22-38.

Berger, Stefan, and Hugh Compton. 2002. *Policy Concertation and Social Partnership in Western Europe: Lessons for the 21st Century.* Oxford: Berghahn Books.

DGB. 1996. *Die Zukunft gestalten: Grundsatzprogramm des Deutschen Gewerkschafts-bundes.*

Esser, Josef et al. 1979. "Das 'Modell Deutschland' und seine Konstruktionssch-wächen." *Leviathan,* 7(1).

_____. 1980. "Grenzenproblemes des 'Modells Deutschland'." *Prokla,* 40.

Hardach, G. 1977. *Deuschland in der Weltwirtschaft 1870-1970.* Frankfurt am Main/ New York.

Hoffmann, Jürgen. 1996. *Grundzüge deutscher Gesellschaftsgeschichte: Politisches Handeln und gesellschaftliche Struktur.* Münster: Westfälisches Dampfboot.

Immerfall, Stefan. 1998. *Stanndort Deutschland: Stärken und Schwächen im weltweiten Struturwandel.* Opladen: Leske + Budrich.

Kavanagh, Dennis, and Peter Morris. 1989. *Consensus Politics: from Attlee to Thatcher.* Oxford: Basil Blackwell.

Koalitionsvertrag zwischen CDU, CSU und SPD. 2005. *Gemeisam Deutschland – mit Mut und Menschlichkeit.* pdf.

Markovits, Andrei S., and Thomas Ertman. 1980. "Das 'Model Deutschland': Eine Herausforderung für die U.S.A." *Prokla,* 41(4).

Markovits, Andrei S., ed. 1982. *The Political Economy of West Germany: Modell Deutschland.* New York.

Pizzorno, Alesandro. 1978. "Political Exchange and Collective Identity in Industrial Conflict." Colin Couch & Alesandro Pizzorno, eds. *The Resurgence of Class Conflict in Western Europe since 1968.* Macmillan.

SPD. 2003. Agenda 2010: Mut zur Veränderung. Berlin: SPD.

BMAS. *Gesetz zur Fortentwicklung der Grundsicherung für Arbeitsuchende,* Vom 20. Juli 2006, http://www.bmas.bund.de/BMAS/Redaktion/Pdf/Gesetze/2006-05-03-SGB-II-fortentwicklungsgesetzentwurf,property=pdf,bereich=bmas,sprache=de, rwb=true.pdf

Der Spiegel. "Debatte um Rot-Rotes Bündnis: SPD zementiert Linkskurs." Spiegel Online, http://www.spiegel.de/politik/deutschland/0,1518,druck-537716,00.html (2008년 5월 26일 검색).

_____. "Linkspartei-Debatte: Streit in der SPD – Beck sagt alle Termine ab." Spiegel Online, http://www.spiegel.de/politik/deutschland/0,1518,druck-537489,00.html (2008년 5월 26일 검색).

_____. "Hamburg-Wahl: CDU-Führung rät zu Pakt mit den Grünen." Spiegel Online, http://www.spiegel.de/politik/deutschland/0,1518,druck-537459,00.html (2008년 5월 26일 검색).

Fischer, Sebastian, & Wittrock, Philipp. "Union und Grüne flirten sich fit für die Koalition." Spiegel Online, http://www.spiegel.de/politik/deutschland/0,1518,druck-537656,00.html (2008년 5월 26일 검색).

Kleinert, Hubert. "Fünf-Parteien-System: Warum Deutschland umdenken muss." Spiegel Online, http://www.spiegel.de/politik/deutschland/0,1518,druck-537472,00.html (2008년 5월 26일 검색).

http://www.bundeswahlleiter.de/bundestagswahl2005/downloads/ergeben2005/votetab3.pdf

http://www.bundeswahlleiter.de/bundestagswahl2005/ergebnisse/landesergebisse/l10/

http://die-linke.de/partei/organe/parteitage/1_parteitag/

http://die-linke.de/die_linke/wahlen/wahlergebnisse/landtagswahlen/bremen/ (2008년 5월 26일 검색).

제4장

거부권자 없는 정치:
한미 FTA와 국내 정치제도

조성대 | 한신대학교

I. 서론

신자유주의 외압에 대한 국내 정치제도의 대응에 대한 연구는 민주주의란 관점에서 보았을 때 매우 중요하다. 폭넓은 의미에서 자유무역협정을 포함하여 무역자유화에 대한 국내 정치제도의 대응과 효과에 대한 기존 연구는 특정 선거제도가 무역자유화에 대하여 친화력이 있는가에 대한 연구(Rogowski 1987)를 필두로 권력분산 정도(Frey and Mansfield 2003), 대통령제와 의회제(Neilson 2003), 대통령제하의 단점정부와 분점정부의 효과(Karol 2000), 그리고 이익집단의 대표 체계에 따른 정치제도의 효과(Ehrlich 2007) 등 다양한 영역에서 비교분석이 행해져 왔다.

그러나 교차국가분석으로 진행된 대다수 기존의 연구는 국가를 분석단위로 거시적 정치제도의 일반적 효과를 측정하는 편의를 제공하지만, 왜 특정 정치제도를 채택하고 있는 국가가 무역자유화에 친화적인지 혹은 그 반대인지에 대한 구체적 맥락을 제공해주지 못한다.

다시 말해 개별 국가의 정치제도를 분석단위로 하여 다수 국가들로 구성된 데이터베이스에 대한 회귀분석은 정치제도의 일반화된 효과를 제공하지만, 예를 들면 특정 국가가 무역자유화정책을 추진할 때 각 정치제도의 요소들이 이와 구체적으로 어떻게 관련되었는지를 설명해주지 못한다. 이런 관점에서 개별 국가들의 사례에 대한 연구는 교차국가 비교분석의 한계를 보완해주거나 혹은 새로운 해석을 제공해주는 역할을 담당할 수 있을 것이다.

다음으로, 무역자유화정책이나 쌍무적 자유무역협정 등의 통상정책에 대한 기존의 연구는 왜 특정 정치제도가 무역자유화에 친화력을 가지는가에 대해 강한 설득력을 지닌 이론틀을 제공하지 않고 있다. 예를 들어, 비례대표제나 연립정부와 같은 권력분산형태, 높은 기율을 지닌 정당체제, 단점정부 등은 각 국가의 정치적 토양이 정책신뢰성을 강조하는가 혹은 정책결단성을 강조하는가에 따라 상이한 효과를 지닌 것으로 해석될 여지가 있다(김미경 2006). 따라서 더욱더 일반화된 이론틀을 기반으로 각 무역자유화정책에 대한 정치제도의 효과를 타진할 필요성이 제기된다.

이 글이 쯔벨리스(Tsebelis 1995, 2002)의 "거부권자(veto player)" 개념에 주목하는 이유는 바로 여기에 있다. 그는 하나의 정체 내에 다수의 거부권자가 존재하게 하는 제도적 장치가 많을수록 현재의 정책을 변화시키기 어렵다는 점에 주목한다. 다시 말해 통상정책과 관련하여 제도적 거부권자가 많을수록 현재의 통상정책을 보다 자유화하거나 보호주의를 시도하는 그 어떤 변화를 시도하기 어렵고 현상유지적 결과를 가져온다는 것이다. 물론, 여기에 높은 기율을 지닌 정당 거부권자의 존재는 '유효 거부권자의 수'를 줄여주는 효과를 발휘할 수 있다는 점은 고려되어야 한다. 다시 말해, 제도적 거부권자와 정당 거부권자의 상호작용은 결국 현재의 통상정책의 위치뿐만 아니라 미래 향방까지도 점칠 수 있는 유효한 이론적 분석틀이 될 수 있다.

따라서 이 글은 지난 2007년 4월 타결되어 국회 비준을 앞두고 있는 한미 FTA를 사례로, 체결과정에서 제도적 거부권자와 정당 거부권자가 각각 어떤 역할을 담당했는가를 분석하고자 한다. 먼저 제도적 거부권자로는 대통령과 행정부를 한 축으로, 그리고 국회를 다른 한 축으로 설정하고 그들 간의 집합행동의 과정과 결과에 대한 분석 틀을 제공한다. 무엇보다도 한국의 국회가 미국의 의회가 지닌 실질적인 거부권한이 부족하다는 점을 헌법과 규정의 내용을 들어 설명하고자 한다. 둘째, 정당 거부권에 대해 이 글은 한국의 정당체계가 한미 FTA를 둘러싼 사회적 갈등을 어떻게 동원하고 대표했는지, 그렇지 못했다면 그 원인은 무엇인지를 살펴보고자 한다. 아울러 한미 FTA를 둘러싸고 정당체계와 의회가 어떤 상호작용을 보였는지에 대한 검토도 살펴볼 것이다. 구체적으로 한국 정당체계의 대표기능이 심각하게 왜곡되어 있고, 따라서 대통령과 행정부의 한미 FTA 추진과정에서 실질적으로 거부권한을 행사할 수 없었다는 점을 구체적으로 분석한다.

글의 순서는 다음과 같다. II절에서는 국내 정치제도와 무역자유화정책에 대한 기존 연구를 사회적 이익의 대표체계와 연관지어서 검토한다. 주요하게는 로고스키(Rogowski 1987)의 연구와 그 뒤를 잇는 연구들에서 밝힌 정치제도와 무역자유화정책 간의 상관관계에 대한 검토가 될 것이다. III절에서는 쯔벨리스의 거부권자 개념과 이를 통해 본 다양한 정치제도들의 효과를 검토한다. 특히 다양한 정치제도의 선거구(constituency)의 크기에 따른 거부권의 효과가 통상정책에 미치는 효과가 다를 수 있다는 점과 아울러 제도적 거부권과 정당 거부권의 상호작용이 자유무역정책에 미치는 영향에 대해서도 검토한다. IV절에서는 한미 FTA의 사례를 통해 바라본 쯔벨리스의 제도적 거부권자를 한국의 대통령과 의회 사이의 거부권한을 중심으로 고찰한다. 논증의 편의를 위해 미국 의회의 거부권한과 한국 국회의 거부권한에 대한 비교도 제공된다. V절은 한미 FTA를 둘러싼 사회적 갈등을 한국 정당체계가 하나의 거부권자로서 어떻게 반영하고 있는가를 검토한다. 특히 정당체계가 통상정책으로 인한 사회적 균열을 제대로 반영하고 있는지, 그리고 의회를 통해 적절한 거부권자로서 기능하고 있는지를 살펴본다. 마지막으로 VI절에서는 분석의 요약과 함께 민주주의 관점에서 한국의 의회와 정당의 거부권적 기능에 대한 전망을 논한다.

II. 정치제도의 이익대표 체계와 무역자유화정책

무역자유화정책에 미치는 국내 정치제도의 영향에 대한 대부분의 기존 연구는 교차국가분석을 통해 어떤 정치제도가 자유무역정책에 호의적인 환경을 조성하는가를 밝히는 데 집중해 왔다. 정치제도와 자유무역정책 간의 상관관계는 자유무역정책이 수반하는 수혜자와 비용지불자 사이의 불일치에 따른 것이다. 대부분의 기존 연구는 자유무역은 혜택이 전사회적으로 확산되는 데 반해 비용은 사회의 특정한 집단에 집중되는 경향을 지니고 있다고 가정한다. 따라서 무역자유화정책에 따른 처방전은 공공지출을 통한 피해 집단에 대한 사후 보상책 마련 등의 비용의 사회화와 무역자유화정책과 관련된 다양한 집단들을 정책형성과 결정과정에 모두 참여시킴으로써 집합적 결정의 신뢰성을 높이는 것이라고 본다(Hay, Ehrlich, and Peinhardt 2005; 김미경 2006).

따라서 정치제도적 차원에서 무역자유화정책과 선택적 친화성이 높은 제도는 다양한 이익들이 정부 정책결정 과정에 영향력을 행사할 수 있도록 하는 이익대표체계를 의미한다. 정치제도는 사회적 이익과 정책결정을 연결해주는 통로이자 조정자이기 때문이다. 먼저 로고스키(Rogowski 1987)는 다양한 선거제도가 분배정치에 있어 서로 다른 동기를 부여함에 주목했다. 지역적, 부문산업의 이해관계로부터의 절연(insulation), 지대추구적 보호주의 압력으로부터의 자율성(autonomy), 그리고 정책안정성(stability)을 핵심 개념으로 제시한 그는 대선거구제, 강한 정당, 그리고 비례대표제가 자유무역과 친화력이 높다고 주장했다. 예를 들어, 대선거구제의 경우 일반적으로 서로 다른 이익 기반을 지닌 대표자들로 구성되며 따라서 이들에 대한 사회적 압력은 매우 다양하며 응집력이 상대적으로 낮다고 볼 수 있다.

이러한 환경은 정치적 대표자들에게 사회적 이익들로부터의 더 많은 자율성과 정치적 행위에 있어 더 많은 재량권을 부여한다. 아울러 높은 정당 기율은 특수 이익보다는 일반적 국가이익에 집중하는 정당 지도자들로 하여금 정책을 통제하도록 하여 보다 일반화된 이해관계를 추구할 수 있다. 마지막으로 비례대표제는 지대추구적인 지역적 혹은 특수 산업부문으로부터의 보호주의 압력에서 자유로운 정책안정성을 도모할 수 있다는 것이다. 다시 말해 권력이 소수의 정치엘리트에게 집중되어 있거나 혹은 정부의 정책결정 과정이 특수한 산업적 혹은 지역적 이해관계에 좌우될 경우 지대추구적인 보호주의 정책을 추진할 가능성이 높으나 이와 반대로 다양한 사회적 이익에 보다 반응적이며 정책결정 과정에 다양한 이익들이 대표될 수 있는 정치제도는 자유무역정책을 안정적으로 추진할 수 있는데 유리한 정치적 환경을 조성한다는 것이다.

로고스키의 연구 이후 다양한 학자들에 의해 민주주의 국가에서 자유무역정책에 선택적 친화력이 높은 정치제도에 대한 탐구로 이어졌는데, 역시 핵심적인 변수는 이익대표 기능이었다(Frey and Mansfield 2003; Ehrlich 2007).[1] 무엇보다도 권력이 분산될수록(fragmented) 다양한 사회적 이익을 대변한다는 가정 아래 연립정부와 같은 권력분점체제가 자유무역에 호의적이라는 견해가 제기되었다(Frey and Mansfield 2003). 즉 정부 정책결정에 참여하는 행위자의 수가 많을수록 권력의 분산정도는 커지는데, 보다 많은 행위자가 정부 정책결정에 영향력을 행사함으로써 특정한 이익이 압도적인 결정력을 행사하는 것을 견제할 수 있으며, 보다 폭넓은 유권자들이 선호하는 정책을 추진할 수 있다는 것이다. 물론 이에 대한 반론도 없는 것은 아니다. 예를 들어, 대통령제의 경우 국가 전체를 선거구로 삼고 있기에 특수이익의 보호주의 압력으로부터 영향을 받지 않을 수도 있다는 견해이다. 특히 기율 높은 정당과 강력한 대통령은 종종 높은 관세를 요구하는 의회의 결탁(logroll) 상황을 타개할 수 있다는 것이다(Neilson 2003).

---

1) 일반적인 민주주의 국가의 정치제도의 효과 외에 개발도상국의 민주화가 자유무역을 이끈다는 연구가 있다(Milner and Kubota 2005). 민주화는 대표자 선출과정에 더 많은 유권자들의 참여를 가져오는데, 결국 정책결정자들은 확대된 유권자들의 선호를 반영하는 정책을 채택할 가능성이 높다는 전제에서 출발한다. 특히 비민주체제를 유지했던 많은 저발전 국가들의 노동자와 시민의 경우 자유무역을 선호하는 성향을 보이며, 여기에 재선에 성공하기를 원하는 정책결정자들은 비민주체제 아래 유지했던 보호통상 장벽을 낮추고 무역자유화를 추진하게 된다는 것이다.

에르리히(Ehrlich 2007)는 이익대표 체계에 있어서 집단행동의 문제(collective action problem)를 제기함으로써 자유무역정책과 국내정치제도 사이의 관계를 또 다른 시각에서 접근했다. 그는 우선 로고스키의 비례대표제가 무역자유화의 필요 혹은 충분조건이 되지 못함에 주목했다. 경험적인 예로 아일랜드와 스위스 같은 비례대표제 국가들이 제2차 대전 이후 OECD 국가들의 평균 이상의 높은 관세율을 채택하고 있는 데 반해 일본, 캐나다, 미국과 같이 비례대표제를 채택하고 있지 않는 국가들이 상대적으로 평균 이하의 관세율을 보였다는 것이다. 오히려 그는 보호주의자들의 경우 자유무역주의자들에 비해 상대적으로 집단행동의 문제를 쉽게 극복할 수 있고, 따라서 정책결정 과정에 손쉽게 로비할 수 있다는 전제에서 출발했다. 여기에 정치제도가 이익집단에 제공하는 접근점(access point)이 많을수록 로비의 비용이 낮아지며, 집단행동의 문제에서 이점을 누리는 보호주의자들의 경우 이점을 십분 활용할 수 있으며, 결과적으로 보호주의 정책이 채택될 가능성이 높아진다는 것이다. 즉 이익집단이 정책결정 과정에 접근할 수 있는 지점을 많이 제공하는 정치제도일수록 보호주의 정책을 결과할 가능성이 높다는 것이다. 이러한 이론적 틀 아래 에르리히는 선거구 수가 많을수록, 정부를 구성하는 정당의 수가 많을수록, 그리고 정당 기율이 낮을수록, 양원제를 채택하는 경우, 그리고 대통령제보다는 의회제가 이익집단에 더 많은 접근점을 제공하며 따라서 그러나 이익집단 대표 접근법은 몇 가지 강한 가정에 근거해 있다.

첫째, 무역자유화정책이 수반하는 혜택과 비용에 관한 자유주의적 가정으로 무역자유화정책이 일종의 공공재적 성격을 갖고 있고, 따라서 다양한 사회적 이익을 반영하는 정치제도일수록 무역자유화정책에 높은 친화력을 지닌다는 것이다. 그러나 자유무역협정을 비롯해 무역자유화정책은 생산요소 간(factoral) 혹은 산업부문 간(sectoral) 이동성(mobility)의 수준에 의해 계급 간 혹은 산업 간 갈등을 유발하는 정책임에 분명하고 결과적으로 혜택 집단과 피해 집단이 비교적 분명하게 존재한다(Ladewig 2006). 아울러 정당체계는 이들의 산업적 혹은 계급적 이해관계를 배타적으로 대표하는 경우가 종종 발견된다.

둘째, 위의 연구들은 대체로 정치적 다원주의를 기본 전제로 하고 있다는 점이다. 즉 모든 이익들이 공정하게 대표될 수 있는 다원주의적 민주주의 사회에 대한 강한 가정을 수반하고 있다. 물론, 개도국들의 무역자유화정책과 정치제도 간의 상관관계에 대한 연구가 없는 것은 아니지만 특히 노동이나 농민 부문의 이익집약과 대표 기능이 약한 개발도상국의 경우 정치제도는 불균형적인 이익대표 기능을 수행할 가능성이 높다.

셋째, 무엇보다도 중요한 것은 각 정치제도의 효과가 이론적 관점에 따라 달리 해석될 여지가 높다는 점이다. 예를 들어, 국가가 정치제도를 채택함에 있어 어떤 목적을 더욱 중요하게 생각하느냐에 따라 자유무역정책에 대한 효과가 달라질 수 있다는 점이다. 김미경(2006)은 특정 정치제도가 '정책신뢰성' 혹은 '정책결단성' 중 어느 것에 무게를 두느냐에 따라 통상정책에 대한 제도의 효과가 다를 수 있음을 논증하고 있다.

예를 들어, 정책신뢰성을 정부 정책결정의 중요한 기준으로 볼 경우 정책결정에 참여하는 행위자가 많을수록 자유무역정책에 친화력을 갖는다고 볼수 있다. 따라서 보다 분산된 권력체계, 비례대표제, 그리고 보다 강한 의회라는 정치제도가 선호된다. 이에 반해 정책결단성을 중요한 기준으로 보는 경우 정부 정책결정에 참여하는 행위자의 수가 적을수록 좀 더 효율적인 무역자유화정책을 추진할 수 있다고 볼 수 있을 것이다. 이 경우 보다 권위주의적인 정치체계, 보다 집중화된 정부권력, 다수결체, 강력한 대통령제 등이 선호된다.

문제는 경험분석의 결과 각 제도의 효과가 달리 나타날 경우 이러한 설명틀이 보다 일반화된 가설검증을 유도하기가 쉽지 않다는 것이다. 정치제도와 무역자유화정책 간의 상관관계를 밝히는 데 보다 일반화된 이론틀이 필요한 이유가 이 때문이다.

III. 국내 정치제도 내의 거부권자와 통상정책의 변화

통상정책의 변화에 대한 보다 일반화된 제도적 접근은 거부권자(veto)의 수와 정책변화 사이의 관계에 대한 탐구에 의해 제시되었다. 이머거트(Immergut 1990)는 정책결정 구조가 정책제안의 향방이 결정되는 일련의 거부지점들(veto points)로 구성되어 있고, 따라서 정책이 성공을 거두기 위해서는 모든 거부지점에 위치한 행위자들이 특정 정책에 동의해야 함에 주목했다. 따라서 거부지점들의 수의 증가는 정책변화를 어렵게 만드는 요인으로 작용한다. 아울러 거부지점의 수는 권력분립, 입법기관의 수, 그리고 정당기율의 강도 등의 요인들에 의해 규정된다.

이러한 지적에서 더 나아가 쯔벨리스(Tsebelis 1995, 2002)는 경제정책 변화에 대한 제도의 영향력을 고려함에 있어 "정책 변화에 필요한 동의권을 지닌 개인이나 집단"으로 정의되는 거부권자(veto player)라는 더욱 일반적인 개념을 제시했다. 쯔벨리스의 거부권자 개념은 일반적으로 두 가지 유형으로 구분된다. 첫째는 헌법에 의해 창조된 대통령, 의회 등의 제도적 거부권자(institutional veto player)로 정책에 대한 공식적인 거부권을 지닌다. 제도적 거부권자들은 정책 변화를 유도하는 모든 제안을 통과시키거나 저지시킬 수 있는 위치에 있으며, 따라서 그 수의 증가는 정책의 변화를 어렵게 만든다. 예를 들어, 의회제가 대통령제보다, 혹은 양원제가 단원제보다 정책 안정성이 높은 이유는 바로 이 때문이라고 볼 수 있다.

그러나 다수의 제도적 장치 속에 다양한 거부권자의 존재가 주요한 정책에 변화를 가져오지 못하게 한다는 것은 맥락에 따라 달리 해석될 여지가 있는데, 두 번째 거부권자 유형인 정당 거부권자(party veto player)의 존재 때문이다. 물론 정당 거부권자의 수의 증가 자체는 정책 변화 가능성을 감소시킨다. 따라서 단일정당이 정부를 구성하는 것보다 연립정부의 경우 정책 변화가 어려울 수밖에 없다. 반면, 대통령, 의회(양원제를 포함), 그리고 그 밖의 제도적 거부권자들이 매우 응집력이 높고 정책선호가 단일한 정당에 의해 통제될 경우 이 정당의 정책선호에 의해 현상유지(status quo)를 지속시키거나 새로운 정책으로의 변화를 쉽게 모색할 수 있다. 즉 정당 거부권자는 제도적 거부권자들 사이의 '일치(congruence)'의 조건을 부여하며, 심지어 콕스·맥쿠빈스(Cox and McCubbins 2001, 36)가 말한 "유효 거부권의 수(effective number of vetoes)"를 하나로 감소시킬 수 있다. 쯔벨리스의 두 가지 유형의 거부권자 개념은 결국 거부권자의 수 그 자체가 중요하다기보다는 거부권자들 사이의 일치성의 수준에 따라 정책의 향방이 달라질 수 있다는 것이다.

앞 절에서 언급한 권력분산화 정도와 이익대표 체계, 그리고 통상정책 사이의 관계 또한 쯔벨리스의 거부권자 개념을 토대로 재해석될 여지가 생긴다. 이미 언급했듯이 제도는 이익집단들이 정책결정에 영향을 미치는 접근점을 제공한다. 따라서 더 많은 거부권자들을 내포하는 분권화된 정치제도는 상호 갈등적 정책선호를 지닌 이익집단들에게 더 많은 접근점을 제공함으로써 이익집단들의 압력이 실질적인 영향력을 가질 수 있는 범주를 제한할 수 있다. 제도자체가 상이한 선거구(constituency)를 대표하고 유권자의 선호를 다른 방식으로 집적하고 대표할 경우 다른 거부권 지점에 위치한 정책결정자들은 정책결정에 있어 날카롭게 대립할 수 있다(Garrett and Lange 1995). 예를 들어, 대통령의 경우 전국적인 선거구를 대표하고 따라서 의원 개개인보다 국가이익이라는 틀로 쟁점들을 바라볼 여지가 많다. 혹은 미국과 같은 양원제의 경우 상원은 선거구 규모가 상대적으로 크기에 특수 이익에 의해 좌우될 확률이 하원에 비해 낮다(Shugart and Haggard 2001).

이에 반해 "인물 투표(personal vote)"에 대한 동기부여가 강한 단순 다수제의 하원선거의 경우 의원들의 정책결정에 있어 지역 혹은 특수이익의 영향력이 증대될 여지가 크다(Carey and Shugart 1995). 이와 유사하게 연방제의 경우 단방제보다 특정 정책에 대해 적대적인 지역적 이해관계에 빠져들 수 있는 확률이 높다. 정부가 다수의 정당으로 구성되는 연립정부의 경우도 유사한 결과를 가져올 수 있다. 정당들이 각기 다른 선거구민들을 대표한다고 가정한다면, 정부를 구성하는 정당의 수가 증가할수록 정부 내에 대표되는 정책 관점의 다양성이 증대됨과 동시에 거부권자의 증가로 타협의 구조를 더욱 어렵게 만들 수 있다. 결국 권력이 분산될수록 혹은 거부권자들의 수가 증가할수록 서로 다른 정책 선호를 지닌 이익집단들은 선거구의 다양성에 의해 창조된 정치제도에 상호 경쟁적으로 접근을 시도하고, 이들을 대표하는 각 지점의 거부권자들은 상호 갈등적인 정책관을 지닐 확률이 높아진다. 통상정책의 관점에서 보았을 때, 결국 거부권자들의 수의 증가는 결국 현상유지를 넘어서는 정책결정을 내리기 어렵게 만든다는 것이다.

그러나 거부권자들이 많다고 해서 정책변화가 불가능한 것만은 아니다. 만약 현상유지를 타개하려는 이익집단들을 대표하는 정당들이 '선호의 일치'를 이루고 있고 모든 제도적 거부권 지점들에 대한 통제력을 지닐 경우가 대표적인 사례이다. 그러나 정당 거부권자들이 모든 제도적 거부권 지점을 장악하는 사례는 민주주의 국가에서는 찾아보기 드문 현상일 수밖에 없다. 아울러 같은 정당소속일지라도 거부권 지점이 대표하는 선거구에 따라 정책에 대한 선호를 달리할 수 있다는 점도 고려되어야 한다. 따라서 통상정책에 있어서 현상유지 혹은 변화의 향방은 제도적 거부권자와 정당 거부권자의 선호체계와 상호작용을 각 국가들이 처한 독특한 정치제도의 맥락에서 이해해야 한다.

한국의 경우 대통령제와 삼권분립을 채택하고 있고, 의회는 단순다수제와 비례대표제를 혼용하고 있지만, 약 74.6%의 의석이 단순다수제를 통해 채워지기에 단순다수제가 강한 선거제도를 채택하고 있다. 따라서 쯔벨리스의 관점에서 보았을 때, 대통령과 의회는 선거구의 상이함으로 인해 서로 다른 이익을 대표할 가능성이 있다. 이 경우 통상정책의 향방은 결국 대통령과 의회 사이의 집합행동과 정책조정자로서의 정당의 기능에 달려 있다. 즉 자유무역협정과 같은 대표적인 무역자유화정책의 경우 대통령과 의회가 어느 수준과 내용의 거부권을 지니고 있는가, 정당의 기율 수준은 이 과정에서 어떻게 작용하는가, 그리고 다양한 사회 이익의 집약과 대표는 어떤 통로를 통해 어느 정도 이루어지는가에 대한 사례분석을 통해 보다 정확한 이해가 가능할 것이다. 이를 지난 2006년 2월 3일 공식협상을 시작으로 2007년 4월 초 정부 간 협상이 타결된 한미 FTA의 한국 사례를 통해 파악해 보자.

IV. 제도적 거부권자와 한미 FTA: 대통령과 국회의 권한

한국 정부가 한미 FTA를 추진하고 있다는 사실이 일반 국민들에게 공개된 것은 2006년 1월 18일의 노무현 대통령의 신년연설을 통해서였다. 노무현 대통령은 이 연설을 통해서 개방이 대세이며 한국 경제의 미래를 위하여 한미 자유무역협정을 맺어야 하며 조율이 되는 대로 협상을 시작하겠다고 발표했다. 그리고 약 2주 후인 2월 3일 한국의 김현종 통상교섭본부장과 미국의 통상대표부 대표인 로버트 포트먼(Robert Portman)은 미국 의회의사당에서 공동기자회견을 갖고 협상 개시를 선언하였다. 아울러 정부는 한미 FTA가 i) 세계 최대인 미국 시장에 대한 접근, ii) 서비스 분야를 포함한 경제 시스템의 경쟁력 강화, iii) 양극화 해소, iv) 동북아 허브, 대외신인도 제고, v) 한미 동맹을 경제동반자로 전환한다는 특수이익보다는 전체 국익차원에서 접근되었음을 주장했다(국정홍보처 2006).

이처럼 FTA 추진에 있어 행정부가 주축을 이루는 이유는 한국의 경우 통상협정 분야에서 대통령이 강한 정책 선점권을 지니고 있기 때문이다. 미국의 경우 통상에 관한 권한은 전통적으로 의회에 속해 왔다. 미국 헌법 제1조 8항은 "외국, 주 상호간 그리고 인디언 부족과의 통상을 규제"하는 권한을 부여하고 있다. 아울러 제2조 2항에서 "대통령은 상원의 권고와 동의(advice and consent)를 얻어 조약을 체결하는 권한을 가진다. 다만 그 권고와 동의는 상원의 출석의원 2/3 이상의 찬성을 얻어야 한다"고 하여 대통령의 정책 선점권을 나름대로 인정하고 있지만 의회의 체결에 대한 사전 동의권, 그리고 비준에 대한 동의권을 명시하고 있어 통상정책에 대한 실질적인 규제권한을 의회에 부여했다. 그러나 1934년 상호통상협정법(Reciprocal Trade Agreements Act)을 시작으로 의회는 통상정책 결정권한을 서서히 행정부로 위임하기 시작했다. 1974년 통상법에서 5년 기한으로 신속처리권한(FTA: Fast-Track Authority)을 행정부에 부여함으로써 통상정책에 있어서 행정부의 위임 권한을 공식화했고, 2002년 9월 통상촉진권한(TPA: Trade Promotion Act)을 2년 단위로 갱신하면서 광범위한 협상권을 부여했다. TPA는 의회가 통상협상에 대한 실질적인 권한을 대통령과 행정부에 위임한 것으로, 행정부는 협상결과를 의회에 제출하고 의회는 협정의 각 항목이 아니라 협정 그 자체에 대한 찬반 투표만 하게 함으로써 실질적으로 의회의 권한을 축소시킨 결과를 가져왔다.

그럼에도 불구하고, 미국 의회는 통상협상 전과정, 그리고 추후 비준동의 과정을 통해 대통령과 통상대표부의 정책추진을 규제할 수 있는 제도적 장치들을 마련하고 있어 실질적인 거부권자로서 기능하고 있다고 해도 과언은 아니다(Karol 2000 참조).[2] 이를 TPA법을 중심으로 협상 개시 전, 협상 과정, 그리고 협상 타결 후 과정으로 구분해 구체적으로 살펴보면 다음과 같다(국회 통일외교통상위원회 2007). 먼저 대통령과 통상대표부는 협상 개시 선언 90일전 i) 협상 개시 의향, ii) 협상 개시 일자, iii) 구체적 목표, iv) 새로운 협정 체결 또는 기존 협정의 변경 의향 여부 등을 의회에 통보해야 한다. 이 경우 의회는 통상대표부와 협상의 내용과 기본 방향에 대해 협의할 수 있는 권한을 갖고 있는데, 상원 재무위원회와 하원 세입세출위원회, 그리고 두 위원회의 위원장 및 위원, 그리고 기타 통상협정 관련 위원회 위원들로 구성되는 의회감독그룹(Congressional Oversight Group) 등이 대표적인 거부권자로 활동한다.

아울러 TPA법은 의회에 협상의 기본방향을 제시할 수 있는 권한을 부여하고 있는데, 상품, 서비스, 투자, 지적재산권, 투명성, 반부패, WTO 및 다자간 통상협정 개선, 규제, 전자상거래, 농산품, 노동·환경, 분쟁해결, WTO 확대 협상, 통상구제, 국경세, 섬유, 아동노동 등의 17개 협상분야에서 기본방향과 목표를 제시할 수 있도록 하고 있다. 협상 과정에서 미국 의회는 공식서명 180일 전 기존 산업지원 관련 법령의 수정을 요하는 협상안의 주요 내용을 의회에 보고하게 함으로써 협정의 성격, 협정 목표 달성 정도, 그리

---

2) 캐롤(Karol 2000)은 미국 대통령과 의회가 통상정책에 있어 실질적인 거부권을 지니고 있다는 가정 아래 단점정부와 분점정부가 미국 통상정책의 방향에 미치는 영향을 공간이론(spatial theory)을 통해 설명하고 있다.

고 협정의 이행 방안에 대해 의회가 실질적으로 규제할 수 있도록 했는데, 이 과정에서 상원 또는 하원은 결의로 통상대표부의 보고 내용을 수용하거나 거부할 수 있다. 마지막 단계인 협상 타결 후 과정에서 의회의 실질적인 거부권의 내용은 다음과 같다.

우선 의회는 대통령으로 하여금 협상안에 공식으로 서명하기 90일 전까지 공식서명 의사를 통보하도록 하고 있다. 아울러 민간자문위원회에 보고서를 서명 의사통보 30일 이내에 제출하도록 요구할 수 있으며, 국제통상위원회(International Trade Committee)로 하여금 자유무역협정이 경제전반과 부문 산업에 미치는 영향력에 대한 평가보고서를 공식서명 후 90일 이내 제출하도록 요구할 수 있다. 이러한 평가를 거친 자유무역협정안은 이행법안이 제출된 후 90일 이내에 처리되는데, 하원의 세입세출위원회와 상원의 재무위원회에 회부된 이후 심사를 거쳐 각각 45일과 15일 이내 양원 본회의에 보고할 것인지 여부를 결정하고, 본회의에 상정된 경우 각각 15일 이내에 가부를 표결하도록 되어 있다. 요약하면, 통상정책과 관련한 미국의 제도적 거부권 유형은 비록 대통령과 행정부에 정책 선점권을 부여하고 있지만, 협상 개시 전 체결에 대한 동의권과 아울러 협상의 기본 방향과 내용을 제시할 수 있는 권한, 협상 과정에서 협상의 목표 달성 정도와 이행 방안을 감독할 수 있는 권한, 그리고 마지막으로 협상 타결 후 협정의 영향 평가와 더불어 체결에 대한 비준 동의권을 여전히 의회가 지니고 있어 실질적인 제도적 거부권자로 기능하고 있다고 판단된다.

미국과는 대조적으로 통상정책과 관련한 한국 내의 제도적 거부권은 헌법상으로 대통령의 "조약의 체결·비준"권(헌법 제73조)과[3] 국회의 "조약의 체결·비준에 대한 동의"권(헌법 제60조 1항)으로 요약될 수는 있지만 국회가

---

3) 통상협정체결에 있어 대통령의 권한은 역사적으로 조금씩 변화가 있었다. 1948년 7월 제헌헌법 제59조에서는 조약의 체결권과 비준권을 대통령에게 부여했으나, 1960년 6월 제3차 개정헌법 제59조에서는 대통령의 조약 체결권을 삭제했다. 그리고 1962년 12월 제5차 개정헌법 제71조에서 대통령의 조약의 체결권이 부활되어 오늘에 이르고 있다. 이해영 2007 참조.

보다 축소된 형태의 제도적 거부권한을 지니고 있다고 할 수 있다. 무엇보다도 한국 국회는 FTA 협상 개시와 협상 과정에서 영향력을 행사할 수 있는 법적 권한을 전혀 부여받고 있지 못하다. 2004년 6월 제정된 "자유무역협정 체결절차규정(대통령 훈령 121호)에 의하면 FTA 추진의 기본전략의 수립과 추진 심의, 그리고 협상 개시 의결 요청은 FTA 추진위원회에서 심의하여 대외경제장관회의에서 의결하도록 되어 있다(제13조와 제16조). 즉 대통령과 행정부가 완벽하게 의제 선점권을 행사하고 있고, FTA 협상 상대의 선정이나 개시 등에 있어서 국회의 역할은 전무하다고 해도 과언이 아니다.4)

협상 과정상의 절차에서도 대표단 구성(제18조)과 협상안 심의 및 협상 진행(제19조와 제20조)에 있어서도 대통령이 실질적으로 지휘권한을 지니고 있는 통상교섭본부, FTA 추진위원회, 그리고 대외경제장관회의가 모든 권한을 행사하도록 되어 있다. 물론 제21조에 협상의 중요 진행상황을 국회에 보고하도록 하고 있다. 협상 후 절차에 대한 규정에서도 한국 국회는 절차규정 제23조에 명시된 협상결과에 대한 국회보고 규정과 헌법 제60조 1항의 "체결·비준에 대한 동의"권 외에 특별한 규제권한을 지니고 있지 못하다.

그러나 제60조 1항에 나타난 국회의 권한은 실제 체결에 대한 사전 동의권은 배제한 채 비준에 대한 동의권을 지닌 것만으로 축소 해석되어 왔다. 결국 9월 7일의 권한쟁의심판 청구는 축소 해석된 비준동의권을 넘어 정보에 대한 완전한 접근권과 협상 내용에 영향력을 행사할 수 있어야 한다는 것이었는데, 헌법 재판소를 이를 수용하지 않았다. 그러나 민주주의적 관점에서 이러한 헌재의 판단을 비판하는 논의가 있다. 무엇보다도 조약에 대한 국회 동의권이 국회의 입법권의 범위에 포함되는 한 체결·비준에 대한 동의는 당연히 사전 심의와 의결로서의 사전 동의여야 한다는 것이다(권영성 2006, 879).5)

---

4) 이상경(2006) 참조. 아울러 "뒷짐지고 있는 국회(프레시안, 2006/3/6)" 참조. 심지어 국회는 2006년 2월 워싱턴에서 열린 제1차 본 협상에 연락관은 물론 해당 상임위원회 전문위원 등을 한 사람도 파견하지 않았다(유현석 2007, 113).
5) 헌법 제60조 1항의 조약에 대한 국회 권한에의 헌법학계의 논의는 첫째, 조약의 협상과

제60조 1항에 명시된 국회의 권한을 외교통상부의 주장처럼 '체결자체에 대한 비준 동의권,' 즉 사후 동의권으로 해석할 경우 FTA 협상 개시전과 협상과정에서 실질적인 권한이 없고, FTA 협상안에 대해서도 수정할 수 있는 권한이 없으며 단지 비준동의안에 찬반을 표시할 권한만 가지고 있는 국회로서는 FTA 협상의 내용에 대해 아무런 영향력을 행사할 수 없게 되기 때문이다. 한미 FTA와 같이 경제 전반 및 산업별 영향력이 큰 통상정책에 국회가 그 어떤 견제와 균형 권한을 행사할 수 없다면, 이는 의회가 정책을 결정한다는 삼권분립의 정신에 위배될 뿐만 아니라 행정부에 대한 민주적 통제권한을 실질적으로 포기하는 것에 지나지 않는 것이 된다(오동석 2006; 이해영 2007).

따라서 헌법상 국회의 동의는 사전 동의로서 기명조인(記名調印) 전에 이루어져야 하며 협상과정에서 비준을 유보하는 내용을 포함시켜야 한다는 주장이 설득력을 지닐 수밖에 없다(오동석 2006, 167-168).[6] 결국 한미 FTA가 국내법적 효력을 지니는 것이고, 무엇보다도 대다수 국민들의 생활에 영향을 미칠 수밖에 없는 광범위한 영역을 포괄하는 통상정책이기 때문에 어떠한 형식이든 민의의 대변자인 국회의 규제를 받아야 한다. 따라서 최소한 위에서 제시된 미국 의회의 협상개시 전, 협상과정, 그리고 협상 후의 권한과 유사한 권한을 한국 국회 또한 지녀야 할 것으로 보인다.[7]

체결은 전적으로 대통령의 권한이고 국내법적 확인절차인 비준이 국회 동의 대상인 것으로 이해하는 견해와, 둘째, 국회의 조약동의권을 체결과 비준 각각에 대한 동의권으로 이해하는 견해가 상존하고 있다. 자세한 내용은 오동석(2006), 167-172 참조.

6) 물론 이에 대한 반대도 헌법학계뿐만 아니라 정치학계 내에도 분명히 존재한다. 반대의 논리는 기본적으로 보호주의적일 수밖에 없는 국회가 통상에 대한 권한을 갖는다는 것은 통상정책의 정치, 사회, 경제적 비용이 증가함을 의미하는 것이며, 특히 국회가 정치적 계산을 앞세워 통상문제를 접근하는 경우 국회의 권한 강화는 엄청난 부작용을 불러올 수 있다는 것이다. 따라서 국회의 권한은 국민여론의 수렴과 정부의 견제, 그리고 보상책 마련 등과 같은 분야에 한정해서 이루어져야 한다고 주장한다(유현석 2007, 117-119).

7) 현재 국회에 통상조약의 체결절차에 관한 법률안으로 권영길 의원안(2006/2/2, 2006/9/25, 각각 발의일과 상정일), 이상경 의원안(2006/9/25, 2006/11/27), 그리고 송영길 의원안(2006/11/2, 2006/11/27)이 계류 중에 있다. 각각의 특징을 비교하면 다음과 같다. 정보공

이상에서 살펴본 바와 같이, 한국 국회는 통상협정 분야에 있어서 미국 의회에 비해 대통령과 행정부의 정책 선점권을 견제할 수 있는 권한이 무척 약하다. 쯔벨리스가 말한 제도적 거부권자로서 실질적으로 기능하지 못하고 있다 하겠다. 결국 국민의 정부와 참여정부에서 시도한 한칠레 FTA, 한미 FTA, 한EU FTA가 대통령의 정책 선점권의 '거침없는 하이킥'에 국회가 수수방관하는 모습을 보여 온 것은 대통령과 행정부의 통상정책을 견제할 수 있는 실질적인 거부권한이 부재하기 때문이었다.

V. 한미 FTA와 시민사회의 이익표출, 그리고 의회와 정당

한미 FTA와 같은 통상협상은 전형적인 양면게임의 성격을 지니고 있다. 즉 협정체결 대상국과의 협상이라는 국제적 수준의 게임과 국내 수준에서 다양한 이해 당사자들에 대한 설득과 동의를 구해야 한다는 이른바 양면적 성격을 지니고 있다(Putnam 1998). 특히 통상협정은 대내적으로 이익을 보는 승자집단과 손해를 보는 패자집단으로 확연하게 나뉘는 특성이 있다. 따라서 비록 대외협상이 순조롭게 진행되더라도 내부의사 결정과정에서 갈등이 높아져 협상자체가 표류하게 되는 위험요소를 안고 있다고 볼 수 있다.

개 측면에서 모든 정보의 원칙적인 공개와 국회 보고(권영길안, 이상경안)와 현행법에 따른 정보 공개와 국회 보고, 열람(송영길안), 민간자문위원회 구성에서 국회 위촉권(권영길안, 이상경안)과 국회 위촉권 없음(송영길안), 협상 개시 전 국회 동의권 명시(권영길안) 대 국회의 계획변경 요청권(이상경안), 그리고 국회보고권(송영길안), 협상과정에서 정기적인 국회 보고 및 일반에 정보공개(권영길안)와 주요 진행상황을 소관위에 보고(이상경안)하거나 특위에 보고(송영길안), 아울러 협상 후 절차에 있어서 정식서명 전 국회의 동의요청 및 영향평가 보고(권영길안), 정식서명 후 국회 동의요청 및 영향평가 보고(이상경안), 그리고 정식서명 후 비준 전 국회 동의 요청(송영길안)으로 대조된다. 국회의 권한 강화라는 측면에서 권영길 의원안이 가장 강한 국회의 권한을 주장하고 있고, 송영길 의원안의 경우 실질적으로 국회의 사후 비준 동의권에다 정보공개와 국회에 대한 보고 의무를 약간 강화시킨 것에 불과하다고 볼 수 있다.

FTA로 인한 국내의 다양한 이익집단의 이익표출은 결국 정부와의 효과적인 의사소통 채널을 통해서 가능하다. 그리고 정당은 이러한 이익집단과 정부 사이의 이익조정자라는 위상을 갖는다. 정당은 한편으로 사회의 다양한 이익들이 표출하는 이익과 요구를 집약하여 그것을 정책대안으로 전환시키는 역할을 함과 동시에 쯔벨리스가 말했듯이 정부 내에 존재하는 제도적 거부권자들의 수를 줄여 정책을 효과적으로 추진할 수 있게 만드는 거부권자로서의 위상도 갖는다. 그러나 한국의 정당체계는 이러한 역할을 충실하게 수행하지 못한 듯하다. 해방 이후 한국의 정당체계가 보수적 편향성을 가져온 것은 말할 필요도 없거니와 민주화 이후 정당체계 또한 산업화 이후의 사회적 균열체계로 인해 발생해온 노동과 농민 집단들의 사회적 이익을 제대로 대표하지 않았다(최장집 2003).

이는 FTA정책과 관련해서 정책효과를 둘러싼 찬반의 사회적 갈등이 정당 간의 정치적 갈등구조로 표현되지 못함을 의미한다. 특히 노동이나 농민 등과 같은 사회적 약자 집단들에게 정당 채널은 사실상의 대표기능을 상실했다고 해도 과언이 아니다. 물론 2004년 민주노동당의 국회 진출은 사회적 이익 표출의 이념적 포괄성을 증대시켰다고 볼 수 있지만 여전히 원내 교섭단체도 구성하지 못할 정도의 군소정당에 불과하며, 또한 현재의 선거제도 아래 미래의 의석 증대도 기대하기 어려운 실정이다. 따라서 이익표출과 이익대표를 위한 정당 채널이 사실상 봉쇄된 상태에서 FTA의 정책 피해자 집단인 농민들의 경우 시위나 항의 등과 같은 비정당적 의사소통의 채널에 의존할 수밖에 없었다(최태욱 2006a).

2004년 한칠레 FTA의 체결과정은 정당체계가 통상정책과 관련한 사회적 이익표출을 대표하지 못했음을 보여주는 대표적인 사례의 출발이었다. 정부는 당초 최대 피해집단으로 예측되는 농민들의 입장을 반영하지 않은 채 협상을 타결한 이후 비준과정에서 농민들과의 대내협상을 시도했었다. 그 결과 2002년 11월 전농이 주최한 전국 농민대회에 7만여 명의 농민들이 참여하여 쌀수입개방 반대와 한칠레 국회비준 저지운동을 벌였고, 2003년 6월 이후 고속도로 및 국도 점거, 단식, 그리고 공공시절 점거 농성과 같은 비합

법적 이익표출 행동을 전개했다. 그러나 한국 정당들 중 한나라당의 경우 권고적 찬성당론, 열린우리당은 찬성당론, 민주당의 경우 당론 없이 자유투표를 결정하는 등 의원들에게 자유재량권을 다분히 부여하는 등 느슨한 형태로 이 문제에 접근했었다(최태욱 2006c). 정당의 기능이 실종된 상황에서 농민집단들의 이익표출은 정당이 아닌 지역구 혹은 개인에 대한 정치적 접근을 통해 이루어졌다. 대표적으로 전농의 압력 행동은 '한칠레 FTA 국회비준거부 국회의원 서명운동'으로 나타났다.

2003년 1월 농어촌에 지역구를 둔 한나라당 의원들의 비공식적 모임인 '농어촌 의정회'를 포함한 '농촌당' 의원들의 서명을 시작으로 서명 의원은 4월 117명, 그리고 6월 140명, 그리고 7월 147명으로 늘어났다(최태욱 2006b). 정부는 전농을 비롯한 시민단체의 거센 저항과 농촌당 의원들의 압력에 직면하여 6월 11일 비준안 처리를 연기했고, 7월 8일 국회에 비준안을 제출했지만 여당은 비준안을 처리하지 않았다. 12월 26일이 되어서야 비준안은 국회 통일외교통상위원회를 통과했고, 12월 30일 본회의에 상정될 예정이었지만 농촌당 소속의원들의 본회의 단상점거로 무산되었다. 결국 비준안은 2004년 2월 16일에 가서야 국회를 통과했는데, 이는 정부의 농가보상 지원액을 8천억에서 1조 2천억 원으로 증가시킨다는 정책이 공표되고 난 후였다(유현석 2006).

결국 한칠레 FTA 비준안 처리는 한국의 정당체계를 우회하여 결정되었고, 이는 정당이 하나의 거부권을 지닌 행위자로서 기능하지 못했음을 보여주는 것이었다. 물론 부분적으로 한나라당 중심의 농촌당과 같은 정당 거부권의 움직임이 없었던 것은 아니지만 이는 정당체계의 재편성을 의미하는 것이 아니라 단지 농어촌 지역에 지역구를 둔 의원들의 지역구사업(case-work)의 하나였다고 보는 것이 타당할 것 같다. 이러한 현상은 다소 형태를 달리하지만 한미 FTA의 추진과 타결과정에서도 그대로 반복되었다.

한미 FTA의 체결이 가져온 사회적 긴장과 갈등은 한칠레 FTA를 능가하는 것이었다. <부록 1>에서 알 수 있듯이 2006년 2월 3일 한미 FTA의 공식협상 개시가 선언되자 시민사회의 이에 대한 저항과 압력은 급속하게 전개되었다. 2월 15일 '한미 FTA 저지 및 스크린쿼터 사수 범국민대책위원회'의 발족, 3월 7일 '한미 FTA 저지 교수-학술단체 공동대책위원회' 출범, 3월 27일 교육공대위 출범, 3월 12일 금융부문 공동대책위 출범, 3월 28일 한미 FTA 저지 범국민운동본부(이하 범국본) 출범, 그리고 4월 15일 공공서비스공대위 출범 등 한미 FTA 반대 시민단체들의 조직화가 이어졌다. 특히 3월 28일 출범한 범국본은 기능별로 농축수산, 교수학술, 금융, 공공, 영화인, 문화예술, 교육, 시청각미디어, 보건의료, 여성, 지적재산권, 소비자대책위, 학생, 환경 등 14개 부문대책위원회와 민주노총, 한국노총, 참여연대, 그리고 민주노동당 등 310여 개 단체로 구성되었다. 아울러 경기, 인천, 광주전남, 전북, 부산, 울산, 경남, 경북 등 지역대책위를 두고 있었다(장지호 2007).[8] 이들의 반대압력은 <부록 1>에서 알 수 있듯이 한미 FTA 제1차 범국총궐기대회(2006년 4월 15일), 민주노총 노동자 농성돌입(6월 3일), FTA 반대 워싱턴 원정시위(6월 4일~9일), 백악관 앞 시위(6월 13일), 언론노조 총파업선언(6월 21일), 한미 FTA 저지 범국민운동주간(7월 10일~14일), 한미 FTA 저지 제2차 범국민대회(7월 12일), 그리고 『한미 FTA 국민보고서』 출간(7월 31일) 등 주로 대규모 집회나 학술보고서 등을 중심으로 표출되었다.

이처럼 한미 FTA를 반대하는 노동자, 농민, 그리고 시민사회의 이익표출이 정치과정 내로 수렴되지 않았던 가장 큰 이유는 제도적 거부권자인 국회의 의사결정 과정에 참여할 수 있는 제도적 장치의 실질적인 부재와, 그리고 정당체계가 시민사회와 정부 사이의 이익의 조정자로 기능하지 못했다는 데에 있었다. 첫째, 한국의 국회는 통상협정 분야에 있어 실질적인 제도적 거부권자로서 기능하는 데 상당한 장애를 지니고 있었다. 앞 장에서 살펴보았

---

8) 물론 한미 FTA를 찬성하는 재계 및 시민단체의 활동도 눈에 띄게 증가했다. 특히 보수적 시민단체들은 2006년 4월 16일 바른 한미 FTA 실현을 위한 국민운동본부를 결성했다. 여기에는 바른사회 시민회의, 기독교사회책임, 뉴라이트 전국연합, 선진화 국민회의, 시민과 함께하는 변호사들, 자유주의 교육운동연합, 자유주의 연대, 한미관계비전21포럼이 소속되어 있었으나, 주로 FTA에 대한 비판적 지지입장 표명, 한미 FTA 지지 가두 캠페인 등 소극적인 활동에 머물렀다(장지호 2007, 36-37).

듯이, 국회는 협상 전, 협상 과정 중, 그리고 협상 타결 후 과정에서 대통령
과 행정부의 정책 선점권을 견제할 수 있는 제도적 권한을 거의 지니지 못
하고 있었다. 여기에 더해 통상협정 분야에 있어 다양한 사회적 요구들과
소통할 수 있는 공간은 국회 내에 마련되어 있지 않았다. 물론, 2004년 6월
제정된 'FTA 체결 절차규정'이 마련되기 전, 2월 2일 외교통상부 주최로
마련된 공청회는 농민단체 측의 반대로 무산되었다. 아울러 절차규정이 제
정된 직후 6월 26일 속개된 2차 공청회도 범국본은 6월 5일에서 9일 사이
개최된 1차 본협상의 내용을 공개할 것을 요청했고, 외교통상부를 이를 거
부하면서 다시 파행되었다(이근 2007).

아울러 국회 차원에서 한미 FTA에 대응하기 위해 2007년 6월까지 한시적
으로 가동되도록 '한미 FTA 특별위원회'를 구성한 것은 범국본의 불만이
최고조에 달했던 한미 간 1차 본협상이 끝난 6월 30일이었고, 그 구성도 찬
반의견에 대한 배분에서 찬성입장이 압도적으로 많아 균형적인 논의가 이루
어지기 어려운 한계를 애초부터 지니고 있었다. 아울러 특위의 18차례에 걸
친 회의 또한 협상결과를 보고받는 것이 전부였고, 회의 내용도 행정부의
임의적인 정보공개와 의원들에 대한 제한적인 답변이 주를 이루었다 한다
(유현석 2007, 113-114). 결국 특위의 활동은 행정부의 협상에 대해 비판적인
의견 수렴과 대안제시 등 행정부를 견제한다는 실질적인 제도적 거부권의
행사였다기보다 행정부의 협상을 측면에서 지원하는 위상 이상을 갖지 못했
다. 급기야 2006년 9월 7일 여야 의원 23인이 한미 FTA를 추진하는 정부를
상대로 국회의 조약, 체결, 비준 동의권을 침해했다며 헌법재판소에 권한쟁
의 심판을 청구하기에 이르렀다.

둘째, 정당체계 또한 시민사회의 압력과 정부를 연결하는 기능과 높은 기
율을 제공하지 못함으로써 실질적인 영향력을 행사할 수 없었다. 한미 FTA
와 관련하여 단지 민주노동당만이 유일하게 반대당론을 지니고 있었지만,
한칠레 FTA 체결 때와 마찬가지로 원내교섭단체도 구성하지 못하는 군소정
당의 한계를 여전히 보여주었다. 한나라당의 경우 한미 FTA에 대체로 찬성
하는 분위기였으나 몇몇 농어촌 지역구 의원들의 반대와 더불어 노무현 정

〈표 4-1〉 한미 FTA 비준안에 대한 의원들의 찬반 성향(2007년 3월 27일)

비고	열린 우리당	무소속	중도통합 민주당	한나라당	민주 노동당	국민중심	합계
반대	15	2	4	6	9	2	38
찬성	18		2	39	–	–	59
유보	41	4	2	29	–	–	76
무응답	51	6	11	55	–	3	126
합계	125	12	19	129	9	5	299

출처: 참여연대 한미FTA 관련 의원 DB

부가 추진하고 있었기 때문에 드러내놓고 찬성 당론을 정하기 부담스러워했
다. 여당인 열린우리당의 경우 2006년 10월까지도 당론을 정하지 못하고 있
었다. 예를 들어, <표 4-1>은 2007년 3월 27일 「민중의 소리」가 현역의원들
을 대상으로 한미 FTA에 대한 찬반여부를 기명 설문한 결과를 7월 23일자
정당 소속으로 분류한 표이다. 표의 결과를 보면 민주노동당의 경우 9명 전
원이 반대의사를 분명히 했고, 한나라당의 경우 기명으로 찬반 의사를 분명
히 한 사람 45명 가운데 찬성이 39명으로 대체로 찬성의 분위기가 감지되었
다. 그러나 한칠레 FTA 비준안 투표에서 반대를 했던 50명의 의원 중에서
반대를 명확하게 표명한 사람은 5명에 불과했고, 찬성이 12명에 불과한 반면
나머지 의원들은 유보하거나(12명) 응답을 회피해(21명) 노무현 행정부의 한
미 FTA 추진에 대한 심리적 머뭇거림 현상을 보여주고 있다. 한미 FTA에
대한 심리적 부담감이 가장 심한 정당은 역시 여당인 열린우리당이었다. 총
125명의 의원들 중 찬반을 명확하게 표현한 사람은 33명에 불과했다. 그리고
찬반이 각각 18명과 15명으로 심각하게 양분되어 있음을 알 수 있다.
  실제 열린우리당은 2004년 제17대 총선을 통해 국회의 과반수 의석을 획
득하여 단점정부를 형성했기에 정당 거부권자로 충분히 기능할 수 있는 유

리한 환경적 요인을 지니고 있었다. 그러나 열린우리당은 한편으로 지지세력의 한 축인 노동자, 농민, 그리고 진보적 시민사회의 정치적 요구를 집약하고 표출하는 기능을 성실하게 수행하지 못했고, 다른 한편으로 당정협의를 통해 국회와 행정부 사이의 정책조율을 이끌어내는 정당 거부권자로서의 기능도 원활하게 수행하지 못했다. 오히려 열린우리당은 한미 FTA 문제에 있어서 내부의 분열과정을 지켜봐야 했다. 2006년 6월 30일 여야가 구성에 합의한 한미 FTA 특별위원회는 열린우리당 홍재형 의원을 위원장으로 구성되었고 국회 내에서 한미 FTA를 찬성하는 분위기를 전파했다면, 한미 FTA를 반대하는 의원들의 모임인 '비상시국회의' 역시 열린우리당 의원들이 다수를 이루고 있었다는 점이 대표적인 예이다. 이처럼 여당인 열린우리당 내부는 대통령의 신자유주의적 통상정책에 대해 이념적인 찬반으로 분열되어 있었고, 이는 열린우리당의 정당 거부권에 심각한 장애물이 되었다.

홍미로운 현상은 한칠레 FTA와 마찬가지로 한미 FTA 체결과정에서 정당의 역할은 미비하고 비준반대 움직임 또한 초 정당적인 움직임을 보인 가운데, 반대 의원들의 모임인 '비상시국회의'의 성격이 한칠레 FTA 당시 '농촌당'과는 일정한 차이가 보인다는 점이다. <부록 2>에서 알 수 있듯이, 비상시국회의는 2007년 7월을 기준으로 열린우리당 소속 의원 23명, 민생정치모임 8명, 중도개혁신당추진모임 1명, 그리고 무소속 2명으로 구 열린우리당 소속 의원이 총 34명 참여했으며, 한나라당 12명, 민주당 6명, 그리고 민주노동당 9명, 그리고 국민중심당 3명으로 총 64명의 의원으로서 국회에 소속된 모든 정당을 망라하고 있었다. 그런데 이 중 농어촌을 지역구로 하는 의원들은 24명에 불과했다. 한나라당 소속 의원 8명, 민주당 5명, 그리고 국민중심당 3명의 지역구는 각각 한미 FTA의 최대 피해집단인 영남, 호남, 그리고 충청 지역의 농촌에 위치하고 있어 이들이 한미 FTA를 반대한 가장 큰 이유는 지역구 이익의 대변이라는 점이 다소 분명해 보인다.

그러나 열린우리당을 포함해 범여권 소속 의원들 총 34명 중 농어촌이 지역구인 사람은 불과 8명에 불과했다. 나머지 26명의 열린우리당 의원과 민주노동당 소속 9명의 의원들의 정치적 행위는 결국 신자유주의 통상정책에 대해 반대하는 정치적 노선에 따른 것으로 볼 수 있다. 결국 한칠레 FTA 와 달리 한미 FTA에 대한 시민사회의 압력은 한국사회를 단순히 계층적 이익갈등을 넘어 신자유주의 통상정책에 대한 찬반이라는 이념갈등으로 정 당체계와 의회 내의 정치과정을 전환시킬 수 있는 성격을 내포하고 있었다 는 것이다.9) 그러나 한국사회 정당체계와 의회는 시민사회의 균열구조를 제 대로 집약하여 대표하지 못하는 기형적 구조를 지니고 있었고, 따라서 이념 적 균열구조를 따라 재정렬하여 의회 내의 정당 간 경쟁이나 혹은 대통령과 행정부에 대해 견제와 균형을 모색하는 거부권자로 기능하지 못했다 하겠다.

VI. 결론

지금까지 이 글은 국내정치제도가 통상정책에 미치는 영향을 한미 FTA 를 사례로 분석했다. 기존의 연구들이 주로 교차국가 비교분석이라는 방법 에 의존했다면, 이 글은 한미 FTA라는 특정사례에 대해 한국 내의 정치제도 가 어떤 영향을 미쳤는가에 대한 사례연구를 접근법으로 채택했다.

분석의 틀로는 쯔벨리스(Tsebelis 1995, 2002)의 "거부권자(veto player)" 이 론을 전적으로 활용했다. 대부분의 기존 연구들이 어떤 정치제도가 자유무 역정책과 친화력이 있는가에 대해 관심을 가졌다면, 쯔벨리스의 연구는 정 책결정에 있어 현상유지와 변화 사이의 향방은 결국 정치제도들 내에 존재 하고 있는 거부권자들의 수에 의해 결정된다고 본다. 아울러 법적으로 권한 을 부여받은 제도적 거부권자들 사이의 상호작용과 이들 사이에 선호의 일 치를 부여해줄 수 있는 정당 거부권자의 기능이 결국 정책 향방을 결정짓는 다고 본다. 쯔벨리스의 이 같은 이론틀을 한국의 통상정책결정 분야, 특히

---

9) 장지호(2007)는 한미 FTA에 대한 시민사회 내의 대립구도를 '자주담론' 대 '발전담론'으 로 파악하고 있고, 이근(2007)은 '반미 대 친미'라는 대립구도로 파악했다.

한미 FTA 정책결정분야에 적용할 경우 결국 한미 FTA의 향방은 결국 대통령과 의회라는 두 제도적 거부권자와 시민사회와 이들을 연결해주는 정당이라는 세 행위자들 사이의 상호작용이 주요한 관찰과 분석의 대상이 된다.

구체적으로 한미 FTA와 같은 자유무역협정 분야에서 한국의 제도적 거부권자의 경우 대통령과 행정부의 정책 선점권이 두드러졌다. 미국의 경우 비록 자유무역협정의 추진과 체결에 있어 의회는 TPA를 통해 대통령과 행정부에 권한을 위임하고 정책 선점권을 인정하고 있지만, 여전히 협상 개시 전 사전 동의권과 아울러 협상의 기본 방향과 내용을 제시할 수 있는 권한, 협상과정에서 협상의 목표 달성 정도와 이행 방안을 감독할 수 있는 권한, 그리고 협상 타결 후 협정의 영향 평가와 더불어 체결에 대한 비준 동의권 등 실질적인 거부권한을 지니고 있다. 이에 반해 한국 국회는 체결 비준 동의권이라는 사후 동의권 외에 이렇다 하게 대통령과 행정부의 정책 선점권을 제한할 수 있는 권한을 지니고 있지 못하다. 2006년 6월 제정된 'FTA 체결 절차규정'을 살펴보았을 때, 의회는 FTA 추진의 기본전략 수립과 추진 심의, 그리고 협상 개시 의결 요청에 있어서 대통령과 행정부의 주도권 밖으로 완벽하게 밀려나 있었다. 아울러 협상과정에 있어서도 협상안 심의 및 협상 진행 또한 대통령이 실질적인 권한을 지니고 있는 통상관련 관계부처의 활동에 대해 특별한 규제권한을 지니고 있지 못하다.

결국 헌법 제60조 1항의 "체결·비준 동의권"만을 지니고 있는 셈인데, 이마저도 비준에 대한 동의권으로 축소 해석되고 있는 실정이다. 이는 결국 의회의 행정부에 대한 민주적 통제권의 상실을 의미한다. 따라서 의회가 실질적인 거부권자로서 기능을 행사하기 위해선 미 의회와 같은 종류의 통제권을 확보하는 것이 시급하다. 둘째, 정당 거부권자의 측면에서 한국의 정당체계는 사회적 이익의 집약과 대변 기능뿐만 아니라 제도적 거부권자 사이의 정책조정 기능 또한 상실한 것으로 나타났다. 한칠레 FTA뿐만 아니라 한미 FTA의 체결과정에서도 한국 정당들은 이에 대한 판단을 유보하거나 느슨하게 접근하는 행태를 보였었다. 따라서 한미 FTA가 파생시킨 사회적 갈등은 정당체계를 우회하여 표출될 수밖에 없었다.

물론 국회차원이나 정당차원에서 대응이 없었던 것은 아니다. 예를 들어, 국회차원에서 '한미 FTA 특위'가 구성되었지만, 찬성입장이 지배적인 분위기였고, 아울러 활동 내용 또한 정보열람과 제한적인 답변이 주를 이뤄 한미 FTA 협상에 대해 시민사회의 비판적인 의견수렴과 대안 제시 등 행정부를 견제하는 실질적 제도적 거부권자로서의 활동을 보여주지 못했다. 아울러 초당적으로 '비상시국회의'를 구성하여 대응했지만, 이는 대통령과 행정부에 신자유주의적 통상정책에 대한 선언적인 반대에 지나지 않았고, 농촌 지역구 출신의 지역구 이해관계와 신자유주의 노선에 대한 반대 그룹이라는 이질적인 두 성격의 임시적 결합에 지나지 않았다. 무엇보다도 정당체계는 이러한 과정에서 정책을 바탕으로 행정부와 의회 사이의 이견을 조율해 나가지 못함으로써 결국 거부권자로서의 기능을 수행하지 못했다.

쯔벨리스의 거부권자 개념을 적용하여 한미 FTA의 정책결정 과정을 고찰한 결과 한국의 경우 의회와 정당의 거부권적 기능 상실로 말미암아 대통령과 행정부의 '거침없는 하이킥'을 견제하지 못한 결과 자유무역협정의 급속한 추진이라는 정책 변화를 가져왔다고 볼 수 있다. 민주주의적 관점에서 바라보았을 때 이러한 현상은 극히 우려스러운 일이다. 민주주의는 각 제도적 거부권자들 사이의 견제와 균형을 통해 성숙해 간다. 그러나 국민의 대다수 일상생활에 크게 영향을 미칠 수밖에 없는 한미 FTA와 같은 거대 통상협정에서 의회와 정당이 견제와 균형의 역할을 수행하지 못한다면 이는 민주주의를 후퇴시키는 결과를 가져올지도 모른다. 무엇보다도 의회의 제도적 거부권 기능을 앞에서 언급했듯이 적절한 수준까지 확대해야 한다. 아울러 한국의 정당체계 또한 주요한 정책이 가져오는 사회적 균열축을 따라 재편성되어야 할 것이다.

■ 참고문헌

국정홍보처. 2006. "한미 FTA를 말한다." 5월 26일자 논평.

국회 통일외교통상위원회. 2007. "통상절차법안 심사참고자료."

권영성. 2006. 『헌법학원론』. 서울: 법문사.

김미경. 2006. "무역자유화의 국내정치 제도적 조건." 『국제정치논총』 46-3, 77-96.

오동석. 2006. "민주주의 관점에서 본 한미 FTA 협상과정의 문제점." 『민주법학』 32, 151-182.

유현석. 2006. "한칠레 FTA 비준과정과 국회의 역할." 한국정치학회 하계학술회의 발표논문(6/15일).

_____. 2007. "FTA와 국회의 역할: 한-칠레 FTA와 한미 FTA의 사례." 한국지방정 치학회 하계학술회의 발표논문(7/13일 신라대학교).

이 근. 2007. "한미 FTA의 정치경제: 정부의 신뢰상실과 찬반의 이념화 과정." 『세 계정치』, 230-251.

이상경. 2006. "한미 FTA에 무책임한 국회로 남을 텐가?" 『프레시안』. 2006년 2월 10일자.

장지호. 2007. "한미자유무역협정(FTA)의 내부 담론분석." 『한국정책과학학회보』 11-2, 29-51.

최태욱. 2006a. "한국의 FTA 정책과 이익집단의 정치 I: 한국의 정부-사회 간 관계." 미래전략연구원 개인칼럼(1/27일자).

_____. 2006b. "한국의 FTA 정책과 이익집단정치 II: 한-칠레 FTA 사례." 미래전략 연구원 개인칼럼(2/28일자).

_____. 2006c. "한국의 FTA 정책과 이익집단정치 III: 의사소통 채널의 제도화 필요 성." 미래전략연구원 개인칼럼(3/29일자).

Carey, J. M., and M. S. Shugart. 1995. "Incentives to Cultivate a Personal Vote: A Rank Ordering of Electoral Formulas." *Electoral Studies*. 14:417-439.

Cox, G. W., and M. D. McCubbins. 2001. "The Institutional Determinants of Economic Policy Outcomes." In Stephen Haggard and Matthew D. McCubbins, eds. *Presidents, Parliaments, and Policy*. New York: Cambridge University

Press.

Ehrlich, S. D. 2007. "Access to Protection: Domestic Institutions and Trade Policies in Democracies." *International Organization.* 61:571-605.

Garrett, G., and P. Lange. 1995. "Internationalization, Institutions, and Political Change." *International Organization.* 49:627-655.

Hay, C. J., S. D. Ehrlich, and C. Peinhardt. 2005. "Government Spending and Public Support for Trade in the OECD: An Empirical Test of the Embedded Liberalism Thesis." *International Organization.* 59:473-494.

Immergut, E. M. 1990. "Institutional Veto Points, and Policy Results: A Comparative Analysis of Health Care." *Journal of Public Policy.* 10:391-416.

Karol, D. 2000. "Divided Government and U.S. Trade Policy: Much Ado about Nothing?" *International Organization.* 54:825-844.

Ladewig, J. W. 2006. "Domestic Influences on International Trade Policy: Factor Mobility in the United States, 1963 to 1992." *International Organization.* 60(1):69-103.

Rogowski, R. 1987. "Trade and the Variety of Democratic Institutions." *International Organization.* 41:203-223.

Shugart, M. S., and S. Haggard. 2001. "Institutions and Public Policy in Presidential Systems." In Stephen Haggard and Matthew D. McCubbins, eds. *Presidents, Parliaments, and Policy.* New York: Cambridge University Press.

Tsebelis, G. 1995. "Decision Makings in Political Systems: Veto Players in Presidentialism, Parliamentarism, Multicameralism, and Multipartism." *British Journal of Political Science.* 25:289-325.

_____. 2002. *Veto Players: How Political Institutions Work.* Princeton, NJ: Princeton University Press.

〈부록 1〉 **한미 FTA 추진 일정과 시민사회의 대응**

일정	정부	시민단체
2006.1.13	정부 미국산 쇠고기 수입 재개를 결정	
2006.1.26	정부, 스크린쿼터제 절반 축소	
2006.2.2	한미 FTA 공청회 무산	
2006.2.3	한미 FTA 협상개시 공식선언	
2006.2.15		한미 FTA 저지, 스크린쿼터 사수 범대위(준) 발족
2006.3.6	(한국) 1차 예비협상	
2006.3.7		한미 FTA 저지 교수-학술단체 공대위 출범
2006.3.10	업종별 민-대책반 및 FTA 자문단 구성	
2006.3.27		한미 FTA 저지 교육 공대위 출범
2006.3.28		한미 FTA 저지 범국민운동본부 출범
2006.4.7~8	정부, 한미 FTA협상단 워크숍 개최	
2006.4.12		한미 FTA 저지 금융부문 공동대책위원회 출범
2006.4.15		한미 FTA 저지 공공서비스공대위 출범, 제1차 국민총궐기 대회
2006.4.16		바른 한미 FTA실현을 위한 국민운동본부 출범
2006.4.17~18	(미국) 2차 예비협상	
2006.4.18		한미 FTA 민간대책위원회 출범

일정	정부	시민단체
2006.5.4		교수학술공대위, '한미 FTA와 환경' 3차 정책포럼
2006.5.8		전교조, '한미 FTA 관련 계기 수업' 진행
2006.5.11		한미 FTA 저지 제주도민운동본부 출범
2006.5.19	한미 양쪽 협정문 초안 교환	
2006.5.24		한미 노동자들, 한미 FTA 저지 공쟁 투쟁 결의
2006.6.3		한미 FTA 저지 농성 돌입 2차 본협상까지 강행하기로
2006.6.5~9	(미국 워싱턴) 1차 본협상	FTA 협상 반대 워싱턴 원정 시위
2006.6.6	한미 FTA 노동, 경쟁 2개 분과 통합협정문 완료	미국AFL-CIO·민주노총· 한국노총 공동성명
2006.6.9	한미 FTA, 11개 분과 통합협정문	
2006.6.7		한미 FTA 저지 여성대책위 출범
2006.6.13		FTA 원정투쟁단, 백악관 주변에서 거리시위
2006.6.20	2차협상 전초전, 한미재계회의 20~21일 개최	범국본, 한미 FTA 반대 광화문 선전전 및 서명 작업
2006.6.21		언론노조 총파업선언
2006.6.27	한미 FTA 2차 공청회 오전 세션 무산	범국본, 사기 공청회 중단, 통합협정문 공개 촉구
2006.7.5		울산, 5일 한미 FTA 저지 시민대토론회 개최

일정	정부	시민단체
2006.7.7	정부, 한미 FTA 반대집회 관련 담화문 발표	
2006.7.8		공무원노조, 공공노동자 총력결의대회
2006.7.10~14	(서울) 2차 본협상	범국본, 한미 FTA 2차협상 저지 일정 발표. 양 국 노동계 공동성명, "한미 FTA 즉각 중단"
2006.7.11	2차 협상에 대거 금융 민간전문가 투입	국제연대 단위, 환경단체들, 약사 약대생 809 선언
2006.7.12		한미 FTA 저지 제2차 범국민대회
2006.7.13	상품 개방 '5단계' 합의	전국언론노조 한미 FTA 저지를 위한 총파업에 돌입
2006.7.14	한미 FTA 14일 마지막 협상 취소	한미 FTA 협상 저지 투쟁 보고대회를 가짐
2006.7.24	정부, 한미 FTA 지원위원회 설립키로	
2006.7.31		범국본, 한미 FTA 국민보고서 발행
2006.8.11	한미 FTA 체결지원위원회 발족	
2006.8.15	한미 FTA 1차 관세양허안 교환	
2006.8.18		한국통상협회 특위 한미 FTA 체결적극지지발표
2006.8.24	한미 FTA 특위, 통합협정문 제한적으로 공개결정	
2006.9.1		소비자대책위, 한미 FTA 반대 산언

일정	정부	시민단체
2006.9.6~9	(미국 워싱턴) 3차 본협상	전국사무금융노동조합연맹 1일 집중선전전 진행
2006.9.13		범국민운동본부 정상회담 통한 한미 FTA 뒷거래 경고
2006.9.22	교육부, 한미 FTA 홍보 교육청, 대학에 공문발송	
2006.10.17	한미 FTA 의약품 작업반 화상회의	
2006.10.23~27	(제주도) 4차 본협상	
2006.12.4~8	(미국 몬태나) 5차 본협상	
2007.1.15~19	(서울) 6차 본협상	
2007.2.11~14	(미국 워싱턴) 7차 본협상	
2007.3.8~11	(서울) 8차 본협상	
2007.3.19~21	(미국 워싱턴) 수석대표간 고위급 회의	
2007.3.26~4.2	(서울) 통상장관급 회담	
2006.3.29		교수학술공대위 긴급기자회견
2006.4.2	한미 FTA 협상 타결	

〈부록 2〉 '한미 FTA 반대 비상시국회의' 소속 의원 현황(17대 국회)

(2007년 7월 23일 현재)

의원 이름	소속 정당	상임위	지역구
김낙성	국민중심당	농해수위	충남 당진군
류근찬	국민중심당	과기정위	충남 보령시서천군
정진석	국민중심당	건교위	충남 공주시연기군
유선호	무소속	문광위	전남 장흥군영암군
임종인	무소속	산자위	경기 안산시상록구을
김태홍	민생정치모임	복지위	광주 북구을
우윤근	민생정치모임	농해수위	전남 광양시구례군
이계안	민생정치모임	정무위	서울 동작구을
이종걸	민생정치모임	과기정위	경기 안양시만안구
정성호	민생정치모임	행자위	경기 양주시동두천시
제종길	민생정치모임	환노위	경기 안산시단원구을
천정배	민생정치모임	교육위	경기 안산시단원구갑
최재천	민생정치모임	통·외통위	서울 성동구갑
강기갑	민주노동당	농해수위	비례대표
권영길	민주노동당	통·외통위	경남 창원시을
노회찬	민주노동당	법사위	비례대표
단병호	민주노동당	환노위	비례대표
심상정	민주노동당	재경위	비례대표
이영순	민주노동당	건교위	비례대표
천영세	민주노동당	문광위	비례대표
최순영	민주노동당	교육위	비례대표

의원 이름	소속 정당	상임위	지역구
현애자	민주노동당	복지위	비례대표
김효석	민주당	과기정위	전남 담양군곡성군장성군
손봉숙	민주당	문광위	비례대표
신중식	민주당	농해수위	전남 고흥군보성군
이낙연	민주당	건교위	전남 함평군영광군
채일병	민주당	정무위	전남 해남군진도군
최인기	민주당	행자위	전남 나주시화순군
강창일	열린우리당	행자위	제주 제주시북제주군갑
김근태	열린우리당	과기정위	서울도봉구갑
김우남	열린우리당	농해수위	제주 제주시북제주군을
김재윤	열린우리당	문광위	제주 서귀포시남제주군
김춘진	열린우리당	복지위	전북 고창군부안군
김희선	열린우리당	문광위	서울 동대문구갑
문학진	열린우리당	건교위	경기 하남시
신기남	열린우리당	정보위	서울 강서구갑
양승조	열린우리당	복지위	충남 천안시갑
우원식	열린우리당	환노위	서울 노원구을
유승희	열린우리당	과기정위	비례대표
이기우	열린우리당	복지위	경기 수원시권선구
이목희	열린우리당	재경위	서울 금천구
이미경	열린우리당	재경위	서울 은평구갑
이상민	열린우리당	법사위	대전 유성구
이원영	열린우리당	정무위	경기 광명시갑

의원 이름	소속 정당	상임위	지역구
이인영	열린우리당	행자위	서울 구로구갑
장향숙	열린우리당	복지위	비례대표
정봉주	열린우리당	교육위	서울 노원구갑
정청래	열린우리당	문광위	서울 마포구을
최규성	열린우리당	농해수위	전북 김제시완주군
한광원	열린우리당	농해수위	인천 중구동구옹진군
홍미영	열린우리당	행자위	비례대표
조배숙	중도개혁통합신당추진	문광위	전북 익산시을
권오을	한나라당	농해수위	경북 안동시
김영덕	한나라당	농해수위	경남 의령군함안군합천군
김재경	한나라당	건교위	경남 진주시을
김재원	한나라당	행자위	경북 군위군의성군청송군
박희태	한나라당	통외통위	경남 남해군하동군
배일도	한나라당	환노위	비례대표
신상진	한나라당	과기정위	경기 성남시중원구
이계진	한나라당	농해수위	강원 원주시
이규택	한나라당	산자위	경기 이천시여주군
이상배	한나라당	행자위	경북 상주시
이인기	한나라당	건교위	경북 고령군성주군칠곡군
홍문표	한나라당	농해수위	충남 홍성군예산군

출처: 참여연대 한미 FTA 관련 의원 DB

제5장

세계화에 대한
한국의 정치경제적 대응*

안승국 | 덕성여자대학교

I. 서론: 세계화와 국가역할

한국은 신흥공업국으로서 대만, 홍콩, 싱가포르와 더불어 아시아의 작은 용이라는 찬사를 받으면서 급속한 산업화와 주목할 만한 수출성장을 이룩했다. 한국의 경제성장은 세계경제의 구조변동과 국가주도 산업화의 산물이었다. 한국이 지속적인 성장을 유지할 수 있었던 것은 생산의 세계화에 따른 국제분업체제의 변동과 이에 대응한 국가의 발전전략이 잘 맞아 떨어진 데 기인하는 것이다. 즉, 국가는 경제성장과정에서 세계경제의 구조변동에 신속하게 대응하면서 필요한 투자를 제공했으며 수입제한, 금융특혜, 세제지원을 통해 국내산업을 육성했다.

그러나 세계에서 가장 역동적인 성장을 지속해 왔던 국가들 중 하나였던 한국은 1997년 외환·금융위기에 빠져들었다. 높은 투자율과 저축률, 재정균

---

* 이 장은 『세계지역연구논총』 25집 3호(2007)에 게재된 논문을 수정·보완한 것이다.

형, 낮은 물가상승률, 소폭의 경상수지 적자를 특징으로 비교적 건실한 경제
기초를 유지해 왔던 한국이 경제위기에 직면하게 된 것은 발전모델의 구조
적 취약성에 기인됐다. 즉, 국가가 투자재원을 전략산업에 집중투자해 온
발전전략은 과잉 중복투자를 초래했고 단기외채의 급격한 유입에 따라 금융
부문의 부실화가 심화됐다. 즉, 정부의 묵시적 지급보증으로 인해 기업들은
도산위험을 고려하지 않고 무분별한 투자를 감행했던 것이다. 또한 대량생
산을 가능하게 했던 노동과정에 있어서도 경직성이 심화됐다. 단순반복작업
에 기초한 분업구조는 노동생산성을 하락시켰으며 임금관계의 경직성은 노
동생산성보다 더 높은 실질임금의 상승을 초래하게 됐던 것이다.

특히 금융의 세계화는 국가주도 발전모델을 위협하는 상황을 조성했다.
1970년대의 경제성장기에 국가는 신용분배능력을 이용하여 기업을 통제해
왔지만 재정의존도가 감소된 기업은 국가의 개입철회를 요구하고 있다. 이
러한 측면에서 세계화와 국가주도 발전전략은 상호모순적이라고 할 수 있
다. 기업이 더 이상 국가에 복종해야 할 조건이 소멸되고 민주주의체제가
수립되면서 발전모델의 수정이 요청되고 있다. 이와 같이 국가는 세계화의
강력한 도전에 직면하여 전환의 기로에 놓여 있는 것이다. 지난 50여 년간
발전의 원동력이었던 발전모델은 효율성을 상실했기 때문에 세계화에 대한
국가의 역할 변화가 요청되고 있다. 이러한 문제의 핵심은 세계화 시대에
있어서 국가의 정치경제적 대응이 신자유주의적이어야 하는가 아니면 국가
주의적이어야 하는가이다.

이 장은 한국경제에 대한 세계화의 영향을 분석하고 세계화 시대에 있어
서 국가의 정치경제적 대응을 논의했다. 이 장에서 제기하는 문제는 세계화
에 대한 국가의 바람직한 대응은 무엇인가이다. 한국에서 국가중심적 계획
에서 시장중심적 관리로의 전환은 1980년대 중반 이래로 추진됐지만 여전
히 국가역할은 중요한 의미를 갖고 있다. 국가는 세계화에 직면하여 적응성
을 향상시킴으로써 국민경제의 발전을 위한 지원과 지도역할을 지속적으로
수행하고 있다. 이러한 관점에서는 경제개혁도 국가역할의 재조정과정으로
파악된다. 따라서 세계화에 대한 국가의 대응은 국가역할의 축소 또는 철회

가 아니라 금융시장을 안정시키고 기업을 지원하며 노동시장을 유연화시키는 것과 같은 적응의 문제가 되는 것이다. 이러한 점을 고려하여 이 장은 세계화에 대한 국가의 대응이 어떻게 변화되어야 할 것인가를 논의하고자 한다. 이러한 목적을 위해 본 논문은 첫째 한국의 산업화과정에 있어서 국가의 역할과 발전전략의 한계를 논의했다. 둘째, 경제위기의 구조를 분석하고 원인을 제시했다. 셋째, 한국이 세계화에 대해 추진하고 있는 부문별 대응전략을 논의했다.

II. 산업화과정에서 국가의 역할과 그 한계

1950년대 한국에서는 미국의 경제원조를 기반으로 수입대체산업화가 추진됐다. 미국의 원조는 국민소득의 70퍼센트를 지원했으며 국가재정의 73퍼센트에 달했다(Haggard, Cooper and Moon 1993, 298). 수입대체산업화는 외화지출의 억제와 국내산업의 육성을 목표로 했지만 1950년대 후반 이후 경제원조의 대폭 감소로 타격을 받았다. 그러나 수입대체산업화는 내수시장의 위축, 산업경험과 관리의 결여, 무역수지 불균형과 같은 전형적인 문제점에도 불구하고 제조업의 성장과 민간부문의 확대에 기여했다. 1960년대 초부터 수출산업화를 추진하여 1970년까지 평균 국내총생산 성장률 8.6퍼센트, 평균 수출성장률 34.7퍼센트를 기록하는 급속한 경제성장을 이루었다(안승국 1997, 111).

이 시기에는 수출성장을 위해 우대금융, 중간재 수입에 대한 비관세 및 관세감면 제도와 같은 수출지원정책을 실시했다(Johnson 1987, 147-149). 국가주도 발전전략은 새로운 국제분업체제에 따라 투자와 기술개발, 시장의 형성과 유지를 담당할 수 있는 역할을 요청했기 때문에 대기업에 유리한 환경을 조성했다. 따라서 산업발전의 주체는 정부와 기업 간의 연합이었다.[1] 정부는 경제성장을 최우선적인 목표로 삼았기 때문에 대기업을 집중적으로 육성했다.

노동집약적인 경공업 제품을 중심으로 한 수출산업화는 제1차 석유위기에 따른 선진국의 수입규제로 한계에 직면하게 됐다. 이와 아울러 원유가 인상과 세계적 차원의 인플레로 인해 한국은 1974년부터 1975년까지의 기간 동안 심각한 경상수지 적자에 직면하게 되어 외채에 대한 의존이 심화되는 결과가 초래됐다. 더구나 실질임금이 크게 상승하여 저임금이 더 이상 비교우위로 작용할 수 없게 되면서 노동집약적인 산업의 기반은 상당히 위협받게 되었다. 이러한 시점에서 자본집약적인 중화학공업화가 추진됐다.

정부는 중화학공업화의 중점산업으로서 전후방 연관효과가 크고 산업전반에 대한 성장기여도뿐만 아니라 부가가치가 높은 철강·비철금속·조선·기계·전자·화학공업을 선정했다. 이와 아울러 정부는 중화학공업화에 있어서 국제단위규모를 고려하여 대형화를 추진했고 전략적 수출산업으로 육성함으로써 이익을 확보할 수 있도록 계획했다(김정렴 1990, 326).

중화학공업화의 추진에 가장 중요했던 정책은 금융지원이었다. 정부는 민간기업의 위험부담을 경감해 주기 위해서 금융제도 전반을 통제하면서 저금리 금융지원을 실시했다. 또한 정부는 금융기관과 공공기금으로부터 지원된 국민투자기금을 조성했다. 1975년부터 1978년까지의 기간 중화학공업화에 대한 대출금리는 다른 업종과 비교할 때 25퍼센트나 낮은 수준으로 일반대출금리보다 5퍼센트 낮은 금리가 적용되었으며 은행융자의 상환기간은 8~10년의 장기였다(안충영 외 1995, 330). 이와 같이 본격화된 관치금융 외에도 1975년 조세감면법 등 다양한 세제상의 특혜가 부여됐다. 이에 따라 1973년 제조업 총투자의 49.3퍼센트였던 중화학공업 투자가 1979년에는 68.8퍼센트로 증대됐다. 그러나 중화학공업에 대한 투자증대는 경공업에 대한 투자를 감소시켰으며 중화학공업의 과잉설비투자와 경쟁력 결여라는 부정적 결과를 초래했다. 투자를 유지하고 중화학공업부문의 국영기업을 운영하기 위해서는 상당한 규모의 외채가 요청됐다(Amsden 1989, 90). 높은 외채의존도는 직접투자의 제한과 밀접한 관련이 있었다. 즉, 국내산업을 보호, 육성하기

---

1) 에반스(Evans 1995)는 이러한 연합을 국가가 갖는 배태된 자율성이라고 주장했다.

위한 직접투자의 제한으로 인해 산업화에 필요한 재정을 외채에 의존하게 됐던 것이다.

1980년대에 들어와 2차 석유위기의 여파에 따른 고금리와 상품가격하락, 세계경제의 불황으로 인해 성장이 둔화되는 침체국면에 빠졌다. 1980년에 마이너스 성장(-5.7퍼센트)을 기록했으며 일시적으로 인플레도 심화됐다.[2] 한국은 1980년대 중반의 3저현상(저달러, 저유가, 국제금융의 저금리)에 힘입어 지속적인 성장을 유지하면서 자본집약적 · 기술집약적 산업화를 추진했다. 그러나 1980년대 후반부터 선진국의 보호주의 경향에 직면하게 되어 수출성장의 하락을 초래했다. 실제로 국민총생산도 1987년의 13퍼센트를 정점으로 점차 하향세를 기록했다.

1980년대 말부터 1990년대 초까지의 기간 동안 경제성장은 수출시장보다 내수시장에 기반을 두었다. 그러나 문제는 내수시장의 성장이 비생산적인 건축과 부동산, 그리고 서비스산업에 집중되어 있었다는 점이다. 따라서 내수시장의 거품이 제거되면 언제든지 경제위기가 표출될 수 있는 상황이었다. 경상수지는 1986년부터 1989년까지의 일시적인 흑자 이후에 적자기조로 바뀌어 1995년 -85억 달러, 1996년 -237억 달러, 1997년 -206억 달러로 적자국면이 지속됐다. 1995년 이후의 경상수지 적자는 반도체시장의 붕괴에 원인이 있었다(Feldstein 1998). 즉 1993년 45억 달러를 기록했던 반도체 수출액은 1994년 146억 달러로 급상승했다가 1995년 106억 달러, 1996년 96억 달러로 급감하였다. 또한 국내총생산 성장률도 1996년 7.1퍼센트에서 1997년 5.9퍼센트로 하락했다.

1990년대 경제의 둔화원인은 1960년대와 1970년대 초의 노동집약적 산업, 1970년대 후반과 1980년대 초반의 중화학공업처럼 경제성장의 기반이 될 수 있는 선도산업 부문이 육성되지 못했다는 점이다. 이러한 상황은 이전까지 경제성장에 기여했던 일본과의 수직적 분업관계가 점진적으로 붕괴되

---

[2] 1980년의 위기는 역설적으로 전두환 정권의 임금억제와 통화의 평가절하를 통해서 국제경쟁력이 회복됨에 따라 전면적인 표출이 억제될 수 있었다.

면서 초래된 것이었다. 일본은 임금수준이 높아진 한국이나 대만보다도 태국·인도네시아·중국 등 저임금 개도국을 선호하게 됐지만 한국은 일본과의 분업교란에 대한 적절한 대응책을 찾지 못했던 것이다.

한국의 산업구조는 선진국과 유사해졌기 때문에 첨단산업 이외에는 새로 진출할 부문이 많지 않았다. 새로운 첨단산업에 진출하여 세계적 수준의 경쟁력을 갖추기 위해서는 기초과학적 기반이 확고해야 하는데 한국의 경우 아직 그러한 수준에 이르지 못한 상황이었다. 또한 첨단산업의 기술은 전통산업과는 완전히 다르고 기술보호주의에 의해 차단되고 있었다. 첨단산업부문에서의 기술개발은 막대한 비용이 소요되며 기술의 파급효과가 크고 수명주기가 짧기 때문에 기술이전에 대한 보호장벽은 높아질 수밖에 없었던 것이다. 따라서 이 분야에서의 국제경쟁력을 갖기 위해서는 독자적인 연구개발이 진행되어야 했기 때문에 첨단산업분야로의 전환에는 한계가 있었던 것이다(안충영 외 1995, 347). 또한 첨단산업분야로의 이행에 있어서 국가의 역할이 중요한데, 1990년대 초 국가가 산업구조조정 및 재벌해체를 시도하면서 이전의 국가·기업 간의 협력관계가 약화됐다. 따라서 기업은 정부의 지원이 없는 상황에서 첨단산업으로의 전환 대신에 기존 산업부문에 대한 중복투자를 지속함으로써 경제위기를 심화시켰던 것이다(안승국 외 1999, 20).

III. 경제위기의 구조와 원인

한국을 비롯한 동아시아 국가들은 이른바 '일본형 발전국가모델'을 모방하여 성장할 수 있었으며 경제발전에 있어서 일본이 선도적인 역할을 해왔다는 주장이 제시되어 왔다(Cumings 1984). 일본형 모델의 우월성은 '기러기행렬형(flying geese pattern)' 모델로 집약된다. 이것은 한 무리의 기러기가 날아갈 때 형성하는 행렬의 모양처럼 일본을 선두로 동아시아의 개발도상국들이 뒤를 따라간다는 연쇄적 경제발전모델이었다. 기러기행렬형 모델은 일본이 발전의 원동력을 추진하는 기동축이 되고 네 마리의 용으로 불리는 한국, 대만, 싱가포르, 홍콩의 신흥공업국들은 전파축이 되어 다른 동아시아 국가들로 발전을 전파한다는 것이었다.

동아시아에서 선도적으로 공업화를 달성한 일본이 산업구조를 노동집약적인 소비재에서 전자제품, 자동차, 자본재의 생산중심으로 전환함에 따라 한국과 대만이 소비재 생산을 담당하기 시작했고 다시 한국과 대만이 일본으로부터 전자제품과 자동차부품 생산을 넘겨받아 신흥공업국으로 부상한 사례를 보면 기러기행렬형 모델은 어느 정도 타당한 측면이 있다고 할 수 있다. 그러나 동아시아 성장의 원천으로 간주됐던 기러기행렬형 모델은 기동축의 역할을 담당해왔던 일본의 경제상황이 악화되면서 한계에 직면하기 시작했다. 1997년부터 연쇄적으로 표출된 외환·금융위기로 한국에서뿐만 아니라 동남아 국가들에서까지 적실성의 한계를 노출했던 것이다.

동아시아 발전모델의 한계를 강조하는 관점은 동아시아 경제위기의 주요 원인이 경제에 대한 과도한 국가개입이며 이것이 정실자본주의를 초래했다고 주장한다. 즉, 국가개입이 경제에 있어서 지대(rent)를 창출했으며 따라서 광범위한 지대추구(rent-seeking) 활동이 조장됐다는 것이다. 또한 경제적 기준에서 보다 정치적 기준에서 투자결정이 이루어졌기 때문에 자원배분의 불균형이 초래됐음을 강조한다(안승국 2002, 60-61).

동아시아 발전모델은 관치주의, 회사주의, 성장우선주의를 기반으로 국가가 호송선단방식으로 은행과 기업을 이끌어 가는 것이었다. 즉, 국가가 금융부문을 통제하여 선도산업에 집중투자하는 것이었다(안승국 1997, 119). 그러나 이러한 방식은 투자의 자의성으로 과잉 중복투자의 문제가 초래됐다. 크루그먼이 지적하듯 외환·금융위기는 동아시아 국가들이 생산성과 효율성을 고려하지 않고 생산자원의 투입만 증대시켜 온 구조적 모순이 누적되어 촉발됐던 것이다.[3]

[3) 크루그먼은 동아시아 국가들이 공통적인 체계를 갖고 있지는 않지만 국가에 의한 자원의 독특한 동원을 기반으로 전략적 통상·산업정책을 추진했다는 점을 강조한다. 또한 동아

한국에 있어서 경제위기 징후는 1980년대 말부터 생산성 정체, 수출경쟁력 약화, 경상수지 적자, 기업의 재무구조 악화 등으로 표출됐다. 그러나 이러한 문제들이 근본적으로 해결되지 않았기 때문에 1990년대 후반에 이르러 결국 외환·금융위기를 초래하게 됐다. 따라서 외환·금융위기는 경제적 문제점들의 복합적 산물로 간주될 수 있다.4)

또한 1970년에 들어서 1차 석유위기로 악화된 수출시장에서 경쟁력을 확보하기 위해 대기업의 무역회사들이 종합무역상사로 전환되었고 이들에게 각종 특혜가 부여되어 수출실적이 급증했다. 따라서 이른바 10대 종합무역상사가 수출총액의 50퍼센트 정도를 차지하게 됐다. 이러한 상황은 대기업들 간의 수출경쟁을 심화시켜 기업의 규모확대를 조장했다. 즉, 대기업들은 수출액을 증대시키고 수출품목을 다변화시키기 위해서 계열기업을 확장했던 것이다. 더욱이 중화학공업화는 상당규모의 자본과 고수준의 기술을 필요로 했기 때문에 대기업의 적극적인 참여가 권장됐다. 초기에는 대기업들이 석유위기에 따른 경제적 불안정과 열악한 재정상태에 놓여 있었기 때문에 참여가 저조했다. 그러나 곧이어 중동건설붐이 일어나고 대규모의 정부투자가 확정되면서 대기업들의 참여가 본격화됐다. 중화학공업화는 정부주도로 추진되기는 했지만 소유와 경영의 주체는 대기업이었기 때문에 대기업의 규모를 더욱 확대시키는 계기였다.5)

1970년대의 중화학공업화에 따른 과잉 중복투자는 제2차 석유위기와 맞물려 경제위기를 초래했다. 또한 1970년대 말 중화학공업의 공장건설이 완료되고 제품판매가 시작되려는 시점에 발생한 세계적인 경기침체로 인해 중화학공업은 가동률 저하와 설비과잉 상태에 놓여 있었다. 무엇보다 중요한 위기의 요인은 국내 생산재에 대한 보호장벽, 조세·금융 인센티브 제공에

시아의 성장에는 욕구충족의 절제, 희생감수와 같은 요인들이 기여했음을 지적한다 (Krugman 1994).
4) 한국을 비롯한 아시아 경제위기에 관해서는 Goldstein(1998) 참조.
5) 30대 기업의 계열회사 수는 1983년 354개였으나 1994년에는 616개로 1997년에는 819개로 증가했다(동아일보 86/5/28; 조선일보 98/4/16).

의한 기업 간의 과도한 투자경쟁, 그리고 투자규모 및 유인을 잘못 결정한 정책의 실패에 있었다(안충영 외 1995, 333). 또한 1979년 제2차 석유파동에 이어 중화학공업의 부실화는 한국경제를 위기국면으로 몰고 갔다.

따라서 1979년부터 1983년까지 세 차례에 걸쳐 단행된 중화학공업 투자 조정의 목적은 과잉설비문제를 해결하고 생산의 전문화를 위한 기업들 간의 합병 또는 축소에 있었다. 그러나 부실기업정리의 경우 과도한 보호 및 특혜에 중점을 둠으로써 산업환경변화에 대한 경영다각화, 업종전환 등의 자구적 노력보다는 정부의 보호에 안주하려는 경향을 심화시켰다. 또한 부실기업의 인수·합병은 결과적으로 재벌의 확대를 초래했다.

한국의 경제위기는 1990년대 들어와 범세계적으로 금융 및 자본자유화가 급진전되면서 헤지펀드 등 투기성 단기자본을 포함한 자본의 유출입이 빈번해진 데 원인이 있었다. 즉, 자본거래 자유화에 따라 무차별적으로 국경을 넘나들면서 국제금융시장을 교란시키는 투기자본이 경제위기를 촉발시켰던 것이다. 1990년대 들어와 국제금융자본들이 투자액을 대폭 증대시킴에 따라 한국에서도 민간부문의 단기자본이 크게 확대됐다. 즉, 한국의 금융시장이 국제금융체제에 급속하게 편입돼 외국자본이 대량유입됐으며 과잉유동성으로 신용팽창이 초래됐던 것이다. 자본유입에 의한 유동성 증가는 인플레이션을 유발했다. 또한 실질환율의 절상으로 인한 수출의 위축과 경상수지의 악화는 다시 자본유입으로 충당되어야 했기 때문에 재정건전도가 취약해졌다. 단기자본이 외환보유고를 초과하는 상황에서 투자자본의 자기실현적 유출이 표출되면서 경제위기가 촉발됐던 것이다(안승국 2002, 58).

IV. 세계화에 대한 부문별 대응전략

1. 기업

대기업의 경제력 집중과 비효율성은 경제개혁의 대상이 됐다. 1996년 30대 재벌은 전 산업매출의 51.8퍼센트를 차지하며, 제조업 부분만 살펴보더라도 종업원의 13.8퍼센트, 총자산의 52.5퍼센트, 부가가치의 36.6퍼센트를 차지하고 있어 재벌에 의한 경제력 집중이 심각함을 알 수 있다(김대환 1998). 이와 아울러 새로운 분업형태에 따라 대기업에 투자와 기술개발, 시장의 형성과 유지를 담당할 수 있는 역할을 부여했기 때문에 중복과잉투자가 초래됐다(안승국 1999, 104). 중복과잉투자의 부정적인 영향은 유사상품의 생산을 증대시켜 투자에 비해 채산성을 하락시킨다는 점이다. 전문화되고 특화된 생산을 지향한 선진국과는 달리 한국에 있어서 대기업은 국내시장점유를 최우선적인 목표로 했기 때문에 거의 모든 부문에 걸쳐 생산을 극대화하기 위해 대규모의 외채를 차입했다. 특히 1960년대에는 수출성장을 위해서 대기업의 규모확장을 장려했다. 즉, 수출시장에서 경쟁력을 갖기 위해서는 중소기업보다도 대기업이 선호됐던 것이다. 이에 따라 1960년대에는 대기업들이 모든 산업부문을 독점하게 됐다. 1960년대에 한두 개의 품목을 독점했던 기업들은 1970년대의 고도성장을 거쳐 1972년까지 25대 재벌그룹으로 성장했다(서재진 1991, 86).

1960년대 수출성장이 가속화되면서 평균 10% 실질성장률을 기록했지만 대기업들의 재정상태는 열악했다. 그러나 산업화의 진전에 따라 설비투자가 요청됐기 때문에 대기업들은 고금리의 단기사채를 차입했으며 1971년의 환율상승으로 인해 외채에 대한 부담이 가중됐다. 이러한 상황에서 정부는 두 가지 중요한 조치를 취했다. 첫 번째는 8·3 사채동결조치였다. 8·3 조치는 우선 기업보유 사채를 분할상환이나 기업출자로 조정하고 융자금리를 인하하여 기업의 채무부담을 경감시켰다. 또한 이른바 산업합리화 기금을 통해

자금지원을 했다.

두 번째는 제2금융권의 설립이었다. 1970년대에 대기업의 규모가 급격히 팽창하면서 재정수요가 급증했다. 그러나 은행은 정부통제에 놓여 있었기 때문에 대출이 용이하지 않았고 은행만으로는 수요를 충당할 수 없었다. 이에 따라 지방은행, 제2금융기관, 투자금융회사 등이 설립됐다. 특히 투자금융회사는 자금수요를 충당하기 위한 외자를 도입하기 위해 1972년 12개사가 설립됐다. 이어서 1980년대에 들어와 12개의 투자회사가 신설되었으며 상호신용금고와 같은 제2금융기관의 설립요건이 더욱 완화됐다.

1992년 김영삼 정부가 출범하면서 신경제 5개년 계획에 따라 1994년 LG를 비롯한 9개사, 1996년 한화를 비롯한 15개사의 투자금융사를 해외투자와

〈표 5-1〉 10대 기업의 현황(1998년 기준)

(단위: 10억 원, %)

기업명	계열사 수	자산총액	부채비율
현대	62	73,520	578.7
삼성	61	64,536	370.9
대우	37	52,944	471.9
LG	52	52,773	505.8
SK	45	29,267	467.9
한진	25	19,457	907.8
쌍용	22	15,645	399.7
한화	31	12,469	1214.7
금호	32	10,361	944.1
동아	22	9,054	359.9

출처: 조선일보사, 『조선일보』(1998)

외환운용을 할 수 있는 종합금융사로 전환시켜 주었다(안승국 1999, 106). 종금사로 전환된 투금사들은 정치권의 압력을 동원해 기존 어음할인업무 외에 국제업무, 리스업무 등을 추가함으로써 영세한 자본금에도 불구하고 해외차입 및 투기를 감행, 외환위기의 중요한 동기를 제공했다(이연호 1998, 88). 자금공급이 용이해짐에 따라 <표 5-1>과 같이 대기업의 자기자본대비 부채비율은 급증했다. 1994년 355.7퍼센트였던 30대 기업의 부채비율은 1997년에 518.9퍼센트에 이르렀다. 이와 같은 대기업의 부채비율은 미국의 5배에 달하는 수치였다.

1998년 정부는 1단계 구조개혁으로 기업경영의 투명성 제고, 상호채무보증의 금지, 재무구조의 개선, 핵심기업의 설정 및 중소기업과의 협력강화, 지배주주와 경영자의 책임성 강화라는 이른바 '기업구조개혁 5대 과제'를 설정하고 이를 제도적으로 지원하기 위해 주식회사의 외부감사에 관한 법률·증권거래법·공정거래법 등 관련 10개 법률을 개정했다. 또한 기업구조조정에 필요한 자금을 원활하게 조달하기 위하여 기업구조조정기금의 설립과 부동산신탁상품·자산담보부채권의 도입 등을 주요 내용으로 하는 '금융 기업 구조개혁 촉진방안'을 마련했다. 이와 같이 기업구조조정을 위한 법적·제도적 장치가 마련됨에 따라 은행들은 기업부실판정위원회를 구성하여 5대 재벌의 계열사 20개를 포함한 55개 기업을 퇴출대상으로 결정했다. 부실기업 가운데 회생이 가능한 기업에 대해서는 채권금융기관과 기업 간의 자율적인 협의에 따라 부채경감, 대출금의 출자전환 등을 포함하는 기업회생방안이 마련됐다.

또한 1998년 7월 정부와 재계는 기업구조개혁 5대 원칙 등의 핵심내용을 실효성있게 이행하기 위해 상호지급보증 및 부채비율의 단계적 축소목표 등을 '재무구조 개선약정'에 반영할 것을 합의했다. 정부는 초기 정당성을 제고하고 국민으로부터 폭넓은 지지를 얻기 위해 재벌개혁에 대한 종합적인 정책을 약속했지만 국내경제침체나 국제경제악화 등으로 정권 초기의 약속은 지켜지지 않았다. 또한 민주화로 정부의 정책적 수단이 약해진 반면 거대한 자금력과 언론장악으로 효율적인 재벌개혁이 진전되지 못했다. 그러나

2000년부터 추진된 2단계 구조개혁에서는 기업부실이 금융부실의 근본원인이었다는 점을 인식하여 정리대상기업을 퇴출시킴으로써 금융시장을 안정화시키도록 했다. 이에 따라 부실기업에 대해서는 워크아웃을 추진했고 회생가능성이 높은 기업에 대해서는 경영정상화를 모색함으로써 기업구조조정이 시장원리에 따라 이루어질 수 있도록 했다.

2. 노동

노동집약적 상품수출의 기반은 저임금과 미숙련이었으며 특히 여성의 비율이 높았다. 여성노동력은 순응성이 컸기 때문에 저임금고용이 용이했던 것이다(Deyo 1989). 그러나 민주화 이후 제조업의 단위노동비용은 상승하여 저임금생산에 의존했던 발전전략이 한계에 직면하게 됐다. 특히 노동비용이 급속히 상승하여 국제경쟁력이 하락했다. 경제성장시기 동안 제조업부문에 있어서 한국의 노동 및 자본의 투입량에 대한 산출량은 미국의 3분의 1, 일본의 2분의 1 수준에 불과했다. 이와 같이 생산성이 떨어졌던 원인은 기업들이 규모의 경제에 입각해 외형성장을 지향했기 때문이었다.

이러한 상황에서는 투자를 증대시킨다고 해도 수익을 획득하기가 대단히 어렵다. 또한 생산성의 정체는 실질임금의 완만한 상승에도 불구하고 잠재적

〈표 5-2〉 1990년대 한국의 제조업부문 임금 상승률과 노동생산성 상승률

(단위: %)

연도	1990	1991	1992	1993	1994	1995	1996
임금	20.2	16.9	15.7	10.9	15.5	9.9	12.2
생산성	12.6	14.0	11.1	7.7	10.1	10.7	12.4

출처: 통계청, 『주요통계분석』(1997)

으로 인플레 압력을 증대시킨다. 이러한 상황에서 총수요에 중점을 두게 되면 임금상승이 더욱 심화되어 제조업부문의 수익을 감소시키게 되는 것이다.

또한 대량생산을 지향하는 노동과정은 숙련의 박탈과 조직화에 기반을 두고 있었기 때문에 <표 5-2>와 같이 1990년대 들어와 임금상승률보다 노동생산성은 향상되지 못했다. 기업은 이러한 한계를 저임금을 통해 보완했지만 선진국 수준의 효율성을 달성하기 어려웠다. 특히 중화학공업화가 시작되면서 설비재 수입비용이 증대되어 수익성이 하락할 수밖에 없었다(안승국 1999, 104).

정부는 구조조정의 추진과정에서 나타나는 사회적 갈등을 해소하기 위하여 노사정위원회를 구성하여 구조개혁의 추진기반을 마련했다. 이에 따라 노·사·정 간의 합의를 토대로 노동시장의 유연성이 제고됐다. 1998년 2월부터 긴박한 경영상의 이유에 의한 해고를 허용하는 고용조정제가 시행됐고 1998년 7월부터 근로자파견제가 도입됐다. 이와 아울러 고용유지·고용창출·직업훈련 및 취업알선·실업자 생활보호의 네 개 사업부문으로 구성된 실업문제 종합대책을 마련하여 8조 5천억 원 규모의 실업대책기금을 집행했다. 또한 근로자의 체불임금 및 체불퇴직금을 대신 지급해주는 임금채권보장제도가 1998년 7월부터 도입됐다.

그러나 민주노총과 한국노총은 정부의 구조조정과 정리해고에 대해 문제를 제기하면서 노사정위원회를 탈퇴했다. 양대 노총에 따르면 정부가 추진한 구조조정과정에서 정리해고로 인해 노동자들의 일방적인 희생이 강요됐다는 것이다. 또한 대량실업이 초래될 정도로 정리해고가 강력하게 추진됐지만 기업의 구조조정은 이에 상응하지 못했다는 것도 문제점으로 지적됐다. 따라서 정부는 대량실업과 비정규직 증가에 대한 적극적인 대책을 마련할 필요가 있다. 즉, 구조조정에서 희생된 노동자는 임금을 유지하면서 다른 작업장으로 옮겨갈 수도 있도록 재고용에 대한 우선권이 보장되어야 할 것이며 가능한 최대 범위에서 비정규직을 정규직으로 전환시킬 수 있는 방안을 마련해야 할 것이다. 또한 노동과정도 임노동자의 숙련과 자율성을 박탈했던 노동과정으로부터 탈피해서 임노동자의 숙련을 토대로 재편되어야 한다. 이에 따라 임금계약도 숙련에 따른 차등지급과 성과급 중심으로 변화될 수 있는 것이다.

3. 금융

금융위기를 초래했던 주 요인은 단기외채의 무분별한 차입이었다. 단기외채가 급증한 요인은 국내금리가 외국에 비해 상당히 높았다는 점이다. 물론 국내의 고금리는 인플레를 억제하고 외채부담을 감소시킨 긍정적인 측면이 있다. 그러나 국내의 고금리는 금융기관들에게 이익을 획득하는 수단으로 작용했다. 즉, 국내금융기관들이 외국금융기관들로부터 저금리의 차관을 들여와서 국내기업들에게 대출을 하면 금리 차만큼 이익을 획득할 수 있었던 것이다. 이에 따라 국내금융기관들은 단기차관을 대규모로 차입하여 <표 5-3>과 같이 1990년대에 단기외채비율이 급증했다. 단기차관을 선호한 이유는 장기차관에 비해 금리가 낮았기 때문이었다.

이와 같이 높은 단기채무비율은 정상적으로 대출과 상환의 순환이 지속될 때에는 문제를 발생시키지 않지만 순환의 흐름이 막히거나 지체될 때에는 심각한 위기를 초래하게 된다. 사실 외환 금융위기의 직접적인 원인은 국내금융기관들의 단기채무에 있었다. 즉, 국내기업들의 대출금상환이 제대로 이루어지지 않으면서 금융기관들은 외채지급을 위한 재원을 마련하지 못했고 원리금 결제를 위해 외환시장에서 달러화를 조달하는 과정에서 수요팽창을 불러일으켜 환율의 급격한 상승이 초래됐던 것이다. 또한 국내금융기관들이 높은 수익을 올리기 위해 불안정한 동남아지역에 투자함으로써 달러화의 부족을 가중시켰다. 구체적으로 외환 금융위기는 1997년 8월 7개의 종합금융사가 외채상환을 하지 못해 부도위기에 직면하면서 촉발되기 시작했다. 종합금융사의 외채상환을 위해 재정경제원과 한국은행은 달러를 지원하게 됐고 이러한 조치는 외환보유고의 고갈을 초래했다. 이와 같이 단기외채가 장기투자에 유입됐기 때문에 신속한 상환이 이루어질 수 없었으며 결국

〈표 5-3〉 외환·금융위기까지의 한국의 외채증가추세

(단위: 백만 달러, %)

연도	1965	1972	1979	1984	1992	1997
총외채	206	3,589	20,500	43,100	42,800	120,800
총외채 중 단기외채비율	1.5	17.8	32.2	26.4	43.2	42.4

출처: 재정경제원, 『주요통계지표』(1997)

유동성위기가 초래됐던 것이다.

국내금융기관들이 제대로 대출금을 회수하지 못한 것은 국내기업들이 상환능력 이상으로 대출을 받았다는 것을 의미하는 것이다. 이러한 상황이 가능했던 것은 기업과 정권 간의 긴밀한 유착이 존재했기 때문이었다(Wade and Veneroso 1998, 7). 즉, 정경유착은 경제위기를 심화시킨 정치적 요인으로 작용했다. 정치적인 측면에서 정경유착은 고비용의 정치구조로 인해 정치자금의 조달이 기업을 통해 비공식적으로 이루어지는 상황에서 초래됐다. 즉, 기업은 정치자금을 지원한 대가로 금융특혜, 상업차관에 대한 지불보증, 국유재산불하, 각종 인허가, 관급공사, 입찰에 있어서의 특혜를 부여받았던 것이다(안승국 외 1999, 16).

또한 기업이 정치자금을 공급하기 위한 재원은 정상적인 방법보다는 비자금에 의해 조달되므로 탈세와 융자금 전용이 이루어지기도 했다. 이러한 결과는 경제구조를 왜곡시키는 문제점을 초래했다. 탈세는 기본적으로 국가재정을 악화시키며 융자금 전용은 부실공사나 저질의 생산을 가져오게 된다. 이와 같이 기업이 정치자금을 제공한 대가로 특혜융자를 받을 수 있었던 것은 금융부문에 대한 정부의 통제가 존재했기 때문이었다. 이른바 '관치금융'의 심각한 문제점은 대출이 정부에 의해 선택적으로 이뤄졌다는 점이다. 따라서 기업은 정치자금을 매개로 정권과 흥정이 가능했고 정권의 의사대로 대출이 가능할 수 있었다. 이러한 결과는 정치적 교환에 따른 금융제도의 파행운영이 금융의 정상적인 순환을 왜곡시켰음을 의미하는 것이다.

1998년부터 추진됐던 1단계 구조개혁과정에서 정부는 제일·서울은행에 대한 감자 후 각각 1조 5천억 원을 출자하여 조기매각을 위한 준비를 진행시켰고 특히 제일은행 매각에 대해서는 뉴브리지캐피탈과의 협상을 타결시켰다. 또한 은행구조조정 추진계획을 발표하여 국제결제은행(BIS: Bank for International Settlements) 기준 자기자본비율이 8퍼센트에 미달하는 은행들 중 경영정상화가 어려운 은행에 대해 영업정지조치를 취한 후 자산·부채를 타 은행으로 이전시켰다. 이와 아울러 조건부 승인을 받은 은행들에게 경영진 개편, 조직·인력 감축, 증자 등의 경영개선계획을 이행하도록 했다.

또한 정부는 제2금융권에 대해서 대주주 책임하에 구조조정을 추진하도록 했다. 1998년 8월 4개 보험사를 퇴출시키고 7개 보험사에 대해서는 자구노력을 요청했다. 특히 이미 지원 결정된 14조 원에 추가하여 부실채권정리에 25조 원, 금융기관의 증자에 16조 원, 예금자대지급에 9조 원을 지원하는 등 약 50조 원에 달하는 공공자금을 신규로 금융기관 구조조정에 투입하는 것을 핵심으로 하는 금융구조개혁 종합계획을 마련했다.

특히 2000년의 2단계 구조개혁은 금융부문에 초점을 맞추어 금융기관의 건전성 회복, 시장중심의 구조조정 기반 구축, 금융산업의 경쟁력 강화 등을 목표로 추진됐다. 2단계 구조개혁의 특징은 은행뿐만 아니라 제2금융권에서 동시에 진행됐다는 점이다. 은행부문에서는 경영평가위원회의 평가에 따라 부실채권을 정리하여 정상화되도록 했다. 또한 자기자본비율 10퍼센트 수준까지 달성할 수 있도록 공적자금을 투입하고 금융지주회사의 자회사 방식을 통해 정상화를 추진할 수 있도록 했다. 제2금융권에서는 종금사와 보험사의 부실을 정리하고 증자 등을 통해 정상화시켰다.

V. 결론: 정치경제적 대응의 방향과 과제

　세계화를 계기로 한국은 정치경제적 대응을 통해 발전전략을 전환해야 할 시점에 놓여 있다. 즉, 개도국형 전략에서 선진국형 전략으로의 전환이 요청되는 것이다. 그러나 개입주의로부터의 탈피는 불가피하지만 신자유주의의 급속한 추진은 바람직하지 않다. 이러한 맥락에서 개입주의도 신자유주의도 아닌 '제3의 길'이 모색될 필요가 있다. 즉, 정치경제적 대응은 시장원리의 실질적 형성과 적절한 국가개입이라는 두 가지 과제를 동시에 추진해야 하는 것이다. 다시 말해서 국가주도 산업화의 부작용을 해소하고 시장원리를 정착시키기 위해서는 규제완화가 필요하지만 경제개혁을 추진하기 위해서는 국가의 재규제도 요청되는 것이다. 따라서 정치경제적 대응의 성패여부는 과도한 국가개입의 방지와 적절한 국가개입의 가능성에 놓여 있다고 할 수 있다. 효율적인 국가개입은 시장원리를 보장하면서 개입을 법적·제도적 수단에 의존할 때 이루어질 수 있을 것이다.

　앞으로 정치경제적 대응의 초점은 부실 금융기관 및 기업 퇴출과 정리해고로부터 탈피해서 산업구조조정을 통한 경제성장에 중점을 두는 방향으로 전환돼야 한다. 특히 수출을 통해 성장의 토대를 재구축해야 할 것이다. 지금까지 정부의 직접적인 개입은 정경유착으로 인해 효율성에 문제가 있었다. 따라서 정부는 직접적인 개입보다는 기업을 간접적으로 지원할 수 있는 방안을 모색해야 한다. 즉, 금융거래와 기업경영에서 투명성을 높일 수 있는 법적·제도적 장치를 마련해야 하는 것이다.

　따라서 정치경제적 대응은 금융, 기업, 노동이라는 세 부문에서 효율성을 제고할 수 있는 방향으로 추진되어야 한다. 첫째, 금융기관의 안정성을 확보할 수 있는 제도개혁을 추진해야 한다. 대기업에 대한 특혜금융은 성장의 토대였지만 결과적으로 비효율성과 방만한 경영을 초래했기 때문에 관치금융을 폐기하여 자금배분의 왜곡을 방지해야 한다. 따라서 정부는 금융기관에 대한 통제로부터 탈피하여 감독에 초점을 맞추어야 한다. 우선 금리를 국제적 수준으로 현실화하여 단기외채의 무분별한 유입을 제어하고 금융기관들의 외채유입에 대한 감독기구가 마련되어야 할 것이다. 이와 아울러 재원을 효율적으로 배분할 수 있는 금융체제가 형성되어야 한다.

둘째, 기업들은 산업구조조정을 통해서 과잉 중복투자를 정리하고 핵심사업 중심으로 재조정되어야 한다. 대기업들은 산업구조조정을 통해서 규모를 축소하고 고부가가치산업 중심으로 전문화, 특화되는 것이 바람직하다. 부채비율의 감소는 주식지분분산을 통해서 부채를 자본으로 전환시키고 계열기업의 매각을 통해서 핵심사업부문을 독립기업화해야 한다. 또한 외형적인 축소에 국한하지 않고 소유와 경영의 분리, 주식분산을 통해서 근본적인 소유구조의 개선이 수반되어야 한다.

기업구조조정의 핵심은 재벌그룹을 몇 개의 독립기업으로 분할하여 한 기업의 문제점이 다른 기업으로 확산되는 것을 방지하는 데 있다. 즉, 기업구조조정의 목적은 사회적·경제적 충격을 최소화하면서 부실계열사를 정리하는 것이다. 따라서 인수·합병의 활성화 등을 통해 부실기업의 조정을 유도하고 기업분할에는 정부가 직접개입하지 않는 것이 바람직하다. 그러나 정부는 기업구조조정에 있어서 절차와 지침을 정하고 구체적인 프로그램을 제공할 필요가 있다. 또한 부채비율을 낮추는 것은 기업의 노력만으로는 어렵기 때문에 정부는 출자전환, 금융기관 보유지분 해외매각 등을 통해 기업의 부채비율을 감소시킬 수 있도록 지원해야 한다.

셋째, 노동부문에서도 노동시장의 유연성을 확보하기 위해서는 임노동관계의 경직성을 탈피할 필요가 있다. 임노동관계의 개혁이 중요한 이유는 경제위기에 대한 어떠한 대안이 모색되더라도 실질적인 경제성장의 조건은 임노동관계에 의존하기 때문이다. 임노동관계의 전환은 시장의 불확실성에 적응하기 위해 자율적이고 협조적인 노동을 보장해야 한다. 직무의 단순화와 분화의 구조 속에서 구상과 실행을 재통합함으로써 노동에 자율적 책임을 부여해야 한다. 따라서 숙련노동자들의 참여를 허용하여 다품종소량생산에 적합하도록 해야 한다. 특히 임금계약을 안정적으로 유연화하여 자본에게 생산성을 보장하고 노동에게는 고용과 임금의 안정성을 보장할 수 있어야 한다. 또한 사회적 양극화를 지양하고 사회적 수요를 적절하게 조정할 수 있어야 할 것이다.

　노동시장의 유연화가 노동에 대한 통제를 유지하기 위한 전략이라면 성과를 얻지는 못할 것이다. 다시 말해서 노동시장이 기업의 이익을 우선시하는 관점에서 재편되는 것은 사태를 더욱 악화시키게 되는 것이다. 왜냐하면 자본과 노동 간에 공동체 의식이 존재하지 않는다면, 노동자들은 생산성 향상에 기여하지 않을 것이기 때문이다. 따라서 부가가치창출과 생산성 향상을 위해서는 노·사·정 간의 새로운 사회계약이 모색될 필요가 있다. 정부는 기업과 노조 간의 단순한 타협점을 제시하기보다는 노동의 적극적인 참여를 유도해 상호의존적인 계약을 체결하도록 해야 한다. 이러한 목표를 달성하기 위해 정부는 관련법규의 정비를 통해 노조의 참여를 유도할 수 있는 방안을 마련해야 할 것이다.

▌참고문헌

김대환. 1998. "재벌문제의 인식과 재벌개혁의 방향." 김대환·김균 공편.『한국재벌
　　개혁론』. 서울: 나남출판.

김정렴. 1990.『한국경제정책 30년사: 김정렴회고록』. 서울: 중앙일보사.

서재진. 1991.『한국의 자본가계급』. 서울: 나남.

안승국. 1997. "자본축적의 정치경제: 세계경제의 구조변동과 신흥공업국의 축적사
　　례."『국제정치논총』제36집 제3호.

_____. 1999. "한국에 있어서 포드주의의 위기에 관한 정치경제적 재성찰: 조절이
　　론의 접근을 중심으로."『한국정치학회보』33집 2호.

_____. 2002. "동아시아 경제위기에 대한 통합적 분석: 대내적 요인과 대외적 요인
　　의 연계를 중심으로."『국제정치논총』제42집 제3호.

안승국·임혜란. 1995. "세계자본주의와 한국의 자본축적: 국제적 패권구조, 국가와
　　생산의 연계성을 중심으로."『국제·지역연구』제8권 3호.

안충영·김주훈. 1995. "대외지향 무역정책과 산업발전."『한국경제 반세기』. 차동
　　세·김광석 편. 한국개발연구원.

이연호. 1998. "경제적 자유화에 있어서 국가의 역할: 경제규제의 정치학."『한국정
　　치학회보』32집 3호.

Amsden, A. 1989. *Asia's Next Giant: South Korea and Late Industrialization.* New
　　York: Oxford University Press.

Cumings, B. 1984. "The Origins and Development of the Northeast Asian Political
　　Economy: Industrial Sectors, Product Cycles and Political Consequences."
　　International Organization, vol.38, no.1.

Deyo, F. 1989. *Beneath the Miracle: Labor Subordination in the New Asian
　　Industrialism.* Berkeley: University of California Press.

Evans, P. 1995. *Embedded Autonomy: State and Industrial Transformation.* Princeton:
　　Princeton University Press.

Goldstein, M. 1998. *The Asian Financial Crisis: Causes, Cures, and Systemic
　　Implications.* Washington: Institute for International Economics.

Haggard, S., R. Cooper, and C. Moon. "Policy Reform in Korea." In R. Bates and A. Krueger, eds. 1993. *Political and Economic Interactions in Economic Policy Reform: Evidence from Eight Countries.* London: Blackwell.

Johnson, C. 1987. "Political Institutions and Economic Performance: the Government-Business Relationships in Japan, South Korea, and Taiwan." In F. Deyo, ed. *The Political Economy of the New Asian Industrialism.* Ithaca: Cornell University Press.

Krugman, P. 1994. "The Myth of Asia's Miracle." *Foreign Affairs.* November/December.

Wade, R., and F. Veneroso. 1998. "The Asian Crisis: the High Debt Model versus Wall Street-Treasury-IMF Complex." *New Left Review,* no.228.

색 인

지은이 소개(가나다 순)

김면회(Myeon-Hoei Kim)

- 한국외국어대학교 정치외교학과 교수

  Freie Universität Berlin(독일) 정치학 박사

  "경제세계화에 대한 독일 정당의 대응 비교연구: 사회민주당과 좌파당을
    중심으로,"『유럽연구』 26권 2호(2008)

  "독일의 통합정치와 도전들: 제도화와 해체의 변증법,"『한독사회과학논총』 16(2006)

김형철(Hyung-Chul Kim)

- 비교민주주의연구센터 연구위원

  한국외국어대학교 정치학 박사

  "민주주의 수준에 대한 사회경제적·정치제도 요인의 효과: 8개 신생민주의
    체제에 대한 경험적 비교연구,"『한국정치학회보』 제41집 1호(2007)

  "혼합식 선거제도로의 변화와 정치적 효과: 뉴질랜드, 일본, 그리고
    한국을 중심으로,"『시민사회와 NGO』 제5권 제1호(2007)

남궁영(Young Namkoong)

- 한국외국어대학교 정치외교학과 교수 / 글로벌정치연구소 소장

  University of Missouri-Columbia(미국) 정치학 박사

  "Britain's Corporatism in the 1970s: State-Business-Labor Relations,"
    International Area Review, Vol.11, No.2(2008)

  "한-미 FTA와 개성공단: 갈등과 쟁점,"『국제정치논총』 47집 3호(2007)

▌안승국(Seung-Gook Ahn)

• 비교민주주의연구센터 부소장 / 덕성여자대학교 정치외교학과 겸임교수
  한국외국어대학교 정치학 박사
  "아시아에 있어서 사회적 자본과 민주주의," 『아시아연구』 10권 2호(2007)
  "동아시아 경제위기에 대한 통합적 분석," 『국제정치논총』 42집 3호(2002)

▌조성대(Sungdai Cho)

• 한신대학교 국제관계학부 교수
  University of Missouri-Columbia (미국) 정치학 박사
  "양극화 시대 미국정치의 이념적 재편성과 대중의 정당일체감: 1972~2004년
     대통령선거를 중심으로," 『한국정치학회보』 41집 4호(2007)
  "투표참여와 기권의 정치학: 합리적 선택이론의 수리모형과 17대 총선,"
     『한국정치학회보』 40집 2호(2006)

▌홍재우(Jae Woo Hong)

• 인제대학교 정치외교학과 교수
  University of Missouri-Columbia (미국) 정치학 박사
  "Ghana' s Political Parties: how ethno/regional variations sustain the national
     two-party system," *Journal of Modern African Studies,* Vol.44, No.4(2006)
  "민주주의 지지에 대한 정치제도의 영향력," 『한국정치학회보』 40집 1호(2006)

신자유주의 세계화와 민주주의
정치제도의 대응

인　쇄: 2009년　6월 23일
발　행: 2009년　6월 27일

지은이: 남궁영 외
발행인: 부성옥
발행처: 도서출판 오름
등록번호: 제2-1548호 (1993. 5. 11)

서울특별시 서초구 서초동 1420-6
전　화: (02) 585-9122, 9123 / 팩　스: (02) 584-7952
E-mail: oruem@oruem.co.kr
URL: http://www.oruem.co.kr

ISBN 978-89-7778-317-1　　93340　　　　　　　　정가 13,000원